111 GRÜNDE, HERTHA BSC ZU LIEBEN

Knut Beyer und Thomas Matzat

111 GRÜNDE, HERTHA BSC ZU LIEBEN

Eine Liebeserklärung an den großartigsten Fußballverein der Welt

WIR SIND DER ZWÖLFTE MANN,
FUSSBALL IST UNSERE LIEBE!

»Sport stärkt Arme, Rumpf und Beine, kürzt die öde Zeit,
und er schützt uns durch Vereine vor der Einsamkeit.«

Aus »Ruf zum Sport« von Joachim Ringelnatz.
Der Dichter war bis zu seinem Tod am 17.11.1934
Mitglied von Hertha BSC.

HA HO HE HERTHA BSC

VORWORT

»Ha Ho He Hertha BSC« – welch Wohlklang in meinen Ohren! Wann ich dem Charme der alten Dame erlegen bin, kann ich so richtig nicht mehr nachvollziehen. Mein Vater, ein waschechter Weddinger Junge, hatte mir die Liebe zu diesem großartigen Verein einfach mit in die Wiege gelegt. Er war Sportjournalist bei der *Berliner Morgenpost* und kein Mittagessen am Wochenende verging, an dem meine Eltern, meine Brüder und meine Schwester (ich war der Jüngste) nicht über Fußball diskutierten. Und Fußball bedeutete bei uns zu Hause meistens Hertha.

Ehrfürchtig folgte ich den Gesprächen. Früh lernte ich, dass Gelsenkirchen Meineide schwor, der DFB Hertha »uffn Kieker« hatte und dass der Verein zu den Clubs gehörte, die in der Frankfurter Verbandszentrale keine Lobby hatten. Schon als kleiner Junge wusste ich, dass Hertha für genau die Sachen bestraft wird, für die andere Vereine noch nicht einmal ermahnt werden. Ich lernte viel über die Ungerechtigkeiten, die meine Stadt und eben auch Hertha durch die Mauer erfuhren, und mir wurde schon als Kind klar, dass einer der größten Feinde Berlins und Herthas das kleinkarierte, piefige und eigensüchtige Denken der bundesdeutschen Provinz war.

Der Neid auf die Weltstadt Berlin war groß. Viel Feind, viel Ehr. Vor allem lernte ich, dieses »niemals aufgeben«, für das meine Hertha bis heute bekannt ist, und dass »wahre Liebe keine Liga kennt«. Ich war Berliner. Dies allein ist schon wundervoll, für mich bedeutete das aber zugleich, der »alten Dame« zu verfallen. Eine Leidenschaft, die zu meinem Erstaunen auch viele Menschen fernab von Berlin mit mir teilen. Zu einer Dame, die mal launische Diva, mal Zicke, aber stets das Objekt meiner Begierde war und ist. Dabei fing alles so harmlos an.

Mein Vater war es, der mich und meine Freunde oft zu Hertha mitnahm. Wir durften sogar in die Pressekabine des Olympiastadions. Irgendwie passte ich mit dem von meiner Mutter selbst gestrickten blau-weißen Schal und den wunderschönen Hertha-Pulswärmern mit Fransen nicht in das mediale Umfeld. Ungefähr 1970 passierte es. Wir waren mal wieder zu laut und mein Vater verwies uns für alle Zeiten aus der Pressekabine. Der Weg zum Hertha-Fanblock war plötzlich frei und es öffnete sich das Tor zu einer völlig neuen Welt! Es begann für mich eine Zeit extremer Emotionen, wie ich sie vorher noch nie erlebt hatte.

Hertha versüßte mir von nun an die Wochenenden, um mich schon im nächsten Augenblick in den Wahnsinn zu treiben. So wie es nahe Verwandte zuweilen machen. Hertha ist aber auch treue, tröstende Freundin. Zuletzt halfen die gemeinsam besuchten Spiele meinem Bruder Jörg sogar über ein persönliches Tief hinweg.

Als sich unser Vater vor einigen Jahren auf sein letztes Spiel vorbereitete, lag er im Krankenhaus neben einem Fan aus Gelsenkirchen. Ausgerechnet! Ich dachte: Hier muss er raus! Schnell merkte ich, dass sich beide aber prächtig verstanden. Es waren schließlich irgendwie dieselben Geschichten, die sie durchlebt hatten. Und so schlossen sie kurz vor ihrem Spielende Frieden vor dem Fußballgott. Er würde sich sicher freuen, dass heute mein Sohn den Hertha-Schal trägt, auf dem steht: »Danke Papa, dass du mich mit ins Olympiastadion genommen hast.«

Knut Beyer

1. KAPITEL

WIE ALLES ANFING

Herthas Gründung und andere fundamental wichtige Fakten

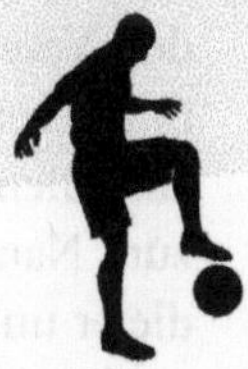

1. GRUND

Weil Hertha BSC den geilsten Namen im bezahlten Fußball hat

In Zeiten, in denen Vereine mit Namen wie Borussia, Arminia, Eintracht, Germania oder gar Fortuna den piefig-chauvinistischen Geist widerspiegelten, stach ein Männerfußballverein mit dem Mädchennamen Hertha aus der Masse der Vereinsnamen heraus. Doch wie kam es dazu?

Es war ein schöner Sommertag, der 25. Juli 1892. Irgendwo zwischen dem Wedding und dem Prenzlauer Berg trafen sich die Brüder Fritz und Max Lindner sowie Otto und Willi Lorenz und wollten dem einen geregelten Rahmen geben, womit sie sowieso jede freie Minute verbrachten: dem Fußballspiel. Sie gründeten den Verein BFC Hertha 1892, erfüllten sich damit einen Traum und bereicherten obendrein noch die deutsche Sportlandschaft des auslaufenden 19. Jahrhunderts. Fritz Lindner war es, der die Idee zum Namen hatte. Er war offensichtlich von einer Dampferfahrt, die er unlängst mit seinem Vater unternommen hatte, schwer beeindruckt. Der Dampfer hatte am Schornstein blau-weiße Streifen und trug den Namen »Hertha«. Schnell entschloss man sich, den neuen Verein ebenfalls Hertha zu taufen.

Der namensgebende Dampfer war 1886 in Stettin auf der Aron & Gollnow Werft gebaut worden und stolze 23 Meter lang und knapp fünf Meter breit. Bauherr war die Stralauer Dampfschifffahrtsgesellschaft Manthey, Wolff & Zwerner. Die Probefahrt fand am 17. April 1886 statt, just an diesem Tag hatte die Tochter des Reeders Zwerner ihren zwölften Geburtstag gefeiert. Das Mädchen hieß Hertha. Wie damals üblich, wurde auch dieses Schiff nach einer Reeder-Tochter benannt. Was lag damals also näher, als es auf den Namen des Geburtstagskindes zu taufen. Die Schwesterschiffe der Hertha in der Flotte hießen übrigens »Concordia« und »Dorothea«. Nicht auszudenken, Fritz Lindner hätte seinerzeit das falsche Schiff bestiegen. Vielleicht würden wir jetzt nach 111 Gründen suchen, »Dorothea BSC« zu lieben.[1]

Bevor der Verein zum Leben erweckt werden konnte, galt es noch ein kleines juristisches Problem zu lösen, denn die Brüder waren noch minderjährig. Was aber waschechte Jungs aus dem Wedding nicht daran hindern konnte, schnell Abhilfe zu leisten. Fritz und Max Lindner überredeten ihren 22-jährigen Onkel, Ernst Wisch, das Amt des Vorsitzenden zu übernehmen. Fertig war der Verein. Die Fußballverrückten organisierten Torstangen und einheitliche blaue Mützen, denn Trikots waren seinerzeit noch nicht in Mode. Sie kümmerten sich um das Vereinsleben und bereits rund sechs Jahre später wurde sogar eine Nachwuchsmannschaft gegründet. 1899 schlug dieser Hertha-Nachwuchs die erste Mannschaft mit 7:0. Die Folge war, dass ab sofort die Nachwuchsmannschaft Teile der ersten Garnitur verdrängte. Der Dampfer Hertha hat übrigens über ein Jahrhundert durchgehalten und ist genau wie unsere Hertha bis heute auf Kurs. Trotz einer sehr wechselhaften Geschichte, wie wir noch zeigen werden.[2]

2. GRUND

Weil auch das Hertha-Gründungsschiff noch immer auf Kurs ist

Wie in Grund 1 beschrieben, verdankt Hertha ihren Namen einem Schiff, das bereits 1886 Fahrt aufnahm. Was viele nicht ahnen: Das Gründungsboot ist noch heute auf Kurs, genauso wie die alte Dame selbst – und das ist gut so! Wie wir heute wissen, rostet alte Liebe – im wahrsten Sinne des Wortes – nicht, aber Dampfer und Fußballverein verloren sich viele Jahrzehnte aus den Augen und erlebten getrennt voneinander eine wechselhafte Geschichte.

Nach der Hertha-Gründung Ende des 19. Jahrhunderts verschwand die offizielle Spur des Bootes, bis es in der DDR unter dem Namen »Seid bereit« wieder auftauchte, dem gleichnamigen Kampfruf der »Jungen Pioniere«. Das Schiff wurde von der sogenannten Weißen Flotte in Betrieb genommen und im Volksmund »Bockwurstdampfer« genannt. Die Brühwürste gab es in der Bordküche offensichtlich in befriedigender Menge.

Weniger als 20 Jahre später, 1964, befreite die Weiße Flotte Hertha vom Dienst, was sogar so weit ging, dass das Schiff ohne Rücksicht auf seine Historie 1969 verschrottet werden sollte. Damals lag sie, praktisch als Wrack, auf der Spree. Trotz ihres traurigen Zustandes wurde Hertha von der Reederfamilie Dentler entdeckt, erworben und über Land nach Wusterhausen/Dosse gezogen, restauriert, auf den Namen »Seebär« getauft und 1971 wieder in Betrieb genommen. Nun war die Spur zur Hertha vollständig verwischt, was auch niemanden wirklich juckte, schließlich galt unsere West-Berliner Hertha offiziell als Symbol des Klassenfeindes. Es war der Schiffshistoriker Kurt Groggert, der das Schiff durch Zufall entdeckte und schnell herausfand, dass es sich um die gute alte Hertha handeln musste. Was für eine Überraschung für die Dentlers!

Doch erst 1992, drei Jahre nach der Wende, zum 100-jährigen Bestehen des Vereins, glitten wieder Hertha-Fans auf der »Seebär« über die sanften Wellen der Kyritzer Seenplatte. Und abermals geriet der Dampfer aus dem Blickfeld, bis er endlich, nach weiteren zehn Jahren, zum 110-jährigen Vereinsjubiläum im Jahr 2002, von den Dentlers erneut auf den Namen Hertha getauft wurde!

Nun schloss sich der Kreis, vielleicht kommt Hertha, das Boot, nun zumindest historisch etwas zur Ruhe. Seit 2012 ist es im Besitz der »Prignitzer Leasing AG« und liegt am Klempowsee in Wusterhausen/Dosse bereit, gechartert zu werden, was auch gerne von Vereinen, Firmen und sonstigen Gesellschaften genutzt wird. Immerhin finden auf der Hertha bis zu 150 Personen Platz, Catering und Rahmenprogamm werden wunschgemäß maßgeschneidert.

Vorstandsmitglied Thomas Flemming erläuterte uns seine weiteren Pläne für das Schiff. Angesichts des sehr guten Zustandes der Hertha rechne er damit, dass das Schiff noch Jahrzehnte im Einsatz sein könne. Sein Traum sei es, die Hertha so zu restaurieren, dass die Zeit um 1900 eingefangen und damit den Hertha-Fans ein einmaliges nostalgisches Erlebnis geboten werde könne. Es wäre seiner Meinung nach auch kein Problem, die so wieder auferstandene Original-Hertha noch einmal auf dem Landweg zu transportieren – dieses Mal in die andere Richtung, zurück in Berliner Gewässer.

Momentan (Stand Dezember 2013) werde in jede Richtung gedacht, schließlich würde diese Form der Restaurierung nicht unerhebliche Mittel erfordern, die erst noch aufgebracht werden müssten. Echte Hertha-Fans können so lange die Hertha in der jetzigen Form nutzen. Wie zu hören ist, hatten bislang alle mächtig Spaß auf dem »Hertha-Kahn«. Informationen zum Hertha-Charter gibt es natürlich im Internet, wenn man nach »Fahrgastschifffahrt Wusterhausen« googelt.

3. GRUND

Weil Hertha BSC die schönsten Vereinsfarben hat

Immer wieder fragen sich Herthaner: Wie kann es sein, dass ich mich sofort in diesen Verein verliebt habe? Wir wissen, es gibt keine Erklärung dafür, welche Umstände einen wahren Fan bewegen, sich zu einem bestimmten Verein hingezogen zu fühlen. Daher hier nur ein weiterer Erklärungsversuch.

Wir denken allzu gerne, dass wir uns frei für beziehungsweise gegen etwas entscheiden. Ohne Beeinflussung von außen. Wir sollten es besser wissen. Aus der Werbung ist bekannt, wie die Formensprache uns unterschwellig beeinflusst. Eines der berühmtesten

Beispiele ist die Cola-Flasche. Sie wurde in Anlehnung an die Rundungen einer Frau geformt und sollte insbesondere die männlichen Konsumenten anregen, dieses Produkt zu kaufen. Ähnliches ist uns auch aus der Farbgebung bekannt.

Blau, die Farbe meiner Hertha, hat vermutlich die stärkste Signalwirkung auf das Unterbewusstsein. Schenkt man der Modeindustrie Glauben, ist Blau mit Abstand die beliebteste Farbe bei Frauen und bei Männern. Blau wird nun einmal mit vielen positiven Eigenschaften assoziiert. Blau steht für Ferne und Weite. Und, das ist in diesem Zusammenhang besonders wichtig, für Unendlichkeit. Blau symbolisiert unendlich viel Vertrauen und Verlässlichkeit. Blau ist beruhigend und entspannend. Ja, Sie lesen richtig, beruhigend. Auch in den größten Wogen ist es beruhigend zu wissen, wenn auch alles in die Hose geht, ich bin Herthaner und hier bin ich zu Hause. Ein erhabenes Gefühl. Denn Blau steht auch für Loyalität und fördert den Humor.

Blau hilft dabei, den inneren und auch den äußeren Frieden zu finden. Blau beseitigt Stress und baut Hektik ab. Steht man beispielsweise als roter Bayern-Fan ständig unter Strom, da man den nächsten Titel sammeln muss, oder als roter Köpenicker unter dem Zwang, sich immer wieder kultigste Kultstatus erhaltende Maßnahmen ausdenken zu müssen, entfällt das für uns Herthaner. Wir sind blau. Blau löst bei uns nervös bedingte Verkrampfungen, die Muskeln lockern sich und das Herz beruhigt sich alleine beim Betrachten der Vereinsfahne. Während ein »Roter« mit Dauer-Kopfschmerzen rechnen muss, wird Blau sogar in der Farbtherapie zur Behandlung von Migräne eingesetzt. Nur wenn man wirklich blau ist, bekommt man auch als Herthaner Kopfschmerzen.

Damit diese nicht allzu heftig ausfallen, haben wir noch das Weiß. Weiß steht für Sauberkeit, Leichtigkeit, Reinheit und Vollkommenheit. Wenn man die Urteile des DFB gegen meinen Verein in Herthas Geschichte unter den Aspekten der Farbenlehre betrachtet, werden diese schnell relativiert. Denn das Hertha-Weiß steht für Unschuld. Nicht umsonst trägt in unseren Breiten die Braut Weiß. Jeden Spieltag, wenn wir zu unserer alten Dame pilgern, ist es so, als würden wir uns aufs Neue für 90 Minuten mit ihr vermählen.

Wer jetzt die Farbenlehre auch auf Gelsenkirchen übertragen will, den muss ich enttäuschen. Diese Vereinigung ist nicht blau, denn sie bezeichnet sich ja selbst als königsblau. Aber die Farbenlehre kennt kein Königsblau. So eine Farbenlehre hat eben auch ihren Stolz. Übrigens, Rot steht für Hass, Wut, Unmoral und Gefahr. Mich hat das nicht überrascht.

4. GRUND

Weil Hertha BSC schon 1904 international bekannt war und 1910 europäische Festlandgeschichte schrieb

Zu einem Zeitpunkt, als die meisten heutigen Bundesligavereine noch gar nicht gegründet waren, spielte Hertha bereits auf europäischem Parkett. Am 28. April 1904 startete Hertha ihre internationale Laufbahn. Mit Slavia Prag kam ein tschechischer Traditionsclub und europäischer Spitzenverein aus dem damaligen böhmischen Königreich nach Berlin. Slavias Fußballabteilung wurde 1896, nur vier Jahre nach meiner Hertha, gegründet. Von 1897 bis 1909 konnte Slavia im Königreich nicht bezwungen werden. Unsere 3:5-Niederlage erschien dadurch in einem positiven Licht.

Das Größte war es aber, gegen englische Fußballclubs zu spielen. Vereine aus dem Mutterland des Fußballs galten als das Nonplusultra. Als das Vorbild schlechthin. Noch fantastischer aber war es, die Spiele gegen die großen Lehrmeister auch zu gewinnen. Hertha war nicht nur die erste deutsche Mannschaft, die eine englische Profimannschaft schlug, sie war die erste Mannschaft des europäischen Festlands überhaupt, der derart Epochales gelang. Am 4. Mai 1910 wurde Southend United nach einem 0:1-Rückstand mit 3:1 geschlagen. Die deutsche Nationalmannschaft schaffte dieses Kunststück erst 58 Jahre später beim 1:0-Heimsieg am 1. Juni 1968.[3]

Slavia Prag und Southend United gibt es, genau wie Hertha BSC, noch heute. Slavia Prag spielt in der Gambrinus Liga, der höchsten tschechischen Spielklasse, und Southend United in der Football League Two, der vierten englischen Liga.

Englisch klang auch der Name des ersten Vereins, der von außerhalb zu einem Gesellschaftsspiel – wie die Freundschaftsspiele seinerzeit genannt wurden – nach Berlin reiste. Für eine Antrittsprämie in Höhe von 110 Goldmark (das entsprach den Fahrtkosten) kam am 19. Mai 1902 der FK Britannia in die Stadt. Allerdings nicht von der Insel, sondern aus Hamburg. Hertha gewann das Spiel 2:1. Das Geld für die Gäste hatte Hertha wahrscheinlich schnell wieder drin. Der teuerste Platz kostete 1,50 Mark, die günstigste Karte 30 Pfennige.[4]

5. GRUND

Weil der BFC Hertha 92 zu Hertha BSC wurde

Der wirtschaftliche Niedergang des Reiches ging nicht spurlos am BFC Hertha 1892 vorbei. Insbesondere die Ärmsten der Armen – und davon gab es viele im Berliner Wedding – hatten weder den Sinn noch die Zeit und das Geld, um sich dem Fußball zu widmen.

36 Mitglieder starben durch den Krieg, andere waren arbeitslos und konnten ihren Mitgliedsbeitrag nicht zahlen. Hertha hatte somit Schwierigkeiten, die Pacht für den Schebera-Platz, die damalige Spielstätte, aufzubringen. Der Platz, auf dem Hertha ihre Spiele durchführte, war nach dem Gastronomen Joseph Schebera benannt. Schebera machte es wie viele Kneipenbesitzer. Er hatte einen Platz angrenzend an seine Kneipe gekauft und Fußballvereinen zur Verfügung gestellt. Die Pacht war die eine Einnahme

und raten Sie mal, wo die Mannschaften ihren Sieg feierten oder ihren Frust ertränkten. Genau, Joseph Schebera ging es damals also richtig gut.

Zur desolaten wirtschaftlichen Situation gesellte sich schon bald eine mittlere Katastrophe, die sich im Dezember 1919 abspielte. Um endlich wieder einmal große Kasse zu machen, lud Hertha den amtierenden ungarischen Meister MTK Budapest zu einem Freundschaftsspiel ein. Das Poststadion war bereits gebucht, die Werbetrommel gerührt und die Karten verkauft. Der MTK sagte allerdings derart kurzfristig ab, dass Hertha die Öffentlichkeit nicht mehr über die Absage informieren konnte. Immerhin sagte der Berliner Verein SC Minerva 93 spontan zu, die Lücke zu schließen, um den Zuschauern zumindest einen Ersatz bieten zu können.

Die Fußballfans, die ihr sauer verdientes Geld dafür gegeben hatten, den ungarischen Meister zu sehen, waren natürlich wenig erfreut, den Berliner Vizemeister von 1918 als Hertha-Gegner auf dem Platz anzutreffen.

Die Folgen waren brutal. Der zuständige Verband, damals der Verband Brandenburgischer Ballspielvereine, sperrte die erste Mannschaft für die Saison 1920/21.

Herthas Finanzsituation spitzte sich zu, jetzt war Fantasie gefragt. Schnell kam man auf die Idee, einen Lumpenball zu organisieren, denn trotz der schweren Zeiten wurde gerne gefeiert. Am 13. März 1920 war es dann so weit. Herthas Präsident Wilhelm Wernicke wartete im Schloss Schönhausen als Ganove verkleidet auf seine Gäste. Vergeblich. Echte Verbrecher hatten ihm einen Strich durch die Rechnung gemacht. Putschisten, unter der Führung von Wolfgang Kapp, machten sich auf, die rechtmäßige, demokratisch gewählte Regierung zu stürzen. Die Regierung wehrte sich und rief zum Generalstreik auf, dem sich die Gewerkschaften anschlossen. In Berlin wurde geschossen und der öffentliche Verkehr lahmgelegt. Am Ende konnte der Kapp-Putsch niedergeschlagen werden. Herthas Gäste aber blieben aus Sicherheitsgründen zu Hause.

Doch der Verein gab nicht auf. Bereits am 17. April 1920 sollte die nächste Aktion starten. Hertha lud zum »Schwoof« ins Hotel Nordischer Hof am Stettiner Bahnhof, dem heutigen Nordbahnhof. Diesmal war es der Streik des Gaststättengewerbes, der die Party platzen ließ und Hertha um die Einnahmen brachte – Geld, das dringend benötigt wurde, denn mittlerweile wurde der Schebera-Platz von einer Stiftung verwaltet. Diese hatte das Ziel, den Platz zu verkaufen. Größter Konkurrent war seinerzeit der SV Norden-Nordwest 1898, kurz NNW, ebenfalls ein damals sehr bekannter Verein aus dem Wedding. Da Herthas erste Mannschaft gesperrt war, war die Einnahmesituation natürlich noch bedrohlicher geworden. Letztendlich ging der Schebera-Platz an NNW. Hertha war nun nicht nur finanziell angeschlagen, sondern auch noch heimatlos.

In dieser Situation beschloss Herthas Vorstand 1923, sich mit dem Berliner Sport-Club (BSC) zusammenzutun. Der BSC hatte seinerzeit finanzstarke Mäzene, aber wenig Erfolg im Fußball. Bei Hertha verhielt es sich genau umgekehrt. Eine klassische Win-win-Situation zeichnete sich ab. Der BFC Hertha 1892 war quasi »ein Verein im Verein«, blieb als solcher eigenständig und stellte die Fußballabteilung des BSC dar. Von nun an trat Hertha unter dem Namen Hertha BSC an. Hertha BSC konnte zwar weitestgehend autark den Spielbetrieb gestalten, musste aber den wirtschaftlichen Überschuss an den BSC abführen und das war, dank des sich anbahnenden Erfolgs von Hertha, nicht wenig.

Das Interessanteste für Hertha an der Zusammenarbeit mit dem BSC war übrigens eine Eisbahn, nicht weit vom Schebera-Platz entfernt. Diese gehörte dem BSC und dieser Platz wurde von nun an zu Herthas neuer Heimat und zu einem Fußballstadion ausgebaut. 1924 war die große feierliche Einweihung der Spielstätte, auf der Hertha noch für einige Furore sorgen sollte. Dieses Stadion wurde später liebevoll »An der Plumpe« genannt.

1929, nach dem Gewinn der ersten Meisterschaft, trennte sich der »Unter-Verein« Hertha wieder vom Hauptverein BSC, um so weiterzumachen, wie man 1923 aufgehört hatte: als selbstständiger Vertreter seiner Zunft. Man einigte sich darauf, dass das neue Stadion für 73.000 Reichsmark bei Hertha blieb, und Hertha wollte und konnte das BSC im Namen behalten. Durch die großartigen Leistungen in den Endrunden um die Deutsche Meisterschaft wurde Hertha BSC zu einem wunderbaren Markenzeichen und das BFC im Namen war Geschichte.[5,6]

6. GRUND

Weil Hertha BSC einen einzigartigen Schlachtruf hat

Natürlich ist es richtig: Die Fußballsprache sollte einmal richtig entrümpelt werden. Letztendlich handelt es sich um Sport und – auch wenn das Einzelne gerne verwechseln – nicht um Krieg. Es gibt einen Schützen, der schießt. Einem Angriff folgt die nächste Angriffswelle, das will die Abwehr verhindern. Die Angreifer kommen über die Flanke und mit einem Schuss des Bombers oder einer Granate wird schließlich der Gegner besiegt. Spiele, die besonders emotionsgeladen ausgeführt wurden, mutierten zu Schlachten und wurden auch so benannt. Die Schlacht von Göteborg (Deutschland – Schweden, Endstand 1:3) bei der WM 1958 war ein erstes Ergebnis dieser Kriegsberichterstattung. Eines der unrühmlichsten Beispiele war die sogenannte Schlacht von Santiago 1962 zwischen Chile und Italien. Es ist eines der brutalsten Spiele einer Fußball-WM gewesen. Eigentlich glich es mehr einem Kickboxer-Treffen. Der Schiedsrichter Ken Aston aus England sagte nach dem Spiel: »Ich habe kein Fußballspiel gepfiffen, ich habe als Schlichter in militärischen Manövern agiert.«[7] Interessanterweise ziehen die Zuschauer zu solchen Schlachten nicht ins Feld. Nein, hier wird verniedlicht. Man bummelt zur Schlacht, man ist Schlachtenbummler.

So viel militärisches Säbelgerassel hat natürlich seine Geschichte. Bereits im Jahr 1908 begann das Militär, den Fußball und seine gruppendynamischen Prozesse für sich zu nutzen, und bildete die ersten Militärmannschaften. Die Krieger halfen also massiv mit, diesen »Rüpelsport« salonfähig zu machen. Die Schlachtenbummler intonieren heute noch »Schlachtrufe« respektive »Schlachtgesänge«. Schlachtruf, so kann man im *Bundesligakurier* vom 12. Februar 1966 lesen, ist der »Ausdruck einer begeisterten Zuschauermenge im sportlichen Geschehen, die eine ihr genehme Mannschaft durch einen periodisch wiederkehrenden, bestimmten Slogan zu Höchstleistungen beflügelt«.

Ich hatte durch das Viermächteabkommen für Berlin das Glück, nicht mit Begriffen wie Wehrdienstpflicht, Musterung und Einberufung aufzuwachsen, aber auch ich gab mich in regelmäßigen Abständen, an den Spieltagen, der Intonierung eines der besten Schlachtrufe aller Zeiten hin, dem »Ha Ho He Hertha BSC«.

Das Besondere an diesem legendären Schlachtruf ist nicht nur das Alter, er ist mit 86 Jahren wahrscheinlich der älteste noch angewandte Schlachtruf in ganz Deutschland. Von einem Traditionsverein wie Hertha kann man erwarten, dass es Rituale gibt, die älter sind als so mancher Fußballverein, der heute dem Ball hinterherrennt. Als damals, 1927, rund 1500 Hertha-Anhänger in einem Sonderzug zu einem Auswärtsspiel nach Leipzig unterwegs waren und den Schlachtruf ins Leben riefen, müssen einige Melodramaturgen an Bord gewesen sein. Das »Ha Ho He Hertha BSC« richtig zu intonieren, ist nämlich gar nicht so einfach. Es wird eher getragen skandiert und niemals gehetzt. Also mehr ein Haaaa Hoooo Heeee (kurze Pause) Hertha B S C.

Der erste Teil, das Ha, ist dabei mit Abstand der wichtigste Bestandteil. Er muss möglichst in einer Ruhepause angestimmt werden. Und zwar lang gezogen und so laut wie möglich, ähnlich einem Weckruf beim Militär (da haben wir es wieder). In dem Moment, in dem bereits beim Ho mehrere einstimmen, ist das Ziel erreicht. Das

He wird dann bereits von Tausenden mitgetragen und der gesamte Ruf wird so lange wiederholt, bis der Hals kratzt.

Heutzutage wird dieser Schlachtruf, insbesondere von jüngeren Hertha-Fans, wie ein Wettrennen vorgetragen: Wütend, aber kurz. Hier verpufft unnötige Energie. Das »Ha Ho He« ist eben mehr als Marathon angelegt, nicht als 50-Meter-Sprint. Die Wirkung des langsam vorgetragenen »Ha Ho He« ist auf jedem Fall kolossal. Wie berichtete seinerzeit Erwin Kostedde, der die Wirkung des »Ha Ho He« nicht nur als gegnerischer Kicker im Olympiastadion beurteilen konnte, sondern auch als Hertha-Spieler: »Es ist so wichtig, wenn der Schlachtruf ›Ha-Ho-He – Hertha BSC‹ durch das Stadion hallt. Der Gegner bekommt dann immer eine Gänsehaut. Ich habe das am eigenen Leibe gespürt, als ich noch für Offenbach spielte. Der eigenen Mannschaft aber stärkt es ungemein den Rücken.«[8]

7. GRUND

Weil man in Berlin, und nur in Berlin, nach einem Hertha-Spiel überall feiern kann

Als Hertha-Fan hat man immer was zu feiern. Das liegt natürlich auch daran, dass sich richtige Herthaner auch über den Gewinn eines einzigen Punktes noch so richtig freuen können. Sie sind keine satten, gelangweilten Titelsammler, sondern einfach noch Fußballfreunde. Andere Fans schließen sich bei Erfolglosigkeit nach einem Spiel zu Hause ein, um sich im stillen Kämmerlein bei einem kleinen Bier so richtig auszuweinen. Nicht so der Hertha-Fan. Sie fragen sich jetzt sicherlich: Wie kommt der darauf? Woran macht er das fest?

Dem Statistischen Bundesamt in Wiesbaden und Berechnungen der *Welt am Sonntag* zufolge hat die Zahl der Kneipen in Berlin seit 2001 um 99 Prozent zugenommen. Da soll mal einer sagen, in Berlin floriere die Wirtschaft nicht. Ganz im Gegenteil, es sind sogar abertausende Wirtschaften. In fast allen anderen Bundesländern schrumpft die Kneipenkultur, die Wirtschaften sind in ihrem Bestand akut gefährdet. Fast 12.000 Kneipen mussten seit 2001 ihren Betrieb einstellen. Vorneweg Hamburg (minus 48 Prozent). Das kann ich aber auch verstehen, denn wäre ich HSV- oder St.-Pauli-Fan würde ich wahrscheinlich auch nicht mehr feiern gehen. In Niedersachsen ging die Anzahl der Biertempel immerhin um 41,2 Prozent zurück.[9] Wahrscheinlich ziehen Fans von Hannover, Braunschweig und Wolfsburg eine gute Milchbar vor. Es liegt ja auch nahe. Niedersachsens Milch-Hipsters nennen diese Bewegung »Support your local trade«.

Nicht nur im hohen Norden nimmt die Freudlosigkeit zu, auch im erfolgsverwöhnten Bayern hält der Trend an, dass das Bier nur noch aus dem heimischen Kühlschrank kommt. Ich erinnere mich zu gerne daran, als wir zum zweiten Mal in Herthas Geschichte am letzten Spieltag zum FC Bayern mussten. Bayern war Meister und in den Stadionkneipen der bajuwarischen Arena herrschte Tristesse wie einst in Düsseldorf einen Tag nach dem Relegationsspiel 2012. Keine Stimmung bis auf die mitgereisten Fans aus Berlin. Wir feierten und tanzten im wahrsten Sinne des Wortes auf den Tischen. Trotz Niederlage! Die Bayern ziehen es nach einem Fußballspiel vor, schnell noch den neuesten Meisterschal, den Top-Triple-Winner-Sockenhalter und die Champions-League-Krawattennadel zu kaufen, und ab geht es nach Hause zu Mutti. Kein Wunder also, dass es in rund 500 von 2200 bayerischen Gemeinden überhaupt keine Kneipe mehr gibt. Einzig in den Vereinsheimen der »Südpreußen« herrscht Hochbetrieb.

In Sachsen-Anhalt ist die Anzahl der Kneipen innerhalb von zehn Jahren um knapp 28 Prozent gesunken. Selbst Sachsens Trinker bereiten sich schon einmal darauf vor, wie es wäre, wenn ein so traditionsloses Gebilde wie RB Leipzig den Ton angeben würde. Hier nahmen die Gaststätten um gut 33 Prozent ab. Berlin jedoch brummt. Fairerweise muss man aber erwähnen, dass auch in Baden-Württemberg die Zahl der Kneipen zugenommen hat (plus 15,3 Prozent). Zwar nicht so intensiv wie in Berlin, aber immerhin.[10] Die Gründe hierfür liegen allerdings im Dunkeln. Man munkelt, dass es vor allen in Baden zu einem Kneipenboom gekommen sei. Dort ist nämlich der Karlsruher SC mit seinen tollen Fans zu Hause. Diese Fans sind genauso stolz auf ihren Verein wie wir auf Hertha und tragen daher oft und gerne ihre Farben nach draußen. Eine andere Vermutung ist die, dass in vielen Gemeinden Schwabens die Kneipe wiederentdeckt wird. Hier ist es, so sagt man, seit geraumer Zeit wieder möglich, auch mal ein wenig lauter zu sein. Der Grund: Ein großer Teil der spießigen, ruhebedürftigen und kleinbürgerlichen Schwaben soll nach Berlin, insbesondere zum Prenzlauer Berg, gezogen sein. Das schafft in ihrer Heimat jede Menge Platz am Tresen und gastronomisch völlig neue Möglichkeiten. Doch das halte ich für ein Gerücht.

8. GRUND

Weil Hertha BSC im Olympiastadion spielt

Als das Berliner Olympiastadion anlässlich der Olympischen Spiele 1936 nach Plänen des Architekten Werner March erbaut wurde und die Spiele von den Nazis dafür missbraucht wurden, der Welt ihre »Friedfertigkeit« vorzugaukeln, ahnte noch niemand, dass es einmal ein Arbeiterverein aus dem Wedding sein würde, der diesem Stadion wahrhaft demokratische Züge verleihen würde.

Es war Hertha BSC, der Verein, der seit Gründung der Bundesliga im Jahr 1963 bis heute das Stadion für seine Erstliga-Heimspiele nutzt. Die Arena wurde zwischen 2000 und 2004 anlässlich der Fußballweltmeisterschaft im eigenen Lande das letzte Mal umgebaut. Seitdem fasst das Stadion, das einst bis zu 100.000 Zuschauern Platz bot, »nur noch« 74.244 Zuschauer. Bis November 1935 verfolgte die »Bauherrenrasse« sogar die Errichtung eines dritten Ringes, der den jetzigen Oberring zum Mittelring hätte machen sollen. Das Stadion würde dann heute über 110.500 Plätze verfügen. Zum Glück wurde die Zeit bis zur Eröffnungsfeier der Olympischen Spiele knapp und der Plan verworfen. Aber bei einigen Hertha-Spielen wäre das Stadion auch in dieser Dimension ausverkauft gewesen.

So hält Hertha BSC den Zuschauerrekord der Bundesliga. Zum ersten Liga-Spiel der Saison 1969/1970 gegen den FC Köln, das Hertha 1:0 gewann, strömten unglaubliche 88.075 Zuschauer in »mein Wohnzimmer«. Auch nach dem Umbau wurden Rekorde aufgestellt, sogar in der 2. Bundesliga. Nachdem Hertha sich wieder einmal auf eine Bildungsreise begab, und sich 2010 von der Monotonie der 1. Bundesliga für ein Jahr verabschiedete, um sich in den Niederungen der 2. Bundesliga umzusehen, kamen am 15. Mai 2011 dank Zusatztribünen sagenhafte 77.116 Fans ins Olympiastadion. Gegner war der FC Augsburg, Hertha gewann mit 2:1. Das war zugleich der zweitbeste Zuschauerschnitt der 2. Liga. Nur 1860 München besuchten 1977 gegen den VfB Stuttgart mehr Zuschauer – und zwar 77.573.

2002 wurde, nach fast 57 Jahren, unter den Zuschauerrängen eine Fliegerbombe entdeckt. Ein Baggerfahrer fand den Fünf-Zentner-Sprengkörper aus dem Zweiten Weltkrieg direkt unter dem Gästeblock. Zum Glück blieb das Stadion stehen und es konnte sich von seiner demokratischen Seite zeigen. Insbesondere in der 2. Liga, wie zum Beispiel in der Saison 2012/2013. Immer wenn Hertha in extrem kleinen Stadien antrat, war es für den mitreisewilligen Fan extrem schwer, eine Karte zu erhalten. Zu klein die Stadien, zu gering das Kartenkontingent für die Gäste. Oft entschied das Los. Im Olympiastadion hingegen hatten und haben alle Platz!

Das schönste Erlebnis ist ein Derby im Olympiastadion, wenn die Gästevereine eine riesige Fanschar mitbringen können und dank des Olympiastadions auch dürfen. Gästetickets müssen also nicht verlost werden, Hertha ist für alle da – auch das ist ein Stück Demokratie. Die Vielseitigkeit der Fangesänge, das Wechselspiel und die Vielfalt auf den Rängen haben schon so manchen in ihren Bann gezogen. Ich möchte dieses Gefühl nicht gegen die Monokultur kleiner ausverkaufter Stadien mit einer Fassungskapazität von circa 20.000 Zuschauern eintauschen. Nichts gegen kleine Stadien, diese haben durchaus ihren Reiz und ihren Charme. Nehmen wir beispielsweise den FC Union aus Köpenick. Die Stimmung wäre schnell dahin, würde Union mit seinen durchschnittlich 15.000 Zuschauern das Olympiastadion als Heimstadion erwählen. Die Zuschauer würden kaum sichtbar, geschweige denn hörbar sein. Nein, Stimmung schafft hier natürlich nur die Nummer eins der Stadt. Nicht zuletzt findet im Olympiastadion neben Konzerten und dem Leichtathletik-Event ISTAF auch das DFB-Pokalfinale statt. Hertha war hier leider das letzte Mal 1993 mit von der Partie. Seitdem lebt der Traum jedes Jahr aufs Neue auf: Hertha BSC im Pokalfinale im eigenen Wohnzimmer. Wer weiß, vielleicht ist es ja 2015 wieder so weit.

9. GRUND

Weil Hertha BSC einen der ältesten Schlachtgesänge anstimmt

Sicherlich hat jeder Verein wunderschöne Lieder und bestimmt ist es auch wichtig, wer welches Lied singt. Denn auch das lyrischste Lied kann zur Qual werden, wenn es von einem unmusikalischen Chor vorgetragen wird. Dennoch halte ich es da mit dem Dichter Johann Gottfried Seume: »Wo man singt, da lass dich ruhig nieder, böse Menschen haben keine Lieder.« Ich möchte daher eines meiner Lieblings-Hertha-Lieder vorstellen.

Unser ältester überlieferter Schlachtgesang ist eine Fan-Kreation, sie stammt aus dem Jahr 1930. Ein Sonderzug mit Herthanern war am 15. Juni 1930 gerade auf dem Rückweg vom Halbfinalspiel um die Deutsche Meisterschaft in Leipzig. Gegner in Leipzig war der 1. FC Nürnberg. Hertha gewann das Spiel im Stadion Probstheida mit 6:3 (3:3) und zog ins Finale ein. Das Spiel muss ein wahrer Leckerbissen gewesen sein, denn es inspirierte die Hertha-Fans im Zug zu wahren lyrischen Höchstleistungen. Siegestaumelnd schrieben sie den Text des Liedes *Oh Donna Clara!* um.

Aus »Oh Donna Clara, ich hab dich tanzen gesehen« wurde »Blau-weiße Hertha, ich hab dich spielen gesehen.« Das Bestechende an diesem Lied ist der für Fußballlieder ungewöhnlich tragende Sprachschatz. Hier der Text des ältesten Hertha-Liedes, das mir bekannt ist.

Blau-weiße Hertha, ich hab dich spielen gesehen,
blau-weiße Hertha, du spielst wunderschön.
Ich hab dich damals in Leipzig siegen gesehen,
als du das halbe Dutzend voll gemacht.
Bei jedem Schritte und Tritte trafst du den Ball ja genau in der Mitte
und herrlich gefährlich sind deine Schüsse, du Süße, zu sehen.
Blau-weiße Hertha, ich hab dich spielen gesehen.
Blau-weiße Hertha, du spielst so wunderschön.

Die Musik von *Oh Donna Clara!* wurde 1928 in Warschau von Jerzy Petersburski komponiert. Der Text von *Oh Donna Clara!* stammt aus der Feder von Fritz Löhner-Beda und wurde 1930 verfasst. Durch die Auseinandersetzung mit dem Text von Fritz Löhner-Beda wurde ihm von den Hertha-Fans, ganz nebenbei, ein Denkmal errichtet. Das passte auch, denn Löhner-Beda war selbst Fußballfan und ein sehr guter Fußballspieler. Er gründete 1909 den Wiener Sportverein Hakoah, dessen erster Präsident er war. Er wurde am 4. Dezember 1942 in Auschwitz ermordet.[11]

Lothar Heinze, blau-weißes Urgestein, Manne Sangel vom Hertha-Echo und Sven Bährens von den Berlin City Stompers ist es zu verdanken, dass dieses Lied, das mir dank meines Vaters immerhin teilweise bekannt war, dem Vergessen entrissen wurde. Das Lied wurde zur 500. Sendung des Hertha-Echos im Mai 2013 in einer aktualisierten Version der Berlin City Stompers präsentiert. Auch eine CD ist mittlerweile käuflich zu erwerben. Ein Euro des Erlöses kommt dem Hertha-Museum zugute.

10. GRUND

Weil Hertha BSC an der Plumpe in Erinnerung geblieben ist

Als Hertha BSC aus finanziellen Gründen gezwungen war, seine alte Heimspielstätte an der Plumpe im Wedding zu verkaufen, entstanden nach dem Abriss des Stadions im Jahr 1974 auf dem Areal Wohnblöcke mit 440 Wohnungen. Die Häuser reihten sich architektonisch »ganz wunderbar« in die Kulisse der schmucklosen Sozialbauten der 70er-Jahre ein. Heute erinnert nur wenig an die große Vergangenheit dieses Grundstücks. An der Behmstraße kann man vier Bronzestatuen erkennen, die Fußballspieler darstellen. Diese Kunstobjekte zumindest sollen an die alte Hertha-Heimat, die in ihren besten Zeiten bis zu 35.000 Zuschauern Platz bot, erinnern. Sie wurden von Michael Schoenholtz 1978 gestaltet. Eine weitere Skulptur in der Bellermannstraße zeigt einen zerfetzten Ball. Dieses kaputte Spielgerät soll auf die Konflikte hinweisen, die der damalige Abriss des Stadions mit sich brachte. Nicht wenige waren gegen den Abriss der Spielstätte gewesen.

Ob nun die Kunstobjekte dazu beigetragen haben, die Erinnerung an den alten Hertha-Platz aufrechtzuerhalten, ist nicht bekannt. Vergessen ist die Plumpe aber keinesfalls. Als Hertha-Fan Manne Sangel einmal in den 80er-Jahren beruflich in den Wohnhäusern, die auf dem Traditionsplatz errichtet wurden, zu tun hatte, fragte er einen der Mieter, ob er denn wisse, wo er wohnt. Der Mieter, offensichtlich ein alter Weddinger, antwortete: »Na klaa Kleena. Ick schlaf ja praktüsch mit'n Kopp uffn Elfapunkt.«

Sehenswert ist auch die Kneipe am Bierbrunnen direkt an der Behmstraße. Wer viel über Herthas Vergangenheit sehen und lesen will, ist in diesem gastronomischen »Hertha-Museum« goldrichtig und so ein richtiger Herthaner kann auch mit dem »besonderen« Charme der Inhaber umgehen. Wenn man Glück hat, kann man gegenüber an der »Curry Baude«, bei einer der leckersten Currywürste unserer Stadt, mit echten Weddingern in Kontakt treten. Wie sagte doch ein Taxifahrer, der dort sein Feierabendbier trank und »hia um de Ecke wohnt«, richtigerweise zu mir: »Ick bin Baalina, dit hia is meene Stadt, logo dit ick für Hertha bin.«

Die »Plumpe« wurde übrigens nicht nur zu Herthaspielen genutzt. Zu einer politischen Großkundgebung der SPD gegen die von den Sowjets verhängte Blockade kamen dem Vernehmen nach am 24. Juni 1948 rund 80.000 Menschen.

Michael Schoenholtz, der mehr als drei Jahrzehnte an der HdK, der heutigen Universität der Künste Berlin, lehrte, hat neben den Skulpturen an der Behmstraße noch andere Kunstwerke in Berlin verwirklicht. So zum Beispiel den Bronzebogen, der an die im Krieg zerstörte Alte Philharmonie in der Bernburger Straße in Kreuzberg erinnert. Oder die aus sechs Teilen bestehende Skulpturengruppe in der Heinrich-Zille-Siedlung. Aber auch am Strandbad Wannsee, vor der Sporthalle in der Onkel-Tom-Straße oder in der Wilmersdorfer Durlacher Straße kann man über seine Werke »stolpern«.[12]

2. KAPITEL

HERTHA BSC HAT DIE BESTEN FANS DER WELT

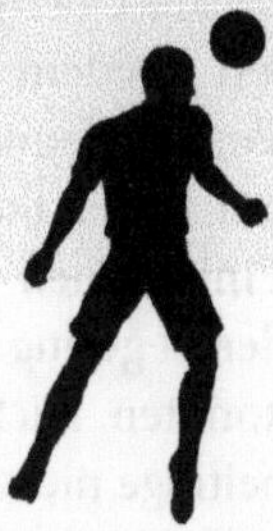

11. GRUND

Weil bei Hertha BSC der zwölfte Mann noch Gewicht hat

Wir schreiben das Jahr 1922. Infolge des Ersten Weltkrieges wurde die Deutsche Meisterschaft von 1915 bis 1919 nicht ausgespielt, während die Berliner Meisterschaft auch während des Krieges stattfand. Der »große« Spielbetrieb im Fußball lief langsam wieder an und normalisierte sich. Doch was war zu dieser Zeit schon normal. Immer mehr Menschen hatten immer weniger Geld und die Armut nahm gerade in den Arbeiterquartieren Berlins enorm zu. Die Menschen und auch so mancher Sportverein kämpften ums nackte Überleben. Auch Hertha ging es nicht gut. Der Club war fest mit dem Wedding verbunden. Zum einen war das ein großer Vorteil, denn somit war Hertha Bestandteil dieses tollen Bezirks mit seinen fantastischen Menschen. Zum anderen aber waren die Einkommen des mehrheitlich proletarischen Fußballpublikums derart gering, dass viele Menschen sich keine Eintrittskarte leisten konnten. Nicht wenige Hertha-Mitglieder konnten die Mitgliedsbeiträge nicht mehr regelmäßig bezahlen. Kein Wunder also, dass auch Hertha immer mehr in eine wirtschaftliche Schieflage geriet. Mit den ökonomischen Sorgen kam auch die Abstiegsgefahr.

Zu dieser Zeit begab es sich, dass ein Zuschauer namens Artur Friedemann eine gewisse Berühmtheit erlangte. Vielleicht war Artur einer jener Menschen, die nicht nur im Ersten Weltkrieg gelitten hatten, sondern auch in der Zeit danach. Keine, oder nur ungesicherte, prekäre Arbeit, Frau und Kinder zu Hause, der Hunger ständiger Gast. Wer weiß? Genaues über Artur Friedemann ist mir nicht bekannt. Aber vielleicht schoss es ihm durch den Kopf, dass es manchmal auch genug ist mit der Leidensfähigkeit.

Artur hatte das Gefühl, dass alles mit einem gemacht wird und einem selbst nur das Gefühl der Ohnmacht bleibt, dass man keinen

Einfluss auf das eigene Schicksal nehmen kann. Jedenfalls tat er etwas, was ein Sportsmann, der er ja als Spieler der Berliner Meisterelf von 1917/18 war, nicht hätte tun dürfen. Aber er tat es. Am 12. März war er Zuschauer beim entscheidenden Spiel gegen den Berliner FV 1910. Es stand 0:0. Eine Niederlage hätte wohl den Abstieg für die Hertha besiegelt. Unser damaliger Torwart Uredat war schon geschlagen, als der Ball provokativ langsam in Richtung Hertha-Tor rollte. Nur noch zehn Meter. Der Ball schien mit Artur zu sprechen: »Komm doch, trau dich.« Sieben Meter. Das Leder ließ nicht locker: »Artur, hast du dir nicht auch ein wenig Glück verdient?« Fünf Meter. Der Ball rief: »Na Artur, willst du dir denn alles gefallen lassen?« Drei Meter. Nein, das wollte er nicht! Er wusste, was zu tun war. Er sprang wie ein junger Gott über die Barriere und kickte den kurz vor der Torlinie befindlichen Ball ins Feld zurück. Später schoss Erich Schmidt den Siegtreffer zum 1:0 – Herthas Abstieg war abgewendet. Nicht aber die Tracht Prügel, die Artur dem Vernehmen nach von den Anhängern des gegnerischen Vereins verabreicht bekommen haben soll. Nun ja, no risk, no fun. Artur jedenfalls hat sich nicht verstellt und auf sein inneres Ich gehört. Er konnte sicher sein, dass er bei den rauen Sitten, die seinerzeit auf den Rängen herrschten, nicht nur mit einem blauen Auge davonkommen würde, aber er tat es trotzdem. Artur war ein ganz Großer.[13]

12. GRUND

Weil Hertha BSC einen Fan namens Helmut Klopfleisch hat

Das Zentrum deutsche Sportgeschichte initiierte 2012 eine Ausstellung mit dem Namen »Doppelpässe – wie die Deutschen die Mauer umspielten«. In diesem Zusammenhang lernte ich Helmut Klopfleisch kennen. Was die Teilung meiner Stadt bedeutete und wie brutal die Folgen für Einzelne gewesen waren, kann man an Helmuts Geschichte nachvollziehen. Helmut begann zu berichten und ich wurde sehr ruhig und hörte gespannt zu.

Helmut Klopfleisch wurde 1954, als Deutschland das erste Mal Fußballweltmeister wurde, als Sechsjähriger von seinem Vater bei Hertha als Mitglied angemeldet. Ehrensache, dass er, der Steppke aus dem Berliner Bezirk Pankow, auch in Herthas Jugendabteilung spielte. Sein Vater machte es möglich, denn er begleitete seinen Bengel zum Training und zu den Spielen. Leider starb der Vater 1956 viel zu früh. Von da an war es für den achtjährigen Helmut vorbei mit dem aktiven Fußball bei Hertha. Zu weit der Weg. Zu dunkel das Ost-Berlin der 50er-Jahre in den Abendstunden. Kein guter Platz für Kinder. Niemals hätte seine Mutter ihm erlaubt, den Weg an die Plumpe alleine zu bewältigen. Als kleines Kind ohne Elternteil durch den Grenzkontrollpunkt Bornholmer Straße gehen? Unvorstellbar. Helmut wurde älter.

Einer Wiederaufnahme seiner aktiven Laufbahn stand nun nichts mehr im Wege. Bis auf eine nicht unwesentliche »Kleinigkeit«. Es war die Weltpolitik, die sich gegen Helmut scheinbar verschworen hatte. Als er 1961 mit seiner Mutter bei seinen Großeltern in der Prignitz Ferien machte, geschah das Unfassbare. Die DDR errichtete die Mauer. Für den 13-jährigen Pankower brach eine Welt zusammen. Wie er später berichtete, stand er in den ersten Wochen oft auf Ost-Berliner Seite nicht weit entfernt vom Hertha-Stadion, dass er über die S-Bahn-Gleise hinweg zumindest ein bisschen von der Atmosphäre der Plumpe mitbekam. Neben ihm ein Kofferradio, aus dem die Fußballübertragung dröhnte. Doch nach vier Spieltagen war auch damit Schluss. Die Vopos verhinderten von nun an den kleinsten Blick zur Plumpe hinüber. Für lange Zeit sollte er seine Hertha nicht sehen dürfen. Trotzdem, oder gerade deshalb, trafen sich die Hertha-Mitglieder im Osten regelmäßig. Helmut Klopfleisch organisierte unter dem Deckmantel einer Tipprunde sogar einen Hertha-Fanclub in Ost-Berlin. Spieler und Offizielle besuchten die geheimen Weihnachtsfeiern der Ost-Berliner Herthaner und stärkten so dem blau-weißen Fels in der Brandung der Staatssicherheit den Rücken.

Diese konspirativen Weihnachtsfeiern im Ostteil der Stadt waren derart geheim, dass es ein kleines Weihnachtswunder war, dass sich die Herthaner überhaupt getroffen haben. Zu diesen Feiern kamen auch immer Herthaner aus dem Westen. Günter Quackatz, seines Zeichens die gute Seele des Vereins, die Hertha-Legende Hanne Sobek, sein Mannschaftskamerad aus der Meisterelf, Fredy Stahr, Mr Hertha BSC Wolfgang Holst, der Trainer Fiffi Kronsbein und der Vereinspräsident Ottomar Domrich waren zu Weihnachten dabei. Andere hielten die Verbundenheit zu Helmut über die Mauer hinweg aufrecht, indem sie ihn auch außerhalb des Festes besuchten. Die Trainer Georg Gawliczek, Uwe Klimaschefski, Kuno Klötzer und Werner Fuchs gehörten genauso zu den Besuchern wie Herthas Starspieler Erich Beer. Überhaupt liest sich die Liste wie ein Who's who des Fußballsports.

Auf die neu gegründeten Ostclubs hatte Helmut keine Lust. Warum auch? Er war ja Herthaner. Zu Union ging er ab und zu, da dort zumindest das »Ha Ho He Hertha BSC« angestimmt wurde. Balsam für die geschundene blau-weiße Seele. Doch Helmut wollte Hertha auch sehen dürfen. Zum Glück spielte seine große Liebe erfolgreich im UEFA Cup. Hertha kickte hinter dem »Eisernen Vorhang« in Prag gegen Dukla und die Bohemians, Bratislava, Poznań, Tiflis und Plovdiv, aber auch ein sogenannter internationaler Vergleich gegen Dynamo Dresden war in den 70er-Jahren dabei. Doch nicht zu jedem dieser Spiele durfte er seine Liebe zeigen. Die Stasi war längst auf ihn aufmerksam geworden.

Die Fahrt zu den Spielen in Dresden und Bratislava beispielsweise wurde ihm von höchster Stelle verbaut. Rechtzeitig vor der Austragung bestellte die Staatsmacht Helmut »zur Klärung eines Sachverhaltes« ein und ließ ihn erst wieder frei, als das Spiel gelaufen war. Gegen Bratislava wurden sie auf ihn aufmerksam, weil er in der Staatsbank der DDR beim Tauschen von Ostmark gegen Kronen beobachtet wurde.

Aber nach Prag zum UEFA-Cup-Spiel gegen Dukla, das 2:1 gewonnen wurde, fuhr er. Mit dabei seine Hertha-Fahne, die ihm seine Mutter anlässlich eines Freundschaftsspiels von Hertha in Poznań aus einem Blauhemd (FDJ-Hemd) und einem weißen Laken genäht hatte. Er besuchte sogar die Mannschaft im Hotel. »Den Mannschaftsbusfahrer Manfred Semmler kannte ich sehr gut. Er nahm mich zur gemeinsamen Stadtrundfahrt mit der Mannschaft mit. Diese Erlebnisse werde ich nie wieder vergessen!«

Wenn er nicht seine »Seelen-Medizin« Hertha nehmen konnte, halfen auch »Placebos« wie Bayern München und Spiele der bundesdeutschen Nationalmannschaft. Er traf sich mit Helmut Schön und Jupp Derwall, bekam vom Spieler Bernd Gersdorff dessen Hertha-Trikot und der Bayern-Präsident Scherer besuchte ihn sogar zu Hause und schenkte ihm ein original Rummenigge-Trikot, das Scherer unter seiner Jacke in den Arbeiter- und Bauernstaat geschmuggelt hatte.

Über die Mauer hinweg entwickelte sich sogar eine Freundschaft zu Franz Beckenbauer. Diese Freundschaft bezeichnete Helmut gerne als »seine Lebensversicherung«. Die Staatssicherheit erfuhr zwar davon, scheute jedoch die Medien und ließ so von Helmut ein wenig ab. Trotz alledem hatte er genug zu leiden. Er bekam Berufsverbot, seine Frau verlor ihre Arbeit, der Sohn erhielt, obwohl er als Schüler zu den Besten gehörte, keinen Ausbildungsplatz. Die täglichen DDR-Schikanen. Später wurde sein Pass eingezogen und er erhielt den sogenannten »PM-12-Ausweis«. Mit diesem vorläufigen Personalausweis war es nicht einmal mehr möglich, ins sozialistische Ausland zu reisen. Als sich sein Sohn bei einem Fußballspiel schwer verletzte, wurde ihm zunächst jegliche Hilfe verweigert. Die zeitliche Verzögerung führte zur Sportinvalidität.

Für Helmut Klopfleisch war damit ein Punkt erreicht, an dem er nicht mehr weiterwusste. Jetzt ging es nicht mehr um ihn, jetzt waren Leib und Leben seiner Familie massiv bedroht. Helmut stellte 1986 einen Ausreiseantrag, der drei Jahre später, am 29. Juni 1989, sogar bewilligt wurde. Jetzt hatte es der Staatsapparat plötzlich sehr eilig. Obwohl seine Mutter im Sterben lag, musste er die DDR unverzüglich verlassen. Er verabschiedete sich von ihr und vier Tage später war sie tot. Zur Beerdigung durfte er nicht, der Antrag wurde abgelehnt.

Helmut Klopfleisch wurde, nach etlichen anderen Ehrungen, 2012 zum »Herthaner des Jahres« ernannt. Für mich ist er einer DER Herthaner des letzten Jahrhunderts, und wenn er erzählt, hört alles zu und es bleibt meistens sehr still um ihn herum.

13. GRUND

Weil man für Hertha BSC den Körper dem Herzen folgen ließ

Die Zeitungen sind voll damit. Menschen, die im falschen Körper geboren wurden. Sie leben das Leben, das ihnen von außen aufgedrängt wird. Bis es dieses eine Schlüsselerlebnis gibt, dieses eine Ereignis. Auf einmal wird ihnen klar, dass man sich entscheiden muss. Mit der Lebenslüge leben oder sich zu seiner Vorliebe, seiner Einzigartigkeit bekennen. Erste Voraussetzung hierfür ist, zu wissen, wer man ist und was man ist. Doch bis zur entsprechenden Metamorphose ist es oft ein langer Weg.

Für Rolf Vaterlaus, der 1946 in der Schweiz, genauer in Arbon, geboren wurde, begann diese Wandlung 1961. Doch eins nach dem anderen. Es waren Rolfs Eltern, die es ihrem Jungen erlaubten, mit seiner Klasse am 13. August 1961 nach Berlin zu fahren. Klassenreise. Die Schülerinnen und Schüler waren voller Vorfreude. Berlin! Die Stadt, in der die Welt zu Hause ist. Wenn auch manchmal nicht ganz freiwillig – wie man damals an den vielen Briten, Franzosen, Russen und Amerikanern unschwer erkennen konnte. Dazu ein volles Programm, das der einladende Berliner Lehrer zusammengestellt hat. Einfach Wahnsinn, was da auf die Jugendlichen wartete. Doch es kam anders. Die Schweizer Schüler erfuhren am ersten Tag ihrer Ankunft, dass die Internationalität Berlins eine Komponente verloren hatte. Die Sowjets und ihre ideologischen Glaubensbrüder zogen es vor, sich vom Rest der Welt auszumauern. Das geplante Programm war von einem Tag auf den anderen nicht mehr durchführbar.

Da kam bei Rolf etwas zum Ausbruch, was immer schon in ihm schlummerte. Er zeigte Interesse an dieser Stadt, die, wie sich später herausstellen sollte, immer schon SEINE Stadt war. Berlin hatte, in der Stunde der größten Not, einen Berliner mehr. Nicht durch Geburt. Nein, durch dieses Zugehörigkeitsgefühl, das so schwer ist, in Worte zu fassen. Berlin ließ Rolf nicht mehr los. Endlich wusste er, dass er eigentlich schon immer Berliner war. Später sollte er Berlin als seine Heimat bezeichnen. Nicht als Wohnort oder Lebensmittelpunkt, nein, er sagte Heimat und Rolf sagt, was er denkt und fühlt. Von nun an besuchte er Berlin regelmäßig. Seine Eltern unterstützten ihn dabei. Diese hatten sich schließlich zu den Werten von Marcel Aeschbacher bekannt. »Marcel wer?«, höre ich Sie fragen. »Wo spielt denn der nun schon wieder?« Bei Marcel Aeschbacher handelte es sich jedoch mitnichten um einen Schweizer Mittelfeldspieler oder gar Trainer.

Marcel Aeschbacher war ein Mann, der es sich auf seine Fahne geschrieben hatte, Berliner Kindern zu helfen. Er, der gelernte Gärtner aus dem Berner Stadtteil Bümpliz tat dies, indem er sich bei seinen Eidgenossen dafür einsetzte, dass die jungen Berliner Ferien bei Schweizer Gastfamilien machen konnten und so einmal aus den Wirren, die der Kalte Krieg mit sich brachte, herauskamen. Rolfs Eltern nahmen über diesen Weg bereits vor dem Mauerbau das erste Berliner Kind auf und Rolf hatte seinen ersten Berlin-Kontakt.

Rolf hatte neben seiner wachsenden Liebe zu Berlin noch eine andere Schwäche. Er war Fußballfan. Im Oktober 1961 besuchte er sein erstes Hertha-Spiel. Da war es endgültig um ihn geschehen. Er war nicht nur Berliner im Herzen, er war sogar ein Berliner der ganz besonders edlen Sorte. Rolf war Berliner UND Herthaner. Es zog ihn von da an immer wieder nach Spree-Athen – als regelmäßiger Pendler zu den Heimspielen von Hertha. Wie das geht, wenn man in der Schweiz wohnt? Nun, das Zauberwort hierfür hieß »City Night Line«. Er besorgte sich ein Jahresticket für diese direkte Zugverbindung, treffenderweise von unserem Schweizer Freund »Dauerkarte« genannt. Er fuhr in Zürich einen Tag vor dem Hertha-Spiel los und war pünktlich um 15:30 Uhr zum Anpfiff im Olympiastadion.

Das ewige Hin und Her konnte natürlich nicht die endgültige Lösung darstellen. Rolf zog die Konsequenzen. Sein Körper folgte nun endgültig seinem Herzen. Vor 18 Jahren zog er dauerhaft in seine Stadt und seit 1998 hat er kein Hertha-Heimspiel verpasst. Rolf, der natürlich auch Hertha-Mitglied ist, ist einer von uns und wenn er von Berlin spricht, leuchten seine Augen derart, dass die Nacht zum Tage wird. Es gibt nur wenige Menschen in Berlin, die so viel über diese Stadt wissen und dieses Wissen in verständliche Worte fassen können. Rolf wurde »Stadtbilderklärer«. Falls jemand Lust verspüren sollte, in Berlin eine kompetente Stadtführung zu erleben, die immer für eine Überraschung gut ist und die charmant von einem Berliner mit Schweizer Akzent geführt wird, dann ruft ihn an.

14. GRUND

Weil das Ekel Alfred Tetzlaff Hertha-BSC-Fan war

Kennen Sie noch das Ekel Alfred Tetzlaff? Jene reaktionäre Kunstfigur – Macho und Haustyrann –, die aber auch ihre liebenswürdigen Seiten hatte? Als der Journalist, Krimiautor, Talkmaster, Satiriker und gebürtige Berliner Wolfgang Menge seinen »Sohn«

Alfred Tetzlaff schuf, vergaß er nicht, dafür zu sorgen, dass Alfred auch seine liebenswerteste Seite zeigen konnte. Er machte ihn zum Fan des besten Vereins der Welt, zum Hertha-Fan. Das blieb Alfred selbstverständlich auch in der Diaspora, denn das Schicksal meinte es nicht gut mit ihm: Obwohl in der Nähe Berlins geboren, wohnte er mittlerweile im Ruhrpott. Doch er blieb Hertha und seiner Lieblingsstadt treu.

In der TV-Folge *Frühjahrsputz*, die am 18. März 1974 zum ersten Mal ausgestrahlt wurde, geht Alfred der heimischen Putzhektik aus dem Weg. Er will stattdessen lieber zum Fußball. Immerhin spielt Hertha BSC an diesem Tag in Gelsenkirchen. Seine Vereinstreue in der Diaspora stößt bei seinem fußballerisch verirrten Freund Koslowski (er ist Fan der Gelsenkirchener) auf wenig Gegenliebe. Koslowski traut sich nicht, seinen Freund mit der Hertha-Fahne mitzunehmen, und so verzichtet Alfred auf seinen Platz im Auto. Keine Hertha-Fahne, kein Stadion. Doch das wirft unseren Alfred nicht aus der Bahn. Was legte Wolfgang Menge seinem im Pott gestrandeten Berliner in der besagten Folge doch gleich so richtig in den Mund: »Berlin war einfach Symbol für alles, was dieses Land zu dem gemacht hat, was es einmal war. Ohne Berlin wäre aus diesem Land nie was geworden. Da wäre hier alles Steppe und Urwald und du würdest jetzt vermutlich noch in einer Höhle auf einem Baum leben.« Dem ist nichts hinzuzufügen.[14]

15. GRUND

Weil Herthaner in Teilen Badens sehr beliebt sind und Badener auch bei uns

Der Legende nach begann im Jahr 1976 eine Freundschaft, die in ihrer Intensität und Treue ihresgleichen sucht – die Freundschaft zwischen Hertha- und KSC-Fans. Am 14. August 1976 reiste Hertha nach Karlsruhe. Die 70er-Jahre waren dafür bekannt, dass sich Fußballfans eigentlich nie freundlich begegneten. Man übertraf sich im oft faschistoiden Männlichkeitsgehabe und die Neigung, gegnerischen Anhängern im Zweikampf zu begegnen, bestimmte eigentlich fast das Denken jeder Auswärtsfahrt. Fußball war damals, gerade im bildungsbürgerlichen Milieu, der erklärte Teufel. Ein Fußballfan wurde da schnell zur Persona non grata. Die Hertha-Fans fuhren in Karlsruhe ein und bereiteten sich auf das übliche Ritual vor. Doch Pustekuchen. Die KSC-Fans empfingen die Berliner mit einer fanuntypischen Herzlichkeit, die bei den Berlinern auf fruchtbaren Boden fiel. Hertha gewann das Spiel und trotzdem, wieder untypisch, wurde nach dem Spiel gemeinsam gefeiert. Von da an galt Karlsruhe als gutes Pflaster für Herthaner und Berlin als entspanntes Reiseziel für Karlsruher. Der Fußballgott aber wollte es beiden nicht so leicht machen. Denn von nun an trafen die beiden Vereine eher selten aufeinander. Die Freundschaft blieb in ihren Grundsätzen erhalten, nur es fehlte an Berührungen.

Dies änderte sich, als Hertha 1997 wieder in die Bundesliga aufstieg. Die Freundschaft konnte erneuert werden, das Interessante hieran war, dass nicht die »alten« Fans federführend waren, sondern die »jungen« den Ball wieder aufnahmen und dribbelstark in die nächste Runde der Freundschaft führten. Gegenseitig wurden die Spiele beider Vereine besucht. Herthaner haben die Karlsruher auch in der Regionalliga begleitet und einige Berliner sind aus Sympathie auch Mitglied bei den Badenern geworden. Einige Karlsruher kann man auch bei unseren Mitgliederversammlungen begrüßen. Beide Fangruppierungen sind übrigens auch mit den Anhängern von Racing Strasbourg befreundet. Diese Verbindung haben die Karlsruher mit in die »Ehe« gebracht. Wenn der DFB und die DFL es ernst mit ihrem Sicherheitskonzept meinen, müssten sie eigentlich Hertha und den KSC auf Dauer in der 1. Bundesliga installieren. Als Beispiel für andere.

16. GRUND

Weil Hertha BSC einen Fan aus der Isolation befreite

Hertha BSC gehört für mich zum erlauchten Kreis der Erstligisten, auch wenn es in den letzten Jahren zwei Mal in die 2. Liga zurückging. Es waren zum Glück nur Betriebsunfälle. Dass Hertha, auch rein sportlich betrachtet, zu den besten Vereinen Deutschlands gehört, war jedoch nicht immer so selbstverständlich.

Wenn heute Spieler nicht alles geben wollen oder können, wenn Verantwortliche den Verein schlecht beraten, dann gefährden sie das Erbe zweier Mannschaften, die mit viel Leidenschaft die Grundlage für den heutigen Erfolg gelegt haben. Gemeint sind die Mannschaften, die 1997 den Aufstieg schafften und die 1998 den Klassenerhalt hinbekamen. Beiden Kadern ist es zu verdanken, dass Hertha ganz oben dazugehört.

Hertha hatte im Sommer 1996 gerade eine Seuchensaison hinter sich. Beim letzten Spiel wurde mit Ach und Krach der Klassenerhalt geschafft. Die Berliner Medien waren zunächst sehr reserviert, genau wie das gesamte Fußball-Berlin, das aufgrund der andauernden Erfolglosigkeit in einer Ist-mir-doch-egal-Haltung verharrte. Zu den Spielen gingen ohnehin nur der harte Kern und die Frustrations-Resistenten. Können Sie sich vorstellen, wie es ist, im riesigen Olympiastadion mit 4000 anderen Zuschauern zu sitzen? Man kommt sich verlassen vor. Wenn es besonders kalt war, zogen sich die paar wenigen Getreuen in den Umgang zurück. Das war dann besonders gespenstisch. Man hörte die Zuschauer, sah aber nicht einen einzigen.

Aufgrund mangelnder sozialer Kontakte verändert man sich, man wird merkwürdig und beginnt, mit sich selbst zu reden. Immerhin hatte ich mit mir nicht den schlechtesten Gesprächpartner. Gerne erzählte ich mir die alten Geschichten von der Vizemeisterschaft, vom UEFA-Cup-Halbfinale und von DFB-Pokal-Endspielen.

Ich hörte mir interessiert zu, wie ich von Ete Beer und Jörgen Kristensen erzählte. Manchmal war ich so mit mir im Gespräch, dass ich den Schlusspfiff nicht mitbekam. Einer der wenigen Ordner riss mich dann aus meinem Monolog und ich trottete langsam zur U-Bahn. Hertha war zu jener Zeit immerhin der Club mit den fairsten Fans, das lag aber wohl daran, dass die Ordner in der Überzahl waren und man nicht viele brauchte. Nicht nur die 2. Liga wurde mit dürftigen spielerischen Mitteln durchschritten, auch den DFB-Pokal gab man bereits in der zweiten Runde gegen die hochklassigen und in aller Welt bekannten Fußballer von Altmark Stendal verloren. Hertha unterlag 2:3 nach Verlängerung.

Zu diesem Zeitpunkt ahnte niemand, was die Saison 1996/97 mit sich bringen würde. Die Spielzeit begann vielversprechend. Nicht nur, dass zum Auftakt sage und schreibe 11.548 Zuschauer mit mir den Weg ins Olympiastadion gefunden hatten. Hertha startete sogar mit einem Sieg. Diesem Sieg folgten dann zwei Unentschieden und zwei Niederlagen. Zum Spiel gegen Rot-Weiss Essen war es dann wieder so weit. 6000 Zuschauer verliefen sich im weiten Rund des Olympiastadions und ich war wieder im Dialog mit mir selbst. Allerdings wurde ich durch sieben Tore meiner Hertha immer wieder in meinem Selbstgespräch gestört. Hertha gewann 7:2. Dann geschah etwas, was meinem Leben wieder einen Sinn geben sollte.

Nach dem Spiel, ich war längst wieder zu Hause, klingelte mein Telefon. Mike, ein Kumpel aus alten grandiosen Hertha-Zeiten, fragte mich, ob ich nicht zum nächsten Auswärtsspiel nach Kaiserslautern mitkommen wolle. Ich war irritiert, da war jemand am anderen Ende der Leitung, der mit mir zum Auswärtsspiel der Hertha fahren wollte? Zunächst dachte ich, das wäre einer dieser Scherzanrufe, an deren Ende der Verkauf eines Abos steht. Nein, es war tatsächlich Mike. Wahnsinn. Ich sagte zu.

Ich nutzte die Zeit bis zum Spiel, um wieder die wichtigsten Umgangsformen mit anderen Menschen einzuüben. Am Anfang gelang mir das nur spärlich: »Guten Tag, auf Wiedersehen, wo bitte geht es zum Hauptbahnhof?« Aber nach einer Weile funktionierte es schon ganz gut und ich konnte elementare Sätze, die zum Überleben im Stadion existenziell sind, formulieren. Zum Beispiel: »ZWEI Bier bitte« oder »Hey, lass meinen Kumpel in Ruhe, du Arsch!« Ja, Kaiserslautern konnte kommen. Hertha spielte 0:0 vor 37.000 Zuschauern. Was für ein Gefühl, neben mir saß wieder jemand und Hertha schraubte sich von nun an kontinuierlich nach oben.

Meine Wohnungsnachbarn lächelten nicht mehr, wenn sie mich mit meinem blau-weißen Schal sahen. Sie sprachen mich an und fragten, wann Hertha wieder spielen würde. Das verschlug mir die Sprache. Der lange Entzug der blau-weißen Anerkennung und die Überraschung darüber, dass irgendwer sich außer mir für meinen Club interessieren würde, hatten eben Spuren hinterlassen. In der Rückrunde war es dann endgültig vorbei mit der Einsamkeit. Der Tabellenführer aus Kaiserslautern kam zum Rückspiel und was soll ich sagen? Das Stadion war proppenvoll. Nicht, dass das im Vorverkauf zu erkennen war. Der Berliner ging damals spontan und auf den letzten Drücker zum Fußball. Hertha hatte die einmalige Chance, längst verloren geglaubte Herzen zurückzugewinnen. Es kamen 75.000! Hertha spielte wie entfesselt. Diese Jungs da unten, die nichts mit den Skandalen und Skandälchen der Vergangenheit zu tun hatten, waren es, die einen entscheidenden Anteil daran hatten, den bisher verspielten Beliebtheitsbonus zurückzuerobern. Hertha gewann 2:0. Am Ende der Saison war Hertha Dritter hinter Kaiserslautern und dem VfL Wolfsburg. Der Aufstieg war geschafft und ich zeigte mich von meiner spendablen Seite und lud Mike ein, wie ich es gelernt hatte: »Zwei Bier bitte.«

Zu der Mannschaft, die mich aus der Isolation befreite, gehörten: Christian Fiedler, Jens Adler, Steffen Karl, Oliver Schmidt, Marc Arnold, Andreas Schmidt, Carsten Kober, Falko Götz, Hasan Vural, Dirk Bremser, Gunnar Sauer, Thomas Richter, Michél Mazingu-Dinzey, Michael Hartmann, Ante Čović, Sixten Veit, Altin Rraklli, Pál Dárdai, Marcel Rath, Michael Preetz, Eyjólfur Sverrisson, Axel

Kruse, Christian Fährmann und Uwe Weidemann. Trainer war Jürgen Röber. Hertha musste übrigens im DFB-Pokal wieder nach Stendal, diesmal gewannen wir 5:1.

17. GRUND

Weil Hertha BSC Fans wie Miko hat

Was wäre Hertha ohne meine Kumpels? Mit Sicherheit einsamer! Ich fragte meinen Hertha-Kumpel Miko beim letzten Heimspiel, ob er nicht Lust hätte, mir zu berichten, wie er Hertha-Fan wurde. Ich würde dann auch die eine oder andere Passage für dieses epochale Werk verwenden. Zu diesem Zeitpunkt wusste ich nicht, was da auf mich zukam. Miko schilderte seine »Fanwerdung« derart schön, dass es mir nicht nur eine Gänsehaut bereitete, sondern ich wusste sofort, das übernehme ich so, wie er es erzählt hat. Danke Miko!

Wie ich Hertha-Fan wurde:

Tendenziell besaß ich bereits ein gewisses Grundinteresse an Sport und Fußball. Im Sommer 1970 sollte sich dies bei der in Mexiko stattfindenden Fußball-WM kanalisieren. Anfang Juni hatte meine Tante Geburtstag. Ich wurde kindgerecht den Nachmittag über in den »Märchenpark« begleitet. Bei meiner Rückkehr war die Geburtstagsgesellschaft in Hochstimmung und schwärmte von Stan Libudas drei Toren beim 5:2 gegen Bulgarien, wobei Interesse und Euphorie langsam auf mich abzufärben begannen.

Während die Schön-Elf anschließend mit einem 3:1 gegen Peru den Weg ins Viertelfinale ebnete, freute ich mich – inzwischen völlig angesteckt – auf das Spiel gegen England. Mit Entsetzen musste ich dann mit ansehen, wie England mit 2:0 in Führung ging. Bitter enttäuscht schaltete ich den kleinen Schwarz-Weiß-Fernseher aus. Die Tommys hatten mir die neu gewonnene Begeisterung für Fußball gründlich verdorben. Allerdings siegte nach einiger Zeit die Neugier, ob sich vielleicht nicht doch noch etwas getan hätte. Ich schaltete also wieder an, und zwar in genau dem Augenblick, als Beckenbauer auf 1:2 verkürzte. Meine Begeisterung kehrte langsam zurück. Als schließlich Uwe Seeler per Hinterkopf ausglich, Gerd Müller in der Verlängerung das 3:2 besorgte und, wie ich inzwischen erfahren hatte, damit auch die Revanche für Wembley perfekt gemacht hatte, musste ich feststellen, dass Fußball nicht nur ein sehr spannendes, sondern auch ein sehr befriedigendes Spiel war.

Das Halbfinale gegen Italien fand nach meiner Zubettgehzeit statt, sodass ich erst am nächsten Morgen erfuhr, was sich da Ungeheuerliches in der Nacht beim »Spiel des Jahrhunderts«, der 3:4-Niederlage gegen Italien, ereignet hatte. Die Partie um den dritten Platz fiel wieder auf einen Sonnabend, und mit dem deutschen 1:0 gegen Uruguay rundete sich das Turnier zu einer schönen Erinnerung und einem neuen Interessengebiet ab, allerdings würde die nächste WM erst in vier Jahren stattfinden.

Einen guten Monat später, die Schule hatte wieder begonnen, informierte mich meine Mutter, der mein neues Interesse nicht verborgen geblieben war, dass »der Manfred« (der befreundete Vater eines Schulkameraden) mit ein paar Kindern zu Hertha ginge. Ich solle doch mitgehen, das wäre ganz bestimmt etwas für mich. Etwas skeptisch, da ich wusste, dass mich dort keiner der großen Namen aus dem Sommer erwartete, machte ich mich auf den Weg. Es war der 15. August 1970, ein schöner, warmer Sommertag. Bereits als wir uns am Sophie-Charlotte-Platz in die überfüllte U-Bahn zwängten, dämmerte mir, dass es hier um etwas Besonderes ging. Am U-Bahnhof Olympiastadion wimmelte es von gut gelaunten Menschen. In der Unterführung auf dem Weg zum Stadion dröhnten mit Inbrunst und Begeisterung vorgetragen die Rufe »Ha Ho He – Hertha BSC«. Ich war zutiefst beeindruckt.

Das Stadion selbst war mit 60.000 Zuschauern gut gefüllt. Als das Publikum während der Verlesung der Mannschaftsaufstellungen die Namen des Gegners, des 1. FC Kaiserslautern, jeweils mit an Arroganz grenzender Zuversicht mit einem donnernden »Na und« bedachte, entfaltete sich vor meinen Augen ein nie gesehenes Spektakel. Das Stadion und auch das Spiel boten sich mir als Super-Breitwandspektakel. Die Mannschaft getrieben von den euphorischen Anfeuerungsrufen der Zuschauer. Verglichen mit den verzerrten schwarz-weißen Übertragungen aus Mexiko war das hyperrealistische Intensität. Bis zur Pause hatte Hertha unter großem Jubel zwei Tore erzielt. Allerdings musste ich beim Blick auf die Anzeigentafel feststellen, dass die Lauterer selbst drei Tore geschossen hatten. Da das Publikum die Gegentore schweigend zur Kenntnis nahm, hatte ich den Ball jeweils im Aus oder »doch nicht drin« vermutet. Die zweite Halbzeit wurde dann aber zum totalen Spektakel. Lorenz Horr, der zu meinem Lieblingsspieler werden sollte, Arno Steffenhagen und Jürgen Weber drehten das Spiel und sicherten ein viel bejubeltes 5:3. Wahrscheinlich hätte es kaum eine bessere Konstellation für den Beginn einer langfristigen Liebesbeziehung geben können. Kaiserwetter, ein volles Stadion, fünf Tore für Hertha.

Meine Begeisterung folgte im Wesentlichen dem, wie es Nick Hornby später in *Fever Pitch* beschreiben würde: »Ich verliebte mich in Fußball, wie ich mich später in Frauen verlieben sollte: Plötzlich, unerklärlich, unkritisch und ohne einen Gedanken an den Schmerz und die Zerrissenheit zu verschwenden, die damit verbunden sein würden.«[15] Natürlich hätte ich es an diesem 15. August 1970 nicht einmal annähernd so formuliert. Ich wusste eigentlich nur eins: Ich wollte wieder hierhin. Und meine Mannschaft hieß ab diesem Tag Hertha BSC. Beckenbauer, Müller oder Seeler konnten mir gestohlen bleiben. Na ja, vielleicht nicht ganz, aber sie strahlten bei Weitem nicht so hell wie die Spieler, die da gerade ein unvergessliches Fußballfest zelebriert hatten. Und das war es. Ich kam immer wieder.

18. GRUND

Weil Hertha BSC den englischen Fußballfans eine neue Heimat gibt

Was wurde nicht alles geschrieben über Fankultur, DFB-Strategiepapiere, DFL- Sicherheitskonzeptionen und das Wechselspiel zwischen Kommerz und Leidenschaft. Menschen in ganz Deutschland fragen sich: Was ist denn schon dabei, wenn Nacktscanner und Umkleidezelte vor den Stadien für mehr Sicherheit sorgen? Wenn der 0,3-Liter-Becher alkoholfreies Bier im Stadion sechs Euro kostet, die Eintrittspreise steigen und die Fans sich gefälligst so benehmen sollen, wie es von der Verbands- beziehungsweise Vereinsspitze vorgeschrieben wird?

Damit kein falscher Eindruck entsteht, auch ich bin für Sicherheit und dafür, dass ein Stadionbesuch für jeden zu einem unvergesslich positiven Erlebnis wird. Doch was es in deutschen Stadien zu verlieren gibt, wenn man das Sicherheitsbedürfnis zum Sicherheitswahn mutieren lässt, wird deutlich, wenn man einmal über die Landesgrenzen hinaus ins Mutterland des Fußballs schaut, nach England. Hier sind die Eintrittspreise für den Normalsterblichen schier unerschwinglich geworden. Bei Hertha blättert man für das teuerste Ticket in der Bundesliga rund 50 Euro hin, so viel kosten bei den meisten Clubs der Premier League gerade mal die günstigsten Eintrittskarten. Bei Vereinen wie Chelsea und Manchester United liegen die erschwinglichsten Karten bei 60 bis 70 Euro. Eine Dauerkarte bekommst du dort für schlappe 1000 bis 1400 Euro. Nein, das ist nicht nur in der englischen Spitzenliga so, selbst in der 3. und 4. Liga liegen die Preise für die preiswertesten Tickets bei 20 bis 30 Euro. Man muss kein Prophet sein, um zu erkennen, was das bedeutet.

Wirtschaftlich schlechter gestellte Menschen sind schlicht und einfach vom öffentlichen Fußballleben ausgegrenzt. Vorbei die Zeiten, wo Papa seine Tochter oder seinen Sohn von klein auf an seinen Verein herangeführt hat. Der regelmäßige gemeinsame Besuch des Stadions würde auf Dauer eine durchschnittlich verdienende Familie wirtschaftlich ruinieren. Das hat System, der gemeine Fan ist schlichtweg unerwünscht. Begehrter sind da diejenigen, die noch vor Jahren naserümpfend am Fußballstadion vorbei zum Kricket gingen. Die Stadien sollen einzig und allein den Schnauze haltenden, langweiligen Gutverdienern vorbehalten bleiben. Nur, wenn Vattern seinen Sprössling nicht mehr an den Verein ranführen kann, wer macht es dann? Schon bald wird die Premier League erkennen, dass die jungen Leute fehlen. Doch dann wird es wohl zu spät sein und der Kommerz frisst seine eigenen Kinder. Bis dahin wird dem Stadion fleißig jeglicher Charme genommen. Damit die Popcorn futternde Event-Fan-Riege sich auch wirklich nicht gestört fühlt, gibt es in vielen Stadien klare Regeln. Längeres Stehen vor dem Sitzplatz kann ebenso zum Stadionverweis führen wie lautes Fluchen. Nur für besonders eitle Engländer sind die Stadien zu einem wahren Eldorado geworden. Überall können diese ihr edles Antlitz in eine der unzähligen Überwachungskameras halten. Um die Anreise gewaltbereiter Fans bereits im Vorfeld zu erschweren, finden Spiele auch schon mal um elf Uhr vormittags statt. Dass Fans bei Auswärtsspielen keine Karten erhalten, ist mittlerweile Alltag im stimmungsfeindlichen Fußball-England.

Sicherlich hat das alles einen Grund, die Ausschreitungen in den 70ern und 80ern stecken den Engländern noch in den Knochen. Bestand damals die akute Gefahr, dass der Fußball durch Hooligans zerstört wird, ist jetzt die Bedrohung allgegenwärtig, dass die Fußballstimmung durch Sicherheitsfanatiker und den Kommerz zerstört wird, ja bereits zerstört wurde. Die Fußballfans von früher, die mit ihrem Verein gelitten und Tränen vergossen haben, die mit einer Leidenschaft von ihrem Team sprachen, wie man nur von seiner großen Liebe spricht, gibt es noch. In den Pubs. Dort wo das Bier erschwinglich ist, wo man fluchen darf und die Fankultur noch lebt.

So war es für mich nicht verwunderlich, auf der Hertha-Homepage zu lesen, dass einige Engländer sich schweren Herzens von ihren lokalen Wurzeln verabschieden und ihrer Sehnsucht nach dem guten alten Fußball-Gefühl freien Lauf lassen. Konsequenterweise landen diese Boys bei meiner Hertha. Geburtsstunde dieser Verbindung war das Heimspiel gegen Gelsenkirchen im Jahr 2010. Obwohl die Punkte nicht in Berlin blieben, war es um die entwurzelten englischen Jungs geschehen. »Das grandiose Olympiastadion, die Kultur der Hertha-Fans, ein Bier im Stadion – alles war perfekt. Wir hatten uns in diesem Moment in diesen tollen Club und in die Stadt verliebt«, schwärmte Chris, einer der Engländer, die eine neue Fußballheimat gefunden haben. Sie gründeten einen offiziellen Hertha-Fanclub. Der »Hertha BSC UK Fan Club Est. 2010« wurde ins Leben gerufen. »Mittlerweile sind wir circa 25 Mitglieder aus dem ganzen Königreich. Leute aus Liverpool, Glasgow, Belfast, Ipswich, Leicester und London treten uns bei, nur um ein Teil von Hertha zu sein. Wir versuchen, drei Spiele pro Saison im Olympiastadion zu sehen, fahren aber auch auswärts mit«, heißt es aus Fankreisen.[16]

Ich hoffe, dass sich die englische Geschichte bei uns nicht wiederholt und die Stadien ihr raues, aber herzliches Flair behalten. Die »Stimmung« beim FC Bayern sollte uns Warnung genug sein. Häppchen essen und Sekt mit abgespreiztem kleinen Finger trinken kann ich auch zu Hause.

19. GRUND

Weil Hertha-Fans (und auch Union-Fans) schlauer als alle Dortmunder und Gelsenkirchener zusammen sind

Unglaublich, wie intensiv von den einschlägigen Sportmedien im Vorfeld des Westderbys getrommelt wird. Die alten und immer wieder neuen Rivalitäten zwischen der Borussia aus Dortmund und der Bedarfsgemeinschaft aus Gelsenkirchen werden stets neu beleuchtet und geschürt. Man hört in diesem Zusammenhang immer wieder, dass dieses Spiel DAS Derby überhaupt wäre. Kult. So ein Quatsch!

Denn so richtig interessiert dieses Derby offensichtlich keinen Fußballfreund im Pott. Wenn ein tieferes Interesse auszumachen wäre, würden richtige Fans alles, wirklich alles, über ihr Derby wissen. Versuchen Sie es mal, fragen Sie einen Fan der Dortmunder Borussia, ob er alle Pflichtspiel-Derbys gegen seinen Lieblingsfeind ohne zu stottern aufzählen kann. Wetten, er kann es nicht? Bitten Sie einen Gelsenkirchener doch mal, alle Halbzeitstände sämtlicher Westderbys zu nennen. Sie werden sehen, sofern Sie langsam gesprochen haben und er die Frage verstanden hat, er kann es nicht.

Sehen Sie und so etwas wollen echte Fans sein, lächerlich. Daher für alle Fußballfreunde hier die komplette Aufzählung sämtlicher Pflichtspiel-Derbys meiner Hertha gegen den 1. FC Union. Die Liste habe ich aus meiner Erinnerung zusammengestellt. Ganz ohne Internetrecherche. Und: Ich war bei ALLEN Derbys live dabei! Finden Sie mal einen Dortmunder, der das auch von sich behaupten kann. Hier die komplette Pflichtspiel-Derby-Aufzählung zwischen der Nummer eins und der Nummer zwei in der Hauptstadt:

17. September 2010, Alte Försterei: (0:1) 1:1 U

5. Februar 2011, Berliner Olympiastadion: (1:1) 1:2 N

3. September 2012, Alte Försterei: (0:1) 1:2 S

11. Februar 2013, Berliner Olympiastadion: (0:1) 2:2 U

Der aktuelle »Stadtmeister« der Saison 2012/13 heißt Hertha!

20. GRUND

Weil Hertha-Fans nicht nur ein blau-weißes Herz haben, sondern es auch einsetzen

Fußballanhänger werden in den Medien gerne als Angst und Schrecken verbreitende Horde dargestellt, die unter starkem Alkoholeinfluss versessen darauf ist, sich selbst und Tausende Unbeteiligte mittels Pyrotechnik einer Rauchgasvergiftung auszusetzen.

Diese einseitige Darstellung ist in der Regel falsch und wird gerade dem bunten und vielseitigen Spektrum der Hertha-Fans nicht gerecht. Macht man sich einmal die Mühe und schaut hinter die Kulissen, kann man feststellen, dass sich Hertha-Fans ihrer Verantwortung gegenüber Menschen, denen es nicht so gut geht, durchaus bewusst sind.

Sammeln hat bei Hertha eine lange Tradition – und damit meine ich nicht die Aktivitäten, die einsetzen, sobald es ans Bezahlen der letzten Bierrunde geht. Gemeint sind die unzähligen Fan-Aktionen, Sammlungen, Tombolas und Auktionen, deren einziges Ziel es ist, einen guten Zweck zu unterstützen. Hier alle aufzuzählen würde wohl zu weit führen. Die Gefahr, wichtige Projekte zu vergessen, scheint mir zu groß. Hertha-Fans unterstützten Menschen im Kampf gegen Leukämie, sammelten für die Krebshilfe, für Hospize und unterstützten Einzelpersonen, die unverschuldet in Not geraten waren. Die Reihe des sozialen Engagements ist lang.

Stellvertretend für alle möchte ich auf ein Projekt hinweisen, das exemplarisch für das soziale Engagement etlicher Hertha-Fans steht. Steffi und Tom, die guten Geister des Hertha-Fanclubs Südpower, berichteten mir, dass im Sommer 2012 drei Fanclubs, die sehr rührigen Blue Dolphins, die Hertha Freunde 45 und eben der Fanclub Südpower, sich zusammengetan hatten, um gemeinsam eine Idee zu verwirklichen. Sie wollten ihre gemeinsame Weihnachtsfeier für eine gute Sache einsetzen. Ziel war es, auf dieser Feier Geld einzunehmen, das Menschen zugutekommen sollte, denen es nicht so gut geht wie den meisten von uns. So stellten sie das Fest unter das Motto: »Gemeinsam statt einsam«. Die Einrichtung, die es zu unterstützen galt, war schnell gefunden. »Die Fichten« aus Neuenhagen im märkischen Oderland sollten durch die Erlöse der Weihnachtsfeier nicht nur materiell unterstützt werden, sondern auch durch die Aktivitäten der Fanclubs die Wertschätzung erhalten, die sie verdienen.

»Die Fichten« sind eine Einrichtung, die stationäre Hilfsangebote an Kinder und Jugendliche richtet, die aus den verschiedensten Gründen nicht zu Hause leben können und deren Aufenthalt in der Regel längerfristig notwendig ist. Die Kinder mit ihren unterschiedlichen Geschichten, die oft bestürzend sind, wohnen in einem Haus mit Garten und viele haben das erste Mal ein richtiges Zuhause gefunden. Hier wird ihnen die nötige Aufmerksamkeit und vor allem Geborgenheit zuteil, die jeder junge Mensch benötigt und die hilft, die erlebten traumatischen Erlebnisse zu verarbeiten.

Sicherlich erhalten solche Träger auch Unterstützung von öffentlicher Seite, doch reicht das Geld meistens gerade so für das Nötigste. Die Reparatur der kaputten Tür, der zusätzliche Ausflug, die Fensterscheibe, also die vielen kleinen Dinge, die immer anfallen, um eine solche Einrichtung am Laufen zu halten, sind oft nicht durchfinanziert. Hier ist Hilfe immer willkommen und »die Fichten« hatten in diesem Jahr eine illustre blau-weiße Schar weihnachtlicher Helfer an ihrer Seite.

So eine Weihnachtsfeier ist nicht mal eben nebenbei zu stemmen. Bereits im Sommer wurden Sponsoren gesucht und gefunden. Es konnten für die Tombola hochwertige Spenden entgegengenommen werden. Tablets, Navis, Gutscheine und vieles mehr. Am Ende hatten alle gewonnen. Die Fans, die nicht nur das schöne Gefühl mit nach Hause nahmen, etwas wirklich Großes erreicht zu haben, sie hatten dem Vernehmen nach auch eine tolle Weihnachtsfeier. Vor allem aber die Einrichtung mit den vielen Jugendlichen und Kindern konnte sich freuen. Am Ende blieben 4000 Euro Reingewinn übrig, der genauso nach Neuenhagen ging wie zehn Fahrräder.

Der Kontakt blieb. Die Kids wurden von den Hertha-Fans zum Bowling eingeladen und man besuchte ein Basketballspiel der Albatrosse. Berlin Mobil, eines der Busunternehmen, die bereits unzählige Male dafür Sorge trugen, dass wir Hertha-Fans sicher, pünktlich und gut gelaunt zum Auswärtsspiel unserer Hertha ankamen, erklärte sich spontan bereit, die Kids zum Heidepark nach Soltau zu fahren. Unentgeltlich! Ein Tischler reparierte mit seinen Azubis alle kaputten Türen ebenso ehrenamtlich. Andere, die weniger geschickt mit den Händen, dafür aber umso versierter im Umgang mit der Verwaltung sind, sorgten dafür, dass der längst beantragte Abriss eines asbestverseuchten Schuppens durch das Land übernommen wurde. Ich bin stolz darauf, über solche Fans berichten zu können. Wenn das kein Grund ist, Hertha zu lieben. Übrigens soll der abgerissene Schuppen durch einen neuen ersetzt werden. Spenden hierfür nehmen der HFC Blue Dolphins e.V., Hertha Freunde 45 und Südpower gerne entgegen.

21. GRUND

Weil Hertha BSC das älteste existierende Fan-Radio Deutschlands hat, das ohne einen Verrückten nicht denkbar wäre

In den 70er-Jahren lernte ich Manfred Sangel kennen. Manne fiel schon durch eine gewisse Ähnlichkeit mit Udo Lindenberg auf, wohlgemerkt dem jungen Lindenberg. Auf unserer Schule in Berlin-Wilmersdorf war er – genau wie ich – bekannt wie ein bunter Hund. Eigentlich mehr wie ein blau-weißer. Zu erkennen waren wir an den obligatorischen Hertha-Schals. Die wurden in stiller Heimarbeit meistens von Mama noch selbst gestrickt. Die Epoche des allgegenwärtigen Merchandisings mit Fanartikeln aller Art war noch nicht angebrochen. Die Schals wiesen schon von Weitem den Weg. Es war ein Leichtes für Manne und mich, uns im grauen Schulalltag zu erkennen, und so kamen wir schnell ins Gespräch. Letztendlich teilten wir ja dieselbe Geliebte. Hertha hieß sie und sie war wunderschön und dank eines magischen Jungbrunnens ist sie es heute noch. Wir waren uns schnell darüber einig, dass so eine Schönheit mehrere Liebhaber verdient hat, und von da an besuchten wir unsere Göttin gemeinsam. Vor dem Spiel trafen wir uns mit unseren Hertha-Freunden mal bei Manne, mal bei mir. Gemeinsam bereiteten wir schon Stunden vor dem Spiel die Wilmersdorfer Nachbarn lautstark auf das Heimspiel vor. Das »Ha Ho He« tönte zum Entzücken der »Wilmersdorfer Witwen« durch die Straßen. So bekamen unsere Stimmbänder schon einmal einen Vorgeschmack auf das, was später folgen sollte.

Bei Manne war vieles anders. Hatte ich eine gute und vielschichtige Schallplattensammlung, hatte Manne eine wahre Tonträger-Bibliothek. Es gab eigentlich keinen Song, den er nicht irgendwo als Schallplatte hatte. Für die Jüngeren unter uns, gemeint ist das, was heute gemeinhin Vinyl genannt wird. Mein Plattenspieler war supergut, seiner war ein wahrhafter Kultgegenstand, ein mit einem Plexiglaskorpus versehenes Designmöbel, das er das erste Mal im Film *Clockwork Orange* gesehen hatte. Folglich wurden wir vor jedem Spiel mit der neuesten Musik aus UK verwöhnt, dabei kredenzte uns Manne stets ein Gläschen »Escorial Grün«. Der Fußballgott alleine weiß, warum wir davon nicht blind wurden. Aber immerhin waren wir nach dem ersten Schluck ziemlich aufgeräumt. Wenn die Musik zu laut war, kam Mannes Mutter herein, eine herzensgute Frau, die unendlich viel Verständnis für die Macken ihres Nesthäkchens hatte. Sie verstand es, ohne viele Worte den Lautstärkepegel wieder auf das Machbare zurückzuführen. Verstehen Sie mich nicht falsch, aber so wild, wie wir damals aussahen, war es keinesfalls eine Selbstverständlichkeit, dass wir dermaßen entspannt angesprochen wurden.

Manne hatte ein Hobby. Er erfand mit seinem damaligen Kumpel eine eigene »Radiosendung«, die er auf Kassette bannte. Das imaginäre Programm hieß »RTS – Radio Television Service« und war nur für ihn selbst und die Ohren einiger Auserwählter bestimmt. Schon damals fiel auf, dass diese Kassetten mit einer enormen Liebe zum Detail hergestellt wurden, und Manne hatte trotz – oder wegen – der vielen Hertha-Sprechchöre schon damals eine richtige Radiostimme. Er war wie geschaffen für das Radio.

Doch kein Mensch konnte zu diesem Zeitpunkt ahnen, dass aus diesem Hobby einmal die älteste und bekannteste Fan-Radiosendung entstehen würde: das *Hertha-Echo*. Als ich über gute Gründe sinnierte, die ausschlaggebend für die Liebe zu Hertha BSC sein könnten, kam mir natürlich auch diese feine, gut gemachte Sendung in den Sinn. Also machte ich mich auf, Manne und seine ebenso »Hertha-verrückte« Frau Susi zu besuchen. Es war Sonnabend und ich hatte vor, ihn für eine Stunde zum Thema *Hertha-Echo* zu befragen. Doch ich hätte es besser wissen müssen – aus der einen Stunde wurden fünf. Es gibt eben Dinge, die ändern sich nie.

Es war kein Zufall, dass das *Hertha-Echo* am 16. Februar 1989 das erste Mal auf Sendung ging. Hertha, sagen wir es beschönigend, war zu dieser Zeit mäßig erfolgreich. In anderen Städten werden Vereine, die sportlich am Boden liegen, von den Medien aufgebaut oder zumindest ignoriert. So nicht in Berlin. Die Berliner Medienlandschaft schien sich, mit Ausnahme weniger Sportjournalisten, am Unglück meiner Hertha zu ergötzen. Um dem ein anderes Hertha-Bild entgegenzusetzen, entstand bei Manne die Idee, eine durch Ehrenamtlichkeit getragene Radiosendung »von Fans für Fans« zu kreieren. Das war einmalig in Deutschland und diese Idee wurde später gerne von anderen Fangruppen aufgegriffen. Zusammen mit seinen Mitstreitern macht Manne eine Sendung mit vielen Interviews und Berichten über alles, was Hertha betrifft. Eine absolute Besonderheit ist aber, dass er jeden Interviewten »leben« lässt und dennoch hartnäckig fragt. Als kleine »Entschädigung« verwöhnt er den Gesprächspartner mitunter mit der Erfüllung von Musikwünschen.

Zu den bisherigen Highlights gehört sicherlich die Sendung mit Reiner Calmund vor dem Pokalendspiel der Hertha-Amateure gegen Leverkusen 1993. Calmund schmiss die Sendung im Stile eines Dampfplauderers und konnte mit vielen witzigen und interessanten Geschichten aufwarten. Aber auch die Liveberichterstattung zum Champions-League-Spiel gegen den AC Mailand aus dem Giuseppe-Meazza-Stadion in Mailand ist unvergessen. Das alleine ist schon etwas Besonderes und nur schwer zu toppen. Doch Manne schaffte das mit Leichtigkeit. Der Bericht für das *Hertha-Echo* kam aus der Hochsicherheitszone des Stadions, dem Innenraum. Diesen betrat er ganz ohne Zugangsberechtigung. Wie er seinerzeit in diesen Tabu-Bereich ohne Ausweis hineinkam, weiß er selber nicht so genau. Er sprach zur rechten Zeit den richtigen Menschen an, aber normal ist das nicht. Ich kann mir allerdings sehr gut vorstellen, wie er dahin kam. Es war schon früher so, wenn Manne etwas unbedingt wollte, fand er meist auch einen Weg. Für das *Hertha-Echo* hat er neben fast allen Hertha-Trainern und vielen Spielern auch andere Größen wie Franz Beckenbauer, Uli Hoeneß, Willi Lemke und viele mehr vors Mikrofon bekommen.

Ein wenig ist Radio machen wie Fußball, alleine geht gar nichts. Deshalb nennen wir hier das komplette Team vom Anfang bis heute: Andreas Michels, Lutz Saure, Michael Kroenert, Thomas Kroenert, Thomas Rzyszka, Mücke, Hi Man, Holger Spittel, Manuela Marschall, Frank Kobin (Kult-Franz), Barbara Wegner-Ottow, Jürgen Keiser, Manfred Sangel und, last, but not least, Mannes Frau Susan, die ihm den Rücken freihält und ihn unterstützt. Das *Hertha-Echo* kann jeden zweiten Donnerstag, von 18 bis 19 Uhr, bei »Alex« über Antenne auf 88,4 MHz oder über Kabel auf 92,6 Mhz empfangen werden. Im Südwesten Berlins oder Potsdam wird die Frequenz 90,7 MHz empfohlen. Unter www.hertha-echo.de hört man im Internet rein.

22. GRUND

Weil Hertha BSC auch für Prominenz prominent genug ist

Hertha BSC ist bei vielen Menschen beliebt. Natürlich sind die wahren Helden der Fanszene die Dauergäste auf den Tribünen und in der Kurve, also die »normalen« Anhänger. Diejenigen, die für ihren Club alles geben. Die auch in schwersten Zeiten zu ihrem Verein stehen. Sicherlich sind nicht alle prominenten Mitglieder auch Herthaner mit Herz und Seele. Und nicht alle, die Hertha positiv gesinnt sind, sind Fans, die alles für die »alte Dame« geben. Dennoch ist es interessant zu sehen, wer aus dem öffentlichen Leben immerhin einmal eine Affinität zu Hertha entwickelt hat. Sei es als Mitglied oder nur als »einfacher« Fußballbegeisterter. Thomas Geisel, SPD-Kandidat für den Posten des Oberbürgermeisters 2014 in Düsseldorf, ist übrigens auch Hertha-Mitglied! Hier eine lose Auswahl von Statements einiger mehr oder weniger bekannter Promis.

- **Klaus Wowereit,** Regierender Bürgermeister, bekannte sich: »Ich war schon immer Hertha-Fan. Als es früher gegen Tennis Borussia, Tasmania oder andere Vereine ging, habe ich immer zu Hertha gehalten.«[17]
- **Peter Fox,** Sänger von Seeed, erinnert sich: »Hertha ist mein Verein, seit mich mein Vater Anfang der 80er-Jahre mit ins Olympiastadion nahm und ich beim Torjubel den mitgebrachten heißen Kakao über die Jacken der Sitznachbarn verteilte.«[18]
- **Adel Tawil,** Sänger von Ich + Ich, bekennender Hertha-Fan, erlebte Intoleranz: »Ich wurde in Bremen mal ausgepfiffen, weil ich mich als Hertha-Fan geoutet hatte.«[19]
- **Guildo Horn,** Barde, schwärmte in seinem Lied *Berlin*: »Wer ist die schönste Dame an der Spree? Die alte Tante Hertha BSC. Wer wird sie alle überholen, all die Weltstadtmetropolen? Nur Berlin kriegt wirklich alles hin.«[20]

- **Oli P.**, Schauspieler und Sänger, fasste das Selbstverständliche so zusammen: »Das ist ganz normaler Lokalpatriotismus. Mein Herz schlägt für die Hertha.«[21]
- **Philip Dunton Murphy,** ehemaliger US-Botschafter, meinte: »Sport im Allgemeinen ist schon wichtig. Fußball bringt die Menschen wirklich zusammen. Alle können spielen. Wir lieben Fußball. Hertha ist unsere Lieblingsmannschaft.«[22]
- **Ruth Moschner,** Schauspielerin, Autorin, Moderatorin, Hertha-Mitglied und gebürtige Münchnerin, bewies Geschmack: »Hertha BSC symbolisiert für mich nun mal den klassischen Fußball, weil der häufig durch Glück, die Schiedsrichter oder die Rasenlänge entschieden wird. Entsprechend finde ich es spannender, für eine Mannschaft wie die Hertha mitzufiebern als für Bayern, das alles vom Fleck weg kauft, was gefährlich werden könnte. Man bekommt schließlich als Münchenerin bei der Geburt keinen Vertrag unter die Nase gehalten, der einen dazu verpflichtet, beim Fußball auf Spannung, Sympathie und Emotionen verzichten zu wollen.«[23]
- **Artur Abraham,** Boxlegende, äußerte sich zur Kleiderordnung. Auf die Frage, ob er als Hertha-Fan eigentlich so richtig mit Schal und Fahne ins Stadion geht und in der Fankurve steht, sagte er: »Genauso, natürlich. Ich kenne ja auch die meisten Spieler persönlich schon lange.«[24]
- **Sven Ottke.** Der einzige deutsche Box-Weltmeister, der ungeschlagen abtrat, war als Jugendlicher ganz nah dran: »Ich stand als Teenager selbst mit Jeans-Kutte, zig Aufnähern und Ha-Ho-He im Hertha-Fanblock.«[25]
- **Mario Barth,** Comedian. 2009, als Hertha Erster vor den Bayern war, orakelte er: »Ich glaube nicht daran, dass die Schale nach Berlin geht – weil die Bayern sich den Titel kaufen! Hertha ist ja Platz eins – momentan noch. Hinten raus geben die Bayern ein bisschen Kohle aus – und zack – sindse Erster!«[26]
- **Miriam Pielhau,** Moderatorin, brachte es auf den Punkt: »Mutige Menschen halten zu Hertha. Feiglinge werden Bayern-Fan.«[27]

- **Peter Zwegat,** Schuldnerberater und Fernsehgröße, träumt davon, endlich einmal wieder Zeit zu haben, »im Hotel ein Bier am Tresen zu trinken oder meinen Lieblingsclub Hertha BSC Berlin zu besuchen«.[28]
- **Steffen Simon,** Fernsehmoderator und Fußballkommentator, hatte auch einen tollen Vater: »Mein Lieblingsverein ist Hertha BSC, seit mich mein Vater als Dreijähriger zum ersten Mal ins Olympiastadion mitgenommen hat.«[29]
- **Esther Sedlaczek,** SKY-Moderatorin, steht ebenfalls zu ihrer Fußballliebe: »Hertha! Endlich zurück in der Bundesliga! Die Hauptstadt muss erstklassig sein. Den Aufstieg habe ich im Stadion gefeiert.«[30]
- **Robert Ritters Kaffeetasse.** In jeder Folge von *K11* auf Sat.1 nimmt das blau-weiße Trinkgefäß des von Jonas Rohrmann gespielten Kommissars den Kampf gegen Fanutensilien aus D'dorf und Bayern auf.
- **Günther Jauch,** Fernsehgröße, war auch schon als Kind auf dem richtigen Weg. »Ich hatte bei Hertha-Spielen immer die Schülerkarte für eine Mark im Oberrang. Früher war da noch so ein bisschen das Frontstadtgefühl. Hier wir Berliner in der Insellage – und jetzt kommt der 1. FC Köln, jetzt kommt Alemannia Aachen, damals noch ein Riesenverein. Und wir sind mit dabei, wir spielen mit, wir steigen nicht ab. Diese Sehnsucht, mit dazuzugehören, ist in Berlin größer als anderswo. Berlin möchte und muss oben dabei sein. Die größte deutsche Stadt. Hauptstadt. Da baut sich ein Druck auf. Unter dem immer neue Hoffnungsträger zusammenbrechen.«[31]
- **Oliver Harris,** Rapper, veröffentlichte mit dem Rapper Burna den Song *Immer um die Hertha* und gründete den Fanclub United Colours of Hertha. Er drückt es klar aus: »Die schönste Frau ist immer noch Hertha!«[32]
- **Johannes B. Kerner,** Fernsehmoderator, schwärmte: »Im Olympiastadion hat die blaue Bahn etwas Himmlisches. Und Hertha

atmet plötzlich wieder Weite. Fast schon unendliche. Und als Hertha-Fan habe ich dieses Mal nicht das Gefühl, dass alle Euphorie schon wieder ein Tick zu überhöht und somit fast lächerlich ist. Es bewegt sich etwas.«[33]

- **Christian Ulmen,** Schauspieler, Produzent, Publizist, Grimme-Preisträger. Er ist einer meiner persönlichen Lieblings-Hertha-Fans unter den Promis und kam erst spät auf den Geschmack, dafür umso stärker. Er beantwortete die Frage, ob das Fansein ins Religiöse geht: »Nein, eher in den Bereich einer Verwandtschaft. Die Liebe zu Hertha ist mir halt irgendwie zugefallen, die gehören jetzt zu mir und ihr fortgesetztes Scheitern ist mir zwar auch peinlich, erschüttert die Liebe aber nicht. Unser Sohn ist von Geburt an Hertha-Mitglied. Natürlich kann er später aus dem Verein austreten, wenn er unbedingt will.«[34]
- **Volker Schlöndorff,** Filmschaffender, resümierte: »Hertha hängt mir am Herzen. Dieses Gemeinschaftserlebnis. Ich mag die Atmosphäre, ob nun im Stadion oder in der S-Bahn auf der Fahrt dahin. Dieses Erlebnis ist heute ziemlich einmalig geworden. Daher kam vor ein paar Jahren auch die Idee, einen Film über Hertha BSC zu machen. Ich finde es spannend, zu sehen, wer da alles zusammenkommt: Arm und Reich, Ost und West, Jung und Alt, das hat etwas.«[35]
- **Peer Kusmagk,** Gastronom und »Dschungelkönig« 2011, nutzte seine Regentschaft, um seine königlichen Hertha-Lieder mit der gemeinen Fernsehgemeinde zu teilen. Auf die Frage, ob seine Fußballliebe jemals einen anderen Verein gehört hat, sagte er: »Niemals. Immer Hertha!«[36]
- **Uwe Seeler,** Fußballgott und Hertha-Mitglied, voll und ganz feinsinniger Hanseat, bewies Geschmack und antwortete auf die Frage: »Was ist mit Ihrer Liebe zur alten Dame Hertha?« – »Die liebe ich nach dem HSV am meisten.«[37]
- **Jürgen Klinsmann** ist ebenfalls Mitglied bei Hertha, ganz unschuldig ist wahrscheinlich auch sein Papa nicht daran. »Mein

Vater Siegfried, der übrigens in Eberswalde geboren ist, war Hertha-Fan. Zu meinem allerersten Bundesligaspiel – damals war ich acht – nahm er mich 1972 in Stuttgart mit, als der VfB gegen Hertha spielte. Die Herthaner verloren 0:4, mein Vater war ziemlich enttäuscht.«[38]

- **Marie-Luise Schramm,** Schauspielerin, hat auch ein gutes Herz: »Mein Herz schlägt für Hertha, das ist mein Verein!«[39]
- **Claus Theo Gärtner,** Schauspieler, antwortet bodenständig auf die Frage, wo er gerne seinen Zweitwohnsitz hätte: »Auf der Ehrentribüne von Hertha BSC.«[40]
- **Rolf Eden,** nie alternder Playboy: »Ich bin für Hertha, na klar! Ich mein, ich bin ja fast mit Hertha BSC geboren. 1930, da hat die Hertha den Meistertitel gewonnen.« Für Union habe er sich nie interessiert. »Ich bin West-Berliner«, sagt der 80-Jährige, »und außerdem bleibe ich treu, einem Verein, der den weiblichen Namen ›Hertha‹ trägt, sowieso.«[41]
- **Frank Zander,** Sänger und Texter der Hertha-Hymne *Nur nach Haus gehen wir nicht,* machte es umgekehrt. Nicht der Papa war die Triebfeder, sondern der Sohn hatte als Erstes die Erleuchtung. »Mein Sohn Marcus hatte als Jugendlicher sein Zimmer voller Fußball-Plakate und hat mir immer alles erklärt. Er ist ein absoluter Fußball-Crack. Und ich bin eben Urberliner, Neuköllner genauer, und so hat sich meine Liebe zur Hertha entwickelt.«[42]
- **Tim Raue,** Starkoch, beweist natürlich feinsten Geschmack. »Ich bin eindeutig für Hertha. Ich bin in West-Berlin groß geworden, war früher oft im Stadion, mit Union hatte ich nie was zu tun.«[43]
- **(DJ) Marusha,** Moderatorin, Musikproduzentin und Schauspielerin, liebt Ästhetik. »Ich bin Berlinerin! Für mich kommt kein anderer Verein infrage. Außerdem sind die Herthaner schon ein Hingucker!«[44]
- **Sabine Christiansen,** Journalistin und TV-Moderatorin, ist stellvertretende Vorsitzende des Kuratoriums der Hertha-Stiftung und Mitglied im Verein.

- **Prof. Dr. Dr. h.c. Wolfgang Huber,** ehemaliger Ratsvorsitzender der Evangelischen Kirche Deutschlands, ist auch Mitglied des Kuratoriums der Hertha-Stiftung und ebenfalls Mitglied im Verein.
- **Prof. Dr. Daniel Koerfer,** Professor für Neuere Geschichte/Zeitgeschichte an der FU Berlin, Geschäftsführer der Koerferschen Verwaltungsgesellschaft/Köln, Autor der Aufarbeitung *Hertha unter dem Hakenkreuz* und Hertha-Mitglied, sagt: »Hertha BSC war kein nationalsozialistisch infizierter Verein.«[45]
- **Katharina Saalfrank,** Diplom-Pädagogin und »Super Nanny«, wurde sogar gemeinsam mit der gesamten sechsköpfigen Familie Hertha-Mitglied. Pädagogischen Beistand brauchen wir tatsächlich ab und zu.

23. GRUND

Weil man mit Hertha BSC bis zum Mond reisen kann

Wer kennt es nicht, das Märchen *Der Hase und der Igel*? Egal wie schnell der Hase auch lief, am Ziel stand immer der Igel und sagte: »Ich bin schon da.« An genau diese grimmsche Erzählung fühle ich mich bei so manchem Hertha-Spiel in der Fremde erinnert. Egal wohin ich auch fahre, Herthas »Igel« Helmut Friberg ist schon da.

Helmut wurde am 19. Mai 1956 als Sohn eines eingeschworenen Hertha-Fans geboren. Sein Vater war seit 1926 Anhänger des Clubs von der Plumpe. Kein Wunder also, dass Klein Helmut der gleichen Liebe verfiel, obwohl seine Eltern berufsbedingt die Berliner Heimat verlassen mussten und Helmut so weitab von Deutschlands einziger Metropole groß wurde. Die erste Station in der Diaspora war Mönchengladbach. Der Gladbacher Bökelberg war es auch, an dem sich wahrhaft Historisches in Helmuts blau-weißem Kosmos ereignen sollte. Es war der 12. Mai 1971 und Helmut sah sein erstes Hertha-Spiel. Am Ende hatte Hertha zwar 0:4 verloren, aber einen treuen Fan dazugewonnen. »Da hat es mich gepackt«, kommentierte er. Später zog es die Familie nach Aschaffenburg und Helmut fuhr jeden Monat mindestens einmal zu Hertha.

1978 kehrte er allein nach Berlin zurück und begleitete seine Hertha mindestens alle 14 Tage zu Auswärtsspielen. Gemeinsam mit seiner Frau Dani besuchte er alle Champions-League-Spiele, darunter auch eine Partie in Istanbul. Die türkischen Fans wirkten anfänglich auf den kleinen blau-weißen Anhang ziemlich bedrohlich. Als Helmut mit den anderen Herthanern jedoch ein Transparent entrollte, auf dem die Trauer über die Opfer des vor kurzer Zeit über die Türkei hereingebrochenen Erdbebens bekundet wurde, legte sich die Aufregung und sie wurden respektabel behandelt.

Nicht nur die Spitzenspiele hatten es ihm angetan, nein, man konnte ihn auch in Orten wie Altenberge oder auch Pfullendorf antreffen. Wie sagte er doch so schön: »Pfullendorf, wer fährt da normalerweise hin? Nur Doofe.« Helmut ist nicht doof. Er hat nur eine Hertha-Macke. Nicht mehr, aber weiß Gott auch nicht weniger. Insgesamt rund 540 Auswärtsspiele hat er seitdem besucht. Mit Hin- und Rückfahrt kommen damit locker circa 540.000 Kilometer zusammen. Rechnet man in kosmischen Dimensionen, entspricht das ungefähr der Strecke, die man zum Mond zurücklegen muss – plus einem Teil der Rückreise zur Erde. Helmut muss also noch gute 170 Auswärtsspiele schaffen, um sicher wieder in Berlin zu landen.

Warum tut man sich das an? Die Beweggründe sind schnell erläutert. »Man ist da, weil Hertha da ist. Ich brauche das einfach. Ich gehe zu Hertha, egal ob es schlechte oder gute Zeiten sind. Es waren mehr schlechte Zeiten, wie wir wissen. Aber das ist völlig nebensächlich. Es würde mir was fehlen, wenn ich nicht fahren würde.« Als Hertha BSC 1982 den Wiederaufstieg feierte, schwor sich Helmut, das erste Auswärtsspiel, das zeitlich machbar war, mit dem Fahrrad zu besuchen. Also fuhren er und Pepe Mager mit dem Drahtesel nach Karlsruhe. Gestartet wurde jedoch im hessischen Bebra, dem ersten Bahnhof im Westen von Berlin aus gesehen. Zu jener Zeit war der Transit für Fahrräder durch die DDR nur über Lauenburg möglich. Diese Strecke war aber der steinern gewordene »Reifentod« und verbot sich von selbst. Von Bebra aus waren es immerhin noch 300 Kilometer, was für ungeübte Fahrradfahrer eine ordentliche Leistung ist. In Karlsruhe angekommen, durften Helmut und Pepe kurz vor Spielbeginn noch eine Ehrenrunde im Wildparkstadion drehen. Helmut war es auch, der Hertha wieder in die Erfolgsspur zurückbrachte. Genauer: Es war sein Voodoo-Zauber. Nach dem Abstieg im Jahr 1980 beschwor er mit seinen Freunden den Fußballgott. Heimlich vergrub man im Torraum vor der Ostkurve eine Urne (die stark an eine Kaffeedose erinnerte) mit der Asche eines Hertha-Schals und eines Wimpels. Der Zauber half, 1982 stieg Hertha wieder auf! Die Urne hatte ihre Mission erfüllt und wurde von Helmut wieder exhumiert. Zu früh, wie sich in der folgenden Saison leider zeigen sollte. Wie dem auch sei, Helmut Friberg ist bei Hertha einfach nicht wegzudenken und wer weiß, vielleicht kommen ja bald auch wieder ein paar Europapokalspiele dazu. Dann heißt es wieder: »Ich bin schon da.«

Nachtrag: Nur einmal war der Hase schneller. 1977, beim DFB-Pokal-Spiel in Rehburg, war der Igel Helmut nicht zu sehen. Vielleicht hatte er geahnt, dass in diesem niedersächsischen Dorf sämtliche Bierfässer schon nach wenigen Stunden leer sein würden.

24. GRUND

Weil Herthas Fanszene einmalig ist

Hertha BSC verfügt über rund 350 offizielle Fanclubs. Sie alle hier zu würdigen würde wohl den Rahmen dieses epochalen Werkes sprengen. Daher stellvertretend für alle Fans, die in ihrer Freizeit fantasievoll, kreativ und aufopferungsvoll unseren Verein unterstützen, eine kleine, nicht repräsentative Auswahl.

HFC

Der Methusalem unter den Fanclubs ist mit Sicherheit der HFC, der am 13. Februar 1972 gegründete Hertha BSC-Fan-Club e.V. Er ist einer der ältesten Fanclubs Deutschlands. Wenn man bedenkt, dass der am 15. Mai 1972 gegründete Fanclub Bochumer Jungen 1972 des VfL Bochum sich selbst als ältesten noch aktiven Fanclub bezeichnet, liegt die Vermutung nahe, dass dieses Attribut doch eher dem HFC, der drei Monate früher gegründet wurde, zusteht. Der HFC unterstreicht, dass nicht nur Hertha BSC ein Traditionsverein, sondern auch die Hertha-Fanszene eine der traditionsreichsten in Deutschland ist. Der HFC ist übrigens der Fanclub, mit dem ich, damals selbst Mitglied, meine erste Auswärtsfahrt in einem Bus unternahm. Es war ein Spiel in Gladbach und ich habe von der Fahrt nur noch in Erinnerung, dass der ganze Bus total nikotingeschwängert und verqualmt war. Wie haben wir das damals nur ausgehalten? Der Fanclub und ich haben es überlebt.[46]

Sehbären

Die »Sehbären« sind ein offizieller Fanclub von Hertha BSC, der sich das Ziel gesetzt hat, Blinde, Sehbehinderte und Sehende zusammenzuführen. Die Spiele verfolgen die Sehbären live. Wie? Das geht nicht? Natürlich geht das. In meinem Stadion-Lieblingsblock P.4 kann man sie treffen. Immer oben, wenn man reinkommt links. Die sehbehinderten Hertha-Fans bekommen nicht nur die Stimmung mit, sie wissen auch stets, was auf dem Platz geschieht. Da sich die Sehbären als ein Bindeglied zwischen den sehenden und den nicht sehenden Fans begreifen, ist es nicht weiter verwunderlich, dass zwei Herthaner ohne Sehbehinderung seit Jahren die Spiele live kommentieren. Der Kommentar kann dann über Kopfhörer abgerufen werden. Das Angebot gilt nicht nur für ausgesprochene

Hertha-Fans, sondern richtet sich auch an alle Fußballinteressierten und die, die es einmal werden wollen.[47]

Blue Dolphins

Der HFC Blue Dolphins wurde am 28. August 1998 gegründet. Seit August 2002 sind die Dolphins der 300. offizielle Fanclub von Hertha. Die Dolphins mauserten sich schnell zu einem der aktivsten Fanclubs des Vereins, der beispielsweise regelmäßig Auswärtsfahrten durchführt. Die Konkurrenz wird nicht gescheut. Im Gegenteil, die Dolphins stehen für Kooperationsbereitschaft. So unterstützen sie das Projekt Fanhaus 1982 e.V. und auch karitative Zwecke. Das Fanhaus soll später einmal zu einem Dreh- und Angelpunkt der übergreifenden Kommunikation zwischen den verschiedenen Fanclubs werden.[48]

Hertha Junxx

Am 7. August 2001 wurde der erste offizielle schwul-lesbische Fußballfanclub der Bundesliga gegründet und im August 2002 als offizieller Fanclub von Hertha BSC registriert. Der Name ist ein wenig irritierend, da der Fanclub Hertha Junxx auch Hertha-Mädelz offen steht. Am Anfang belächelt und immer mal wieder dummen Sprüchen ausgesetzt, tragen die Hertha Junxx dazu bei, dass das Thema Homosexualität langsam, aber sicher auch in der Mitte der (Fußball-)Gesellschaft ankommt und so ganz nebenbei auch die Toleranz gefördert wird.[49]

Herthacops

Last, but not least die Herthacops. Wer sich bei Fußballspielen über die oft berechtigte oder auch unberechtigte ruppige Präsenz der Ordnungshüter erregt, sollte sich jedoch davor in Acht nehmen, alle Polizisten über einen Kamm zu scheren. Schließlich ist die Staatsmacht unter uns. Die Herthacops sind ein offizieller Fanclub, der überwiegend aus Polizeibeamten besteht. Entstanden ist der Fanclub aus einer Initiative des Berliner Polizeiabschnitts 26. Das ist der Abschnitt, der rund um den westlichen Teil des Kurfürstendamms liegt. Also nur einen »Steinwurf« vom Olympiastadion entfernt. Die Beamten, viele von ihnen selbst Herthaner, kamen öfter mit gewaltbereiten Fans in Kontakt. Sie konnten feststellen, dass viele dieser Fans aus schwierigen Verhältnissen stammen, und so entschlossen sie sich, der Gewalt etwas Besonderes entgegenzusetzen.

Im Februar 2001 wurde die Idee geboren, den Fanclub Herthacops zu gründen, um die Hertha-Liebe mit einer speziellen Gewaltprävention zu koppeln. Sie nehmen zu jedem Hertha-Heimspiel zwei Jugendliche aus dem Kinder- und Jugendhilfezentrum Mariaschutz der Caritas mit. Bei Bratwurst und Cola wird gemeinsam der beste Club der Stadt unterstützt. Ganz nebenbei kommen die »Freunde und Helfer« (hier passt diese Floskel wunderbar) mit den Kindern ins Gespräch. Auf diese Weise können sie frühzeitig Einfluss nehmen, für die Kinder bei Bedarf Partei ergreifen und im Konfliktfall vermitteln.

Bei diversen Fußballturnieren und Benefizkonzerten konnten die Herthacops weit über 15.000 Euro für das Kinder- und Jugendhilfezentrum »Mariaschutz« sammeln.[50]

3. KAPITEL

GROSSARTIGE HERTHA-SPIELER

Eine kleine Auswahl

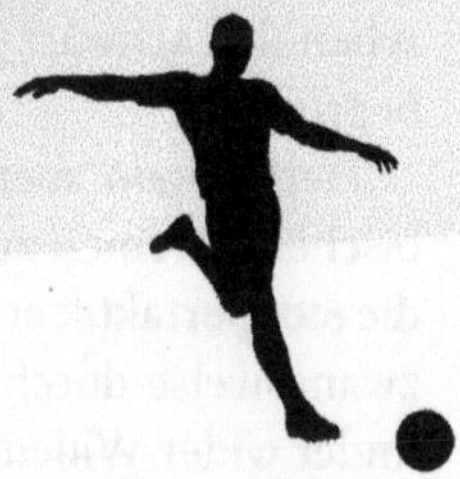

25. GRUND

Weil sich ein Herthaner aus Geiz weigerte, Tore zu schießen

Der Verein Hertha BSC hatte seine bisher größte Zeit in den 1920er-Jahren unter anderem der Abwehrarbeit zu verdanken. In diversen Publikationen wird beschrieben, dass Hertha die Abseitsfalle erfunden hat oder zumindest perfektioniert haben soll. Damals änderte sich die Abseitsregel mehrmals. Die Hertha-Spieler passten die Abseitsfalle stets schnell den neuen Regelungen an, oftmals schneller, als sie die Schiedsrichter verinnerlicht hatten. Den Schiedsrichtern jener Zeit müssen Spiele von Hertha BSC wohl alles abverlangt haben. Vielleicht wurde damals schon das besondere Verhältnis zwischen den schwarz gekleideten Angestellten des DFB und Hertha begründet.

Hertha kam aber auch dem VfB Stuttgart und anderen schwäbischen Vereinen zuvor. Wenn nicht ein Hertha-Spieler seinerzeit die Stoppertaktik erfunden hätte, wäre diese taktische Spielvariante zwangsweise durch einen Schwaben begründet worden. Der Erfinder wider Willen hieß Karl Tewes, in Berlin nur Kaiser Karl genannt. Er wurde 1886 in Berlin geboren und war bereits, bevor er im Juli 1923 von Viktoria Berlin zu Hertha kam, eine Legende. Früh begann er mit dem Fußballspiel. Mit 18 hörte er erst einmal wieder damit auf. Bodenständig wie er war, gingen bei ihm Ausbildung und Berufsleben vor. Er wurde Schmied. Mit 27 fand er aber zurück zum Fußball und von nun an kam ihm seine Ausbildung zum Schmied zugute. Er hielt die Abwehrkette zusammen und schmiedete somit die Grundvoraussetzungen für den Erfolg.

Bei einem Hallenturnier am 28. März 1926 in Dortmund, es war das Endspiel gegen Union Dortmund, durchlitt er jedoch Höllenqualen. Die Hallenturniere seinerzeit fanden auf ähnlich großen Feldern statt wie beim »Budenzauber« heutzutage, nur die Spieleranzahl wurde nicht reduziert. Es traten also nicht nur jeweils elf Mann gegeneinander an, sie traten sich auch noch auf die Füße. Damals glich der Grund eher dem Bodenbelag eines Pferdestalles als dem eines Fußballfeldes. Der Kunstrasen, den unsere wohlbehüteten Spieler heutzutage präsentiert bekommen, war noch nicht erfunden. Das Spiel soll sich aufgrund der Vielbeinigkeit wie ein Kaugummi dahingezogen haben. Kaiser Karl hatte irgendwann die Schnauze voll, schnappte sich den Ball, ging ein paar Schritte und drosch die Kugel unhaltbar zum 4:2-Sieg in die Maschen. Hertha gewann und die Spieler freuten sich auf die Bierlage. Denn vor dem Spiel war vereinbart worden: Wer den Siegtreffer erzielt, zahlt auch die Lage. Karl, nun gar nicht mehr so kaiserlich, zeigte eines seiner vielen Gesichter. Es muss die Mimik gewesen sein, die einer zeigt, wenn er eine süße Orange erwartet und aus vollem Herzen in eine Zitrone beißt. Denn unser Kaiser tat sich schwer damit, ein wenig seiner Apanage an die Mitspieler abzugeben.

Karl Tewes war nämlich geizig. Dem Vernehmen nach zahlte er zwar schweren Herzens die Lage, zog aber seine Lehre daraus und erzielte nie wieder ein Siegtor. Von nun an blieb er positionstreu, organisierte die Abwehr und ging einfach nicht mehr nach vorne. Der Stopper war geboren. 1920 schaffte er es sogar bis zum Nationalspieler, bis 1922 kam er auf insgesamt sechs Länderspiele. Da nationale Vergleiche damals eher selten waren, würde das etwa 60 Länderspielen nach heutigen Maßstäben entsprechen. Seine Position im Nationalteam war die des »offensiven Mittelläufers«, ein Tor erzielte er aber trotzdem nie. Warum nur?[51]

26. GRUND

Weil Hertha BSC das Glück in Person von Hanne Sobek gefunden hatte

Wenn man Herthaner fragt, egal welchen Alters, wer wohl die unvergesslichste Persönlichkeit bei Hertha war, wer für Integrität und Fairness steht, dann werden alle Hanne Sobek nennen. Hanne ist das, was man landläufig eine Legende nennt. Hanne Sobek wurde 1900 als Paul Max Friedrich Johannes Wiechmann 100 Kilometer nördlich von Berlin, in Mirow geboren. Später nahm er den Nachnamen seinen Adoptivvaters Sobek an.

Aus Sobek wurde dann Sobeck. Die Änderung des Nachnamens lag darin begründet, dass das Standesamt bei der Anmeldung seines soeben geborenen Sohnes 1943 den Familiennamen um ein »C« erweiterte. Das Abändern des Familiennamens auf den Urkunden hätte die Familie bezahlen müssen. Ganze 5000 Mark wären für den Spaß aufzubringen gewesen. Das Hinzufügen des »C« beim Vater war dagegen kostenlos. Aus Wiechmann wurde also Sobek, dann Sobeck und später wieder Sobek. Ganz sicher aber hieß er niemals Erich Poppe. Obwohl er seine Karriere bei Hertha mit genau diesem Namen begann.

Hanne Sobek sollte nach seinem Wechsel von Alemannia 90 in einem Freundschaftsspiel gegen Preußen Eberswalde am 27. Juni 1925 das erste Mal für Hertha spielen. Allerdings war Hanne noch nicht spielberechtigt. Kurzerhand firmierte er an diesem Tag unter dem Namen des etatmäßigen Mittelfeldspielers Erich Poppe. Hertha gewann, 8:0 unter den Torschützen auch Erich Poppe alias Hanne Sobek. Hanne Sobek war allerdings schon zu dieser Zeit kein Unbekannter. Bereits bei Alemannia debütierte er in der Nationalmannschaft, für die er zehn Mal auflief. Der Verband bekam von seinem Inkognito-Auftritt »Wind« und kassierte kurzerhand die Einnahmen aus dem Spiel – als Strafe. Von da an stand seiner Karriere bei Hertha nichts mehr im Weg, insgesamt bestritt er mehr als 700 Spiele für Hertha BSC. Seinen Namen änderte er jedoch nie wieder. Er führte, wie in diesem Buch an anderer Stelle aufgeführt, Hertha von 1926 bis 1931 sechs Mal ins Endspiel um die Deutsche Meisterschaft. 1930 schoss der »Halbstürmer« den Siegtreffer zur ersten Meisterschaft. Er war es, der maßgeblich dazu beigetragen hatte, dass Hertha nach der vierten Endspielniederlage nicht den Kopf in den Sand steckte. Er baute als Mannschaftskapitän die Mannschaft immer wieder auf und führte sie so zum Titel. Er gehörte zu den beliebtesten Persönlichkeiten der Berliner Gesellschaft. 1927 doubelte er Gustav Fröhlich in dem Sportfilm *Die elf Teufel*. Besonders die Leistung von Sobek blieb in Erinnerung. So schrieb der *Filmkurier* im selben Jahr: »Es gibt Aufnahmen voller Tempo und Schmiss, wütendes Kämpfen um den Ball, Bravourleistungen erstklassiger Spieler.«

Er arbeitete auch als Sportredakteur für den Berliner Rundfunk und als Buchautor. Zu seinen Freunden zählte nicht nur Hans Albers, sondern auch der von den Nazis verfemte Dichter Joachim Ringelnatz, dessen Bücher verbrannt wurden. Ringelnatz war im Übrigen auch Hertha-Mitglied.

Seine zweite Fußballerlaufbahn gestaltete er als Trainer. In der Nachkriegszeit war er auch Übungsleiter bei der SG Union Oberschöneweide. 1950 qualifizierte er sich mit seiner Mannschaft sogar für die Endrunde der Deutschen Meisterschaft. Oberschöneweide, in der damaligen sowjetischen Besatzungszone gelegen, bekam jedoch keine Erlaubnis, um nach Kiel in den Westen zu fahren. Dort hätte in der ersten Runde der HSV gewartet. Die Spieler verließen daraufhin mehrheitlich den Ostteil Berlins und in der Folge löste sich Union Oberschöneweide auf. Sobek wurde 1959 Trainer seiner Hertha, der er trotz anderer Trainerstationen immer treu blieb, und errang 1961 und 1963 die Berliner Meisterschaft. Sobek führte Hertha nicht nur in die neu gegründete Bundesliga, sondern wurde als Senior von Februar bis Juli 1965 Not-Vorsitzender des Vereins.[52]

Einen Fleck gab es zunächst doch auf seiner blau-weißen Weste. Hanne wurde unterstellt, ein strammer Nazi gewesen zu sein. Zum Glück beauftragte Hertha einen Historiker damit, die Zeit des Vereins während der Nazizeit zu erforschen. Professor Daniel Koerfer kam in seinem Buch *Hertha unter dem Hakenkreuz* zu dem Schluss, dass Sobek alles andere als ein Nazi war. Im Gegenteil, Hanne Sobek hatte sich am Neujahrstag 1935 in einer Bar am Gesundbrunnen eine Prügelei mit einem SA-Führer geliefert. Ein nächtliches SA-Gericht wollte ihn wenig später sogar aburteilen. Lediglich das Fehlen des Hauptbelastungszeugen bewahrte Sobek vor schlimmeren Folgen.[53] Herthas Idol versteckte 1939 einen befreundeten jüdischen Bankier für einige Tage in seiner Wohnung. Der war dabei, in die Schweiz zu flüchten, und musste untertauchen. Im Juli 1940 wurde Hanne Sobek schließlich doch Mitglied der NSDAP. »Ein Grund dafür war, dass er um seinen Job als Rundfunkreporter fürchtete. Und ohne diesen Job hätte er an die Front gemusst«, so Koerfer.[54]

Nun war es nicht so, dass jeder Bürger des Deutschen Reiches in der »Partei« sein musste. Doch die Prominenten sollten nur zu gerne vor den braunen Karren gespannt werden. Folglich drängten ihn hohe Nazis zum Parteieintritt und drohten nicht nur mit der Entlassung aus dem Radiodienst, sondern es schwang auch eine physische Bedrohung mit. Zu gegenwärtig war das Schicksal der Tennis-Legende Gottfried von Cramm, der sich weigerte, in die NSDAP einzutreten. Ihm wurden homosexuelle Kontakte angedichtet und er landete für ein Jahr im Gefängnis. Erst 2002 wurde er posthum rehabilitiert. Auch das Schicksal des Jahrhundert-Boxers Max Schmeling warnte ihn. Schmeling wollte sich weder von seinem jüdischen Manager noch von seiner tschechischen Frau trennen und landete bei den Fallschirmjägern, jener Einheit, die die höchste Todesrate in der Wehrmacht hatte.

Sobek wurde 1948 in einem Entnazifizierungsverfahren rehabilitiert. Ausschlaggebend waren neben der eindeutigen Aktenlage die Aussagen seiner Mitspieler, aber auch von Gewerkschaftern und Sozialdemokraten. Was bleibt, ist die Erkenntnis, dass Hanne Sobek kein Nazi war, und die Erinnerung an einen großartigen Sportsmann, der das Herz der Plumpe war und der bis zum Schluss aufrecht durchs Leben ging. Am 17. Februar 1989 starb Hanne im Alter von 88 Jahren.

27. GRUND

Weil einem Ungarn Hertha BSC 20.000 Kilometer Weg wert waren

Wenn ich heute zu Hertha gehe, treffe ich Hertha-Fans aus Dessau, aus Erfurt oder auch Leipzig, völlig normal. Manche fahren nach dem Spiel wieder in ihre Heimatstadt, andere sind schon längst Berliner geworden. Was für uns alle vollkommen selbstverständlich erscheint, nennt man Freizügigkeit und ist im Artikel 11 unseres Grundgesetzes geregelt. Kommen Hertha-Fans aus dem Ausland zu unseren Heimspielen, profitieren diese Fußballkenner von der Reisefreiheit, die im Artikel 13 der Allgemeinen Erklärung der Menschenrechte der UN geregelt ist. »Jeder hat das Recht, jedes Land, einschließlich seines eigenen, zu verlassen und in sein Land zurückzukehren.« Doch selbst in der Europäischen Union gibt es Staaten, für die diese Freiheiten noch nicht sehr lange Realität sind. Einer dieser Staaten war Ungarn. Wie krank damals die Zeiten waren, macht die unglaubliche Odyssee des Zoltán Varga deutlich.

Zoltán Varga wurde am 1. Januar 1945 im ungarischen Val geboren. Mit 16 ging er zum ungarischen Spitzenclub Ferencváros Budapest. Mit 19 bestritt er sein erstes von 13 Länderspielen. 1964 wurde er sogar Olympiasieger. Diesen Triumph wollten die Ungarn 1968 in Mexiko wiederholen. Die ungarische Nationalmannschaft trat also ihre Länderspielreise ins 10.500 Kilometer entfernte Mexiko an. Doch Zoltán Varga nutzte seine Chance, setzte sich von der

Mannschaft ab und tauchte zunächst in Mexiko unter. Für diese »Untat«, sich das Recht auf Reisefreiheit zu nehmen, wurde er in Abwesenheit zu sechs Jahren Zuchthaus verurteilt und sein gesamter Besitz beschlagnahmt. Mit Hilfe eines belgischen Freundes, Roger Petit, Manager von Standard Lüttich, gelangte er nach Belgien und legte dafür 9000 Kilometer zurück. Zunächst hielt er sich von Juli 1968 bis Juni 1969 bei Standard fit. Spielen durfte er aber nicht, denn er wurde wegen der Flucht – auf Antrag des ungarischen Verbandes – von der FIFA lebenslang gesperrt!

Hertha hatte schon viel von diesem begnadeten ungarischen Techniker gehört. Die Geschichten, die über Varga kursierten, mussten seinerzeit derart überzeugend gewesen sein, dass selbst die Sperre Hertha nicht abschreckte. 1969 suchte Hertha in Person von Wolfgang Holst Zoltán Varga in Belgien auf und konnte ihn von Hertha und Berlin überzeugen. Wer Wolfgang Holst einmal kennengelernt hat, weiß, Varga hatte keine Chance. Holst war gelebte Rhetorik. Der Ungar hatte allerdings nur für die Beneluxstaaten eine Aufenthaltsgenehmigung. An der deutsch-belgischen Grenze wurde er folglich abgewiesen. Wolfgang Holst überredete Varga kurzerhand, im Kofferraum Platz zu nehmen. Der nächste Versuch, die deutsche Grenze zu überschreiten, ging über Holland, dann mit dem Flugzeug weiter nach Berlin, das waren noch mal rund 700 Kilometer. Diesmal ohne Probleme. Hertha konnte beim damaligen Innensenator Kurt Neubauer erreichen, dass Varga eine Aufenthaltsgenehmigung erhielt. Nun galt es, die unerträgliche Sperre zu reduzieren. Der Beharrlichkeit meiner Hertha ist es zu verdanken gewesen, dass die FIFA-Sperre auf zwei Jahre reduziert wurde. Am 13. Oktober 1970 war es dann endlich so weit. Zoltán Varga war ganz offiziell Hertha-Spieler. Er bestritt insgesamt 34 Spiele und erzielte dabei neun Tore, bis der Bundesligaskandal einen Knick in seine Laufbahn und der meiner Hertha machte.

Varga wurde einmal gefragt, warum er in den Westen gegangen ist. Unter anderem gab er die große Unsportlichkeit an, die im Ostblock herrschte. Zum Verständnis: Damals durften beispielsweise nur Amateure an den Olympischen Spielen teilnehmen, auch wurde offiziell der kapitalistische Profifußball von offizieller Seite abgelehnt. Doch was im Westen der Markt regeln sollte, regelte im Osten der Staat. Die besten Fußballer waren daher sogenannte »Staatsamateure«, also mit allen materiellen Privilegien wie ihre Westkollegen versehene Sportler. Um das zu kaschieren, stand bei Zoltán Varga beispielsweise als Beruf »Bäcker« im Pass. Er hatte aber nach eigenem Bekunden nie eine Backstube von innen gesehen.

Zoltán Varga starb am 9. April 2010 dort, wo alles begann, in Ungarn. Bei einem Seniorenspiel in Budapest brach er in der Halbzeitpause tot zusammen. Sechs Monate später starb auch sein Ziehvater (wie er sich selbst gerne nannte) Wolfgang Holst.

Jetzt, 45 Jahre nach seiner Flucht, ist auch die »politische Erdverschiebung« spürbar. Budapest ist jetzt nur noch 688,8 Kilometer Luftlinie von Berlin entfernt.[55]

28. GRUND

Weil bei Hertha BSC der Beer steppte

Wenn mich jüngere Hertha-Freunde fragen, wer denn für mich der beste Hertha-Spieler sei, den ich jemals habe spielen sehen, muss ich nicht lange nachdenken. Die Antwort ist eindeutig: Erich »Ete« Beer, mit seinen 1,74 Meter war er der Größte. Für mich ist er der Inbegriff des Niemals-Aufgebens, des Kämpfens und der Aufrichtigkeit. Der einzige Mensch, der etwas gegen Ete hätte haben können, war derjenige, der sein Trikot waschen musste. Etes Trikot war immer vom Kampf gezeichnet. Da habe ich ganz andere Spieler bei Hertha gesehen. Spieler, die selbst nach 90 Minuten blitzsauber und ausgehfertig vom Platz schlenderten. Erich Beer, gebürtiger Franke, absolvierte von seinen 342 Bundesligaspielen zwischen 1971 und

1979 insgesamt 253 Spiele für Hertha. Damit belegt er hinter Michael Sziedat (280), Pál Dárdai (271) und Holger Brück (261) den vierten Platz in der ewigen blau-weißen Spieleinsatztabelle. Bei Hertha erhielt er auch seinen Spitznamen Ete. Arno Steffenhagen, gebürtiger Berliner und Hertha-Stürmer, war der Name Erich zu »kompliziert«. In Berlin sagt man Ete, ließ er wissen. Fortan wurde Erich »Ete« genannt.

In jener Zeit schoss er 83 Bundesligatore, das war sehr lange Vereinsrekord. Erst 24 Jahre später wurde dieser Rekord 2003 von Michael Preetz (84 Tore) übertroffen. Der Vergleich hinkt aber. Erich Beer war nie Stürmer, wie der heutige Manager Michael Preetz damals einer war. Ete schoss seine Tore stets als Mittelfeldspieler. Dennoch schaffte er das Kunststück, in drei Pflichtspielen sogar jeweils vier Mal zu treffen.

1971 holte ihn Hertha von Rot-Weiss Essen nach Berlin. Schnell wurde er der Führungsspieler, den sich Hertha erhofft hatte. 1975 bekam Ete im Alter von 28 Jahren die Berufung für die Nationalmannschaft. Er debütierte beim DFB-Jubiläumsspiel gemeinsam mit Herthas Abwehrrecken Uwe Kliemann gegen die Niederlande (Endstand 1:1). Für Kliemann blieb es bei dieser einmaligen Berufung. Für Beer begann jetzt die Karriere im Nationalteam. Höhepunkt war sicher die Europameisterschaft im ehemaligen Jugoslawien 1976. Die Bundesrepublik verlor das Endspiel gegen die damalige Tschechoslowakei 5:7 nach Elfmeterschießen. Sie erinnern sich vielleicht noch an den entscheidenden Elfmeter von Uli Hoeneß, den dieser in den Nachthimmel Belgrads donnerte? Der Ball soll, dem Vernehmen nach, immer noch auf einer Umlaufbahn um die Erde kreisen.

Zwei Jahre später gehörte Beer zum Kader für die Weltmeisterschaft 1978 in Argentinien. Deutschland schied in der zweiten Gruppenphase überraschend gegen Österreich aus. Dieses Spiel sollte als die Schande von Córdoba in die bundesdeutsche Fußballgeschichte eingehen. Ete hatte jedoch an dieser Schande nur wenig

Anteil. Er spielte zwar bei allen sechs Spielen mit, drei Mal spielte er durch, drei Mal wurde er ausgewechselt. Nie ging er als Verlierer vom Platz. Spielte er durch, gingen die Spiele 0:0 (Polen und Tunesien) und 6:0 (Mexiko) aus. Wurde er ausgewechselt, lag Deutschland nie zurück. So stand es 0:0 bei seiner Auswechslung gegen Italien in der 68. Minute (Endstand 0:0) und 0:0 bei seiner Auswechslung gegen Tunesien ebenfalls in der 68. Minute (Endstand 0:0). Bei der historischen 2:3-Schlappe gegen Österreich wurde er sogar in der Halbzeit beim Stand von 1:0 für das bundesdeutsche Team ausgewechselt. Er sagte einmal: »Als einziger Spieler von Hertha hatte ich es in der Nationalmannschaft am Anfang nicht leicht. Die anderen kamen fast alle von Bayern München und Borussia Mönchengladbach.«[56]

Sein Durchbruch gelang ihm im zweiten Spiel als Nationalkicker. Ich hatte das Glück, dieses Spiel gegen Österreich im Wiener Praterstadion live miterleben zu dürfen. Zu diesem Zeitpunkt war die Welt noch in Ordnung, keiner konnte ahnen, dass der Fußballzwerg Österreich keine zehn Monate später den amtierenden Weltmeister zu Fall bringen würde. Zunächst machte ich, der 14-jährige Bengel, ein ziemlich langes Gesicht. Helmut Schön, der Nationaltrainer, setzte meinen Helden nicht von Anfang an ein, zur zweiten Halbzeit kam er dann endlich – für Beckenbauer. Bis dahin plätscherte das Spiel so vor sich hin. Tore Fehlanzeige. Bis Ete zwei Mal aus der Distanz beherzt abzog und mit seinen Treffern den 2:0-Endstand markierte. Eines dieser Tore wurde Tor des Monats. Ich weiß wirklich nicht mehr welches, für mich waren beide Treffer rekordverdächtig. Dieses Spiel war für seine Rolle in der Nationalmannschaft das Schlüsselspiel. »Seitdem war ich akzeptiert«, resümierte er. Insgesamt vertrat er die blau-weißen Farben im Nationaltrikot 24 Mal.[57]

Erich Beer, dem Hertha-Spiele mehr am Herzen liegen als die Spiele der Nationalmannschaft, wurde mit Hertha Vizemeister, erreichte zwei Mal das Pokalfinale und unvergessen bleibt natürlich das unglückliche Ausscheiden im UEFA-Cup-Halbfinale. Schließlich war er es, der mit seinen Mannschaftskameraden – nach dem Schnitt, den der Bundesligaskandal mit sich brachte – Hertha wieder in das öffentliche Bewusstsein zurückholte. Ete Beer, der, wie er selber einmal sagte, sich in Berlin unwahrscheinlich wohlfühlt, ist natürlich immer noch Hertha-Mitglied. Er verfolgt, obwohl mittlerweile wieder in Bayern zu Hause, jedes Hertha-Spiel vor dem Fernsehgerät, aber auch oft als Gast im Olympiastadion.

In der letzten Zweitligasaison hatte ich das Glück, mein Idol aus besseren Zeiten nach dem Spiel kurz zu treffen. Er sagte: »Wir kommen wieder!« Ab da musste ich mir über Herthas Zukunft keine Sorgen mehr machen. Ete hatte es ja gesagt!

29. GRUND

Weil Hertha BSC Luggi Müller eine Chance gab und Luggi Müller es dankte

Die Älteren unter uns werden sich sicherlich noch erinnern. Im Europapokal der Landesmeister traf Borussia Mönchengladbach am 20. Oktober 1971 im Achtelfinale in Mönchengladbach auf Inter Mailand. Gladbach gewann sensationell mit 7:1 Toren. Inter-Stürmer Boninsegna wurde in der 29. Minute durch einen Büchsenwurf am Kopf getroffen und in die Kabine getragen. Das Spiel wurde annulliert und am 1. Dezember 1971 in Berlin neu angesetzt. 0:0 war der Endstand und Gladbach war raus.

Ludwig (Luggi) Müller, der Abwehrrecke der Borussen, gab nach dem Skandalspiel zu Protokoll: »Ich habe gesehen, wie die Dose Boninsegna an der Schulter traf. Zunächst schaute er nur ganz verdutzt. Dann kam Inter-Kapitän Sandro Mazzola auf ihn zugestürmt und rief, er solle sich fallen lassen. Und schon sank er wie vom Blitz getroffen zu Boden. Dabei war die Dose so gut wie leer. Das habe ich gemerkt, als ich sie Richtung Bande gekickt habe. Boninsegna wollte aufstehen, doch ein Inter-Masseur drückte ihn immer wieder zu Boden. Dann ließ er sich auf einer Trage abtransportieren. Wir haben aber gesehen, dass er dabei noch seinen Mitspielern zugezwinkert hat. Es war eine große schauspielerische Leistung.«[58] Vielleicht war es ja dieser Augenzeugenbericht von Luggi Müller, der Boninsegna im Wiederholungsspiel dazu trieb, ihn derart übel zusammenzutreten, dass dieser mit einem Schien- und Wadenbeinbruch vom Feld getragen werden musste. Das Schienbein musste mehrmals genagelt werden. Neun Monate fiel er aus. Eine Ewigkeit im Profigeschäft. Mönchengladbach gab auf seinen ehemaligen Stammspieler nicht mehr viel. Luggi Müller wurde aussortiert und ihm wurde der Vereinswechsel nahegelegt. Hertha BSC war bereit, dem Spieler, trotz genageltem Schienbein, eine Chance zu geben. So wechselte der Ausgemusterte im Oktober 1972 zu uns, zur ewig jungen alten Dame an die Spree.

Was für eine Entscheidung! Was für eine Verpflichtung! Ja, was für ein Glücksfall für meine Hertha. Luggi Müller dankte das Vertrauen, das ihm Hertha entgegenbrachte, mit großartigen Leistungen. Er war sowohl auf dem Feld, aber auch außerhalb des Stadions stets ein Vorbild. Für mich als junger Mensch eine Ikone, einfach nur ein Held. Am 7. Oktober 1972 debütierte Luggi im schönsten Trikot der Welt beim 1:1 in Bremen. Gemeinsam mit Erich Beer, Erwin Hermandung und Lorenz Horr avancierte er zum verlässlichsten Spieler seiner Zeit. 97 Bundesligaspiele absolvierte er seit dem Bremen-Spiel in Folge! Nicht nur, dass er zum Fels in der Brandung in Herthas Abwehrreihen wurde, nein, er schoss auch zehn Tore für meinen Club. Wenn ich mir als Steppke Sorgen um Hertha machte, fragte ich meinen Vater, ob Luggi denn auch spielen würde. Er konnte dies stets bejahen und ich beruhigt einschlafen.

Bei seinem letzten Spiel, am 14. Juni 1975 gegen den VfL Bochum, wurde in der 45. Minute ein Elfmeter für Hertha gepfiffen. Ich, und mit mir alle Zuschauer im Stadion, skandierten: »Luggi, Luggi, Luggi!« Der so zum Tanz gebetene Liebling von uns Berlinern kam zum Elfmeterpunkt, lief kurz an und verwandelte sicher zur 3:0-Führung.

Dieses Spiel endete 4:2 und Luggi wurde mit Hertha Vizemeister. So groß die Freude über die beste Bundesliga-Platzierung von Hertha auch war, so übertraf die Trauer über den Abschied von Luggi Müller doch alles an diesem Tag bei Weitem. Er beendete mit fast 34 Jahren seine Karriere. Im Stadion waren, glaube ich, noch nie so viele erwachsene, gestandene Männer, die wie entfesselt weinten, und einer, der mittendrin wohl am lautesten heulte, war ich. Ein Junge, der sich nicht vorstellen konnte, dass es noch eine Bundesliga ohne Luggi Müller geben würde.

30. GRUND

Weil bei Hertha BSC ein Fehlschuss auch etwas Gutes nach sich zieht

Wer schon einmal im Sturm gespielt hat, kennt diese Situation. Man geht alleine mit dem Ball auf das Tor zu. Bruchteile von Sekunden kommen einem wie halbe Ewigkeiten vor. Je näher man an den gegnerischen Kasten kommt, desto mehr beginnt der Kopf zu arbeiten. Schieß ich jetzt oder später? Links oder rechts? Umkurve ich vorher noch den Torwart oder lupfe ich gar den Ball? Zu viel Zeit für einen Instinkt-Fußballer zum Nachdenken. Schließlich gilt es, den Ball im richtigen Moment abzuziehen. So mancher Mittelstürmer liebt daher die Situation, in der einzig und alleine das Rückenmark bestimmt, was passiert. Ein genialer Reflex oder eine höhere Eingabe entscheidet über den Torerfolg.

Stürmer Michael Preetz kann davon ein Lied singen. Er war damals, am 8. April 1996, als Stürmer der SG Wattenscheid im heimischen Lohrheidestadion vor 1000 Zuschauern in der 88. Minute in genau so einer Situation. Es stand 0:0 und er wartete einen

Tick zu lang. Der gegnerische Torwart verstand es, diesen Augenblick auszunutzen. Er konnte Michael Preetz rechtzeitig abdrängen und ganz nebenbei sein Team vor dem drohenden Abstieg in die Drittklassigkeit bewahren. Der Torhüter, der ja bekanntermaßen zur Mannschaft gehört, war ein gewisser Christian Fiedler, seines Zeichens Stammtorhüter bei Hertha BSC.

Bevor Sie jetzt Böses denken, rufe ich Ihnen ein lautes »Nein« zu. Nein, Michael Preetz war zu diesem Zeitpunkt noch nicht als zukünftiger Hertha-Stürmer im Gespräch. Erst viel später klingelte an einem türkischen Strand das Telefon von Michael Preetz. Am anderen Ende war Jürgen Röber. Der spätere Aufstiegstrainer war auf der Suche nach seiner Mannschaft für die nächste Saison. Beide Männer, die noch nicht ahnen konnten, dass sie gemeinsam Hertha-Geschichte schreiben würden, waren sich schnell einig. Michael Preetz wurde zunächst Hertha-Spieler und später sogar zu einem echten Herthaner.

Er ist mit 93 Toren der Rekord-Torjäger meiner Hertha. 2009 übernahm er das schwere Erbe von Dieter Hoeneß und wurde der Manager fürs Sportliche bei Hertha. Wobei der Begriff »Erbe« der Sache nicht gerecht wird, denn das würde einen Tod voraussetzen. Aber sowohl Dieter Hoeneß als auch Hertha erfreuen sich zum Glück bester Gesundheit. Michael Preetz hätte zudem die Möglichkeit gehabt, das Erbe auszuschlagen. Was wohl jeder im wahren Leben getan hätte, denn wer erbt schon gerne Schulden. Michael Preetz übernahm die Verantwortung, das trifft es wohl besser. Hätte er seinerzeit in Wattenscheid das Tor getroffen, wären die Geschichte meines Herzensclubs und auch seine persönliche Karriere wohl ganz anders verlaufen.

31. GRUND

Weil in Herthas Profimannschaft ein echter Kunstmaler spielte

Gemeinhin gilt Fußball in gebildeten und kulturell interessierten Kreisen als Proletensport. Eine Betätigung, über die nur allzu gerne die Nase gerümpft wird. Dabei spielte sogar einer der ihren, ein wahrer Kulturschaffender, in Herthas Profimannschaft.

Insbesondere jene bildungsbeflissenen Kunstfreunde, die sich der Aquarellmalerei verpflichtet sehen, werden natürlich wissen, von wem die Rede ist. Von Andreas Neuendorf. »Andreas wer?«, wird so mancher Kunstprofessor fragen. Und er hat natürlich recht mit seiner Frage. Andreas Neuendorf, dieses Ausnahmetalent, die Berliner Antwort auf Hugo Simberg und August Macke, ist in Künstlerkreisen als »Zecke« bekannt. In aller Welt berühmt wurde er durch seine eigenwillige Interpretation von Dürers Hasen, den er als »drei Affen« darstellte. Sicherlich drängt sich die Frage auf, wie ein so hochbegabter Künstler seine kostbare Zeit so etwas Profanem wie dem gemeinen Fußballspiel opfern kann. Die internationale Kunstszene wird mich für folgende Enthüllung hassen, aber nichtsdestotrotz muss sie jetzt sehr stark sein. Der große »Zecke« war bereits vor seiner bahnbrechenden Zeit als Kunstmaler Fußballer. Hier der investigative Bericht über das Multitalent.

Als der Großmeister 18 Jahre alt war, labte sich eine Milbe an seinem Blute. Im Volksmund wird diese blutsaugende Variante der Parasiten Zecke genannt. Seitdem wird, insbesondere in Tiermedizin- und Kunsthistoriker-Kreisen, gerätselt, ob nicht schon damals, praktisch durch Übertragung, Andreas Neuendorf sein kunstschaffendes Talent eingeimpft wurde. Nachdem er drei Tage auf der Intensivstation verbrachte, auf der er, wie gemeinhin angenommen wird, die Metamorphose vom Fußballspieler zur kickenden Reinkarnation Emil Noldes durchlebt hat, kehrte er zum Training bei

Bayer Leverkusen zurück. Ulf Kirsten, seines Zeichens Stürmer und offensichtlich auch Imageberater, begrüßte den Michelangelo in spe mit den Worten: »Ach, da kommt die Zecke ja.« Sein Künstlername war erschaffen. Die Sportpresse fing an, den Namen zu übernehmen. Aus Andreas Neuendorf wurde Andreas Zecke Neuendorf, um fortan als »Zecke« das Feuilleton zu bereichern.

Die Idee, ähnlich wie die Brasilianer nur noch den Spitznamen auf das Trikot zu schreiben, lag beim nunmehr wieder bei Hertha spielenden Zecke nahe. Doch das sollte zunächst an den Herren der Deutschen Fußball Liga (DFL) scheitern. Die Idee war wohl für diese älteren Semester, ihres Zeichens Gralshüter der reinen Fußballlehre, zu innovativ. Die DFL erlaubte ihm nur einen Namen, der auch im Pass steht. Zecke ging zum Landeseinwohneramt. Dort wurde ihm versichert, dass das alles kein Problem wäre. Er müsse nur eine Mappe mitbringen, aus der hervorgehe, dass er seit längerer Zeit von den Medien Zecke genannt werde. Dann könne der Künstlername auch in die Ausweise mit aufgenommen werden. Später sollte sich herausstellen, dass es doch nicht so einfach war. Irgendwelche Herrschaften stellten sich quer, Zecke seinen Künstlernamen auch offiziell zu geben. Es gab eben viel zu viele Neider, die einfach vor der sich abzeichnenden Revolution des Kunstmarktes Angst hatten.

Vermutlich ein Galerist, ein Förderer der schönen Künste oder gar ein Mäzen aus dem Umfeld von Zecke Neuendorf, kam auf die Idee: »Mensch, mal doch een paa Bilders, denn biste doch Künstler. Wa?!« Was für eine göttliche Eingabe, was für wahrhaft seherische Fähigkeiten. So von allen Musen geküsst, begann er von nun an zu malen. Er entschied sich für die hohe Kunst der Aquarelltechnik, da diese, wie er sagte, »die einfachste und schnellste« Technik gewesen sei. Wie bescheiden der Meister doch war.

Diese Hochbegabung gab Zecke an seinen damals sechsjährigen Sohn weiter, der genauso gut malen konnte wie sein Vater. Wahnsinn.

Die ersten beiden Bilder des Meisters wurden im Internet für einen guten Zweck versteigert. Nachdem er so seine künstlerische wegweisende Arbeit nachweisen konnte, war es so weit: Das Landeseinwohneramt hat in Andreas Neuendorfs Reisepass »Zecke« eingetragen und diese Ehrerbietung hochfeierlich abgestempelt. Andreas Neuendorf war somit der erste deutsche Spieler, der seinen Künstlernamen auf dem Trikot tragen durfte. Seine Werke sind derart umfassend und epochal, dass sich bis heute keiner der weltweit operierenden Kunstkritiker gewagt hat, das Gesamtwerk des Meisters zu bewerten.[59]

32. GRUND

Weil bei Hertha BSC Jesus im Tor stand

In der Saison 2008/09 hatte Hertha die Gegner reihenweise zur Weißglut gebracht. Maßgeblich daran beteiligt war unser damaliger Torhüter, Jaroslav Drobný. Scheinbar unhaltbare Bälle konnte er aus den Winkeln fischen. Teilweise mutete das wie Zauberei an, oder wie Trainer Lucien Favre zu den Wunderparaden des Torwarts sagte: »Er spielt wie Jesus.« Nun ist mir nicht bekannt, auf welcher Position Jesus seinerzeit gespielt hat. In Erinnerung ist mir nur das Bild seiner letzten Mannschaftsbesprechung mit seinen zwölf Mitspielern, das legendäre Abendmahl, geblieben.

Drobný spielte tatsächlich so, als wenn er göttlichen Beistand besessen hätte. Er hielt (fast) alles, was auf seinen Kasten zuflog, spielte auch noch mit und war daher nicht nur einmal der Ausgangspunkt für den entscheidenden Torerfolg. »Jesus« Drobný kurierte die verwundeten Hertha-Seelen zu Tausenden, ohne die Fans dafür mit der heilenden Hand berühren zu müssen. Fußballfreunde, die schon seit Jahren nicht mehr zu Hertha laufen konnten, vermochten wie durch ein Wunder wieder zu Hertha zu pilgern und er erweckte die Fußballbegeisterung in Berlin zu neuem Leben. Die Hoffnung riesiger Menschenmassen erhielt durch ihn Nahrung. Ja, »Jesus« war wohl der richtige Spitzname.

Dass meine Hertha in jener Saison vorne mitspielte, war natürlich auch auf die überzeugende Defensivarbeit der gesamten Mannschaft zurückzuführen, insbesondere auf Drobnýs Jünger Arne Friedrich und Jo Šimunić. Die Innenverteidigung war in jenem Jahr die begnadetste der Liga. Doch wie sagte Coach Favre richtig: »Du brauchst einen sehr guten Goalie.« Drobný bewahrte Hertha mit seinen Wahnsinnsreflexen immer wieder vor Rückständen.

Er verhinderte zu Hause gegen Wolfsburg in letzter Sekunde das 2:3. Er trieb die Gladbacher zum Wahnsinn, ähm, natürlich zur demütigen Besinnung. In Leverkusen schien er mit Šimunić und Friedrich alleine auf dem Feld zu stehen. Er hielt einen Schuss nach dem anderen, darunter einige 100-prozentige, um in der Schlussminute einen weiten Abstoß auf Voronin zu schlagen. Tor, Sieg, Abpfiff. Diesem Spiel verdankte er den Spitznamen von seinem Schweizer Coach. Überhaupt war es Favre, der das Marketing in Sachen Göttlichkeit bediente. Immer wieder bescheinigte Herthas Übungsleiter Drobný übernatürliche Kräfte. Er spielte zehn Mal zu null. Ein sagenhafter Spitzenwert.

Das war nicht immer so. Der damals 29-Jährige fiel in den Jahren davor lediglich durch solide Leistungen auf. Im ersten Jahr in Berlin konnte Jaro, wie er auch genannt wird, die Erwartungen nur mäßig erfüllen. Doch Dank der Hilfe des Trainers, der Mannschaft und vor allem der Torwarttrainer Enver Marić und Nello di Martino wurde er zum sicheren Rückhalt. Von Weltklasse war er weit entfernt, diese Kategorie erreichte er nur bei Hertha und nur in dieser einen magischen Saison. Als es ihn später an die Waterkant zog, vermochte er die Wunder der Vergangenheit nicht zu wiederholen. Der HSV bot ihm offensichtlich nicht das göttliche Umfeld, das er in Berlin bei Hertha gewohnt war.

33. GRUND

Weil Hertha-Spieler das Zeug zum Nationaltrainer haben

Irgendwann ist es so weit. Die Helden des grünen Rasens kommen in die Jahre, das Spiel wird langsamer, das Verletzungsrisiko steigt und es stellt sich die Frage, was nun? In den 1960er- und 1970er-Jahren war es normal, nach der Fußballerkarriere ein Zeitungsgeschäft mit Lotto-und-Toto-Annahme zu eröffnen. Wenige schafften auch nach ihrer aktiven Zeit den Sprung in die mediale Öffentlichkeit. Bei vielen Spielern verblasste der Ruhm schnell.

Günter Netzer und Franz Beckenbauer stehen für solche Spieler, die ihre Beliebtheit konservieren konnten. Einige Kicker wurden Trainer, aber nur wenige schafften den Sprung zum Nationaltrainer. Hertha hatte immerhin sieben Spieler in den eigenen Reihen, die dieses Kunststück mit unterschiedlichen Erfolgen hinbekamen.

Der erste und wohl bekannteste und erfolgreichste von allen war zweifellos Helmut Schön. Er beendete 1951 bei Hertha seine aktive Spielerkarriere und konzentrierte sich von nun an ganz auf seine Trainerlaufbahn. Bereits 1952 avancierte er zum Nationaltrainer – vom Saarland. Ja richtig, das Saarland war damals noch autonom. Erst 1964 stieg er zum Bundestrainer auf und wurde 1972 Europameister, 1974 Weltmeister.

Otto Rehhagel, als Spieler von 1963 bis 1966 für Hertha aktiv, war von 2001 bis 2010 Trainer von Griechenland. Unvergessen das Jahr 2004, als der krasse Außenseiter Europameister wurde. Später, 2012, versuchte »Gotto«, meine Hertha vor dem Abstieg zu bewahren. Ohne Erfolg.

Wolfgang Sidka war der nächste Nationaltrainer, der genau wie Schön zwei Nationalteams leitete. Sidka, der bei mir um die Ecke am Rüdesheimer Platz in Berlin-Wilmersdorf aufwuchs und von 1971 bis 1980 für Hertha BSC spielte, war von 2002 bis 2003 Trainer von Bahrain, wo er 2002 immerhin arabischer Vizemeister wurde. 2005 kehrte er noch einmal für ein Jahr nach Bahrain zurück, um dann später von 2010 bis 2011 den Irak zu trainieren.

Eyjólfur »Jolly« Sverrisson war als Spieler von 1995 bis 2003 bei Hertha und übernahm von 2005 bis 2007 den Posten als Nationaltrainer seines Heimatlandes Island. Ali Daei kickte von 1999 bis 2002 bei Hertha und war von 2008 bis 2009 Trainer der Nationalmannschaft des Iran.

Falko Götz, von 1996 bis 1997 aktiv bei Hertha, wurde, nachdem er auch mehrfach die erste Mannschaft von Hertha trainierte, 2011 Coach von Vietnam. Last, but not least, steht ein weiterer ehemaliger Hertha-Profi, der bei den Fans unvergessene Niko Kovač, vor einer großen Trainerkarriere. Der Kroate, der von 1991 bis 1996 und von 2003 bis 2006 für Hertha auf dem Platz stand, übernahm 2013 zunächst die U21 und am 16. Oktober 2013 schließlich die A-Nationalmannschaft Kroatiens.

4. KAPITEL

HERTHAS WICHTIGE SPIELE UND ERFOLGE IN DER VEREINSGESCHICHTE

34. GRUND

Weil Hertha BSC vier Mal in Folge Vizemeister wurde und dennoch nie aufgab

Die wohl erfolgreichste Zeit hatte meine Hertha zweifelsohne in den 20er- und frühen 30er-Jahren des 20. Jahrhunderts. Leider war es mir nicht vergönnt, diese triumphale Zeit mitzuerleben. Hertha BSC war damals der Nabel der deutschen Fußballwelt, umso mehr sog ich schon als kleiner Junge die Geschichten derer auf, die das Glück hatten, Hertha BSC damals erlebt zu haben. Was für glückliche Menschen mussten das gewesen sein!

In den 1920er-Jahren dominierten zunächst der 1. FC Nürnberg mit fünf Meisterschaften (1920, 1921, 1924, 1925, 1927), die Spielvereinung Fürth mit zwei (1926 und 1929) und der Hamburger SV ebenfalls mit zwei Titeln (1923 und 1928) das Fußballgeschehen im damaligen Deutschen Reich. Diese großen Drei in ihre Schranken zu weisen schien fast unmöglich. Fast! Wenn da nicht der hoch motivierte und aufstrebende Verein aus dem Berliner Wedding gewesen wäre. Ein erstes Zeichen setzte Hertha bereits im Jahr 1925.

In der Saison 1924/25 zeichnete sich ab, dass es in naher Zukunft zu einem Machtwechsel im deutschen Fußball kommen würde. Hertha schlug den Ostpreußen-Meister VfB Königsberg 3:2 nach Verlängerung und Turu Düsseldorf mit 4:1. Erst im Halbfinale unterlag Hertha dem FSV Frankfurt mit 0:1 nach Verlängerung. Hertha hatte Blut geleckt. Hier war doch noch mehr zu holen! Das Erreichen des Endspiels um die Deutsche Meisterschaft vor Augen, musste Hertha in der Berliner Meisterschaft mindestens Zweiter werden, um an der Endrunde teilnehmen zu können. Hertha begnügte sich jedoch nicht mit dem zweiten Platz und wurde von 1925 bis 1931 Berliner Meister.

In der Saison 1925/26 waren es wieder die Königsberger und Frankfurter, die auf dem Weg ins Halbfinale »dran glauben mussten« (4:0, 8:2). Der Gegner im Halbfinale war eine dieser Übermannschaften der 20er-Jahre, der HSV. Das Spiel gewann Hertha mit 4:2. Erstmals in der Vereinsgeschichte konnte die junge Mannschaft von Hertha das Finale erreichen. Der Gegner hieß Spielvereinigung Fürth. Noch war Fürth einfach zu gut für die Hertha-Jungs und das Spiel wurde mit 1:4 eindeutig verloren. Wie sagte Herthas Fußball-Ikone Hanne Sobek nach dem Spiel: »Wir trösteten uns mit der Feststellung, dass wir von den vielen deutschen Mannschaften immerhin Zweiter geworden sind und noch sooo jung waren.«[60] Und Jugend ist bekanntermaßen ein Missstand, der sich von Jahr zu Jahr verbessert.

Die Saison 1926/27 stand zunächst unter dem Motto »Und täglich grüßt das Murmeltier«. 1927 wurde wieder einmal der VfB Königsberg geschlagen (2:1). Im Achtelfinale war es Holstein Kiel, das nach dem 4:2 einsehen musste, dass Hertha nicht aufzuhalten war. Im Halbfinale kam es zum Aufeinandertreffen mit dem amtierenden Meister Fürth. Wie im richtigen Leben trifft man sich immer zwei Mal und so gelang die Revanche. Hertha erreichte dank eines 2:1-Sieges erneut das Endspiel. Gegner diesmal der nächste Überflieger der damaligen Zeit, der 1. FC Nürnberg.

Hertha verlor auch dieses Endspiel im Berliner Grunewaldstadion. Dem Vernehmen nach hatten die Zuschauer keine technischen Leckerbissen sehen können. Der Boden war nach Dauerregen komplett aufgeweicht. Das Spiel war hektisch. Das zweite Tor der Nürnberger abseits. Hanne Sobek verschoss einen Elfmeter und die Franken beendeten nur zu zehnt das Spiel. Am Ende hatte Hertha mit 0:2 Toren das Nachsehen.

Neue Saison, neue Chance. 1927/28 besiegte Hertha die Sportfreunde Breslau (7:0) und Holstein Kiel in Kiel mit 4:0, sowie Wacker München mit 2:1. Im dritten Finale in Reihenfolge ging es nach Hamburg. Dort wartete der Hamburger SV. Die Nordlichter erwiesen sich als eindeutig stärkere Gegner und sorgten schon nach 20 Minuten für Klarheit, der HSV führte 3:0 und gewann schließlich mit 5:2. Die vierte und letzte Vizemeisterschaft in der Saison 1928/29 hat mit Sicherheit zur schier grenzenlosen Leidensfähigkeit der Hertha-Fans beigetragen. Sie steht in meinen Augen symptomatisch für Kampfgeist und dafür, immer den Kopf oben zu behalten. Daher erhält dieses Endspiel in diesem Buch ein eigenes Kapitel.[61]

35. GRUND

Weil es Hertha schaffte, die verfeindeten Fanlager von Nürnberg und Fürth zumindest für 90 Minuten zu vereinen

Die Saison 1928/29 begann vielversprechend. Hertha schlug Preußen Hindenburg mit 8:1 und sorgte ganz nebenbei für ein Dortmunder Fußballfest der besonderen Art. Hertha besiegte die »Freunde« aus Gelsenkirchen in Dortmund mit 4:1. Dann kam es zum hart erkämpften Triumph gegen Nürnberg. Nach einem 0:0 nach Verlängerung musste das Spiel wiederholt werden. In Düsseldorf wurden die Franken dann mit 3:2 nach Hause geschickt.

Hertha stellte schon vor dem Endspiel einen Rekord auf. Als erste Mannschaft Deutschlands erreichte Hertha zum vierten Mal in Folge ein Endspiel um die Deutsche Fußballmeisterschaft. Der Endspielgegner war diesmal wieder eine alte Bekannte, die Spielvereinigung Fürth. Nach dem letzten Endspiel gegen den HSV in Hamburg musste Hertha, durch die zwei Spiele gegen Nürnberg konditionell angeschlagen, nun direkt nach Nürnberg. Heimspiel für Fürth. Wer sich das ausgedacht hatte. Hertha spielte jetzt nicht nur gegen ausgeruhte Fürther, sondern auch noch gegen Nürnberger Zuschauer, die sich laut Zeitzeugen als ziemlich widerliche, unsachliche und unfaire Masse erwiesen.

Hertha hatte im Halbfinale den ach so stolzen Nürnbergern einen erheblichen Stich ins überhebliche Herz verpasst. Im Spiel gegen Hertha erlitten sie die erste reguläre Niederlage bei einer Meisterschaftsendrunde überhaupt und erreichten das erste Mal bei einer Endrundenteilnahme kein Endspiel. Tief gekränkt bereiteten die Sportsfreunde aus dem Fränkischen den Herthanern einen wirklich miesen Empfang. Die Verblendung der Nürnberger Zuschauer ging sogar so weit, dass sie die schon damals von den Nürnbergern wenig geliebten Fürther unterstützten. Das Spiel stand mehrmals kurz vor dem Abbruch. Dabei fing alles so ästhetisch an. Die Fürther spielten zunächst einen wunderschönen Fußball. Dann konnten Herthas Spieler die Strapazen der Halbfinalspiele verdrängen und zogen mit. Immer wieder von den mit zwei Sonderzügen angereisten Berliner Fans mit »Ha Ho He Hertha BSC« frenetisch unterstützt.

Doch dann wurde es hektisch. Das Spiel wurde brutal. Der Schiedsrichter verpasste es, rechtzeitig ein Zeichen zu setzen. In der zweiten Halbzeit beruhigte sich das Geschehen zunächst. Dann wurde Herthas Spieler Gerhard Schulz beim Stande von 1:1 von Leinberger brutal zusammengetreten und erlitt einen Schädelbasisbruch. Ein Auswechseln war damals noch nicht möglich. Hertha musste mit zehn Mann weiterspielen, der Treter Leinberger kam mit einer Ermahnung davon. Zehn Herthaner kassierten das 1:2. Zehn Herthaner hielten dagegen und erkämpften gemeinsam das 2:2 (Torschütze Hanne Sobek). Kurz vor Schluss setzte der Fürther Rupprecht zum Alleingang an. Gerhard Schulz, der immer noch hinter dem Tor lag und behandelt wurde, wollte das Tor verhindern. Er rappelte sich mit gebrochenem Schädel auf, um sich Rupprecht entgegenzuwerfen – und brach im Strafraum ohnmächtig zusammen. Rupprecht traf zum alles entscheidenden 3:2. Als Schulz in sich zusammensackte, riefen die Nürnberger Fans mit hassverzerrtem Gesicht: »Hi Ha Ho Hertha ist k.o.«

Noch im Krankenhaus kämpfte der so verhöhnte Spieler um das nackte Überleben. Erst am nächsten Tag konnte Entwarnung gegeben werden, Schulz erwachte aus dem Koma. Es half nichts, dass später das brutale Vorgehen der Nürnberger und Fürther von der Presse geächtet wurde. Auch der DFB korrigierte im Nachgang die

Fehlleistung des Schiedsrichters und sperrte den Fürther Spieler Urbel Krauß für ein Jahr. Ludwig Leinberger, der beinah ein Leben auf dem Gewissen gehabt hätte, erhielt einen strengen Verweis. Der Schiedsrichter, der es nicht vermochte, die Spieler zu schützen, hieß Peter Joseph (Peco) Bauwens. Der gebürtige Rheinländer wurde 1950 der erste Präsident des DFB nach dem Zweiten Weltkrieg.

Eine Berliner Zeitung kommentierte nach dem Endspiel: »Die einseitige Haltung des süddeutschen Publikums, das auch einige Geschmacklosigkeiten nicht unterlassen konnte, bewies, dass ein neutraler Platz unbedingt nötig gewesen wäre.« Doch Hertha wäre nicht Hertha, wenn sie sich nicht wieder aufrappeln würde. Und sie rappelte sich! Es sollte das letzte Mal gewesen sein, dass Fürth Deutscher Meister wurde. Das wurde in den kommenden zwei Spielzeiten meine Hertha![62]

36. GRUND

Weil Hertha BSC 1930 nicht nur Holstein Kiel, sondern auch den Fluch besiegte und Deutscher Meister wurde

Nachdem Hertha vier Mal im Finale stand, begann die Ochsentour von vorne. Gewinn der Berliner Meisterschaft. Damit war die Qualifikation für die Endrunde erreicht. Ein wichtiger Schritt in Richtung Finale, den der HSV in diesem Jahr, immerhin ein Club der großen Drei aus den 20er-Jahren, übrigens nicht geschafft hatte. Im Achtelfinale wurde der Südostdeutsche Meister Beuthener SuSV mit 3:2 bezwungen. Viertelfinale. Die SpVgg Sülz 07, einer der Vorläufervereine des 1. FC Köln, mit 8:1 nach Hause geschossen. Im Halbfinale hieß dann der Gegner 1. FC Nürnberg. Eines war klar an diesem Tag, der »Glubb« aus Nürnberg sollte für das unsportliche Verhalten seiner Fans im Vorjahr mit sportlichen Mitteln bestraft werden! Entsprechend deutlich fiel die Prügel aus: Mit 6:3 wurden die Glubberer zum Wundenlecken nach Franken geschickt. Im Düsseldorfer Rheinstadion kam es zum Endspiel gegen Holstein Kiel. Das fünfte Endspiel in Folge.

Es war der 22. Juni 1930, als 40.000 Zuschauer bei über 30 Grad im Schatten scheinbar das alte Lied hörten. Holstein Kiel führte bereits nach acht Minuten mit 2:0. Herthas Endspiele schienen verflucht zu sein und das, obwohl Hertha BSC das erste Mal als Favorit in ein Endspiel ging. Dies sollte sich nach den verlorenen vier Endspielen als zusätzlicher Fluch erweisen. Die neutralen Zuschauer waren damals, genau wie es auch heute üblich ist, für den vermeintlich Schwächeren, also für Kiel. Nun zahlte sich aus, dass es die einstmals so junge Mannschaft in den letzten Jahren gewohnt war, gegen mindestens zwölf Spieler zu spielen. Es war Hanne Sobek, der die Herthaner wieder auf Kurs brachte, als Motivator, Spielmacher und Torschütze zum 1:2. Das »Ha Ho He« von einigen Tausend Berlinern ertönte und wie ausgewechselt spielten die Herthaner auf. Abermals Hanne Sobek war es, der das 2:2 erzielte. Vier Tore in 25 Minuten, na das konnte ja noch heiter werden. Nach dem 3:2 der Kieler schoss Bruno Lehmann in der 36. Minute zum 3:3 ein. Die Mannschaften schenkten sich nichts und es ist überliefert, dass es ein sehr schnelles Spiel war, trotz der brütenden Hitze. Zunächst traf Hanne Sobek, dann Willi Kirsei den Pfosten. In der 68. Minute endlich ging Hertha das erste Mal durch Bruno Lehmann in Führung: 4:3.

Jetzt brach ein Orkan im Stadion los. Die Mehrheit der Zuschauer wollte die Sensation, wollte, dass meine Hertha verliert, wollte den vermeintlich Kleinen siegen sehen. Nur die paar Tausend Berliner und die elf Recken auf dem Feld waren da entschieden anderer Meinung. Sie sollten jene Zuschauer, die zu Kiel hielten, in die Schranken weisen. Das letzte Endspiel gegen Zehntausende Nürnberger und Fürther hatte die Hertha-Spieler abgehärtet.

Dann geschah im Stadion etwas, was die Zuschauer vollkommen gegen Hertha aufbrachte. In der 80. Minute gab es einen Freistoß für Hertha. Der Kieler Johannes Ludwig sollte Ernst Müller gefoult haben. Der Überlieferung nach ein harmloses Tackling. Ludwig war mit der Entscheidung gar nicht einverstanden. Er tippte sich laut lachend an die Stirn. Jetzt kam der große Auftritt des bis dahin wohl gut pfeifenden Schiedsrichters Guyenz. Er verkannte die Ausnahmesituation, in der sich die Spieler befanden, und zog die Rote. Wegen Schiedsrichterbeleidigung. Eine sicherlich vertretbare, wenn auch wenig einfühlsame Entscheidung. Nun brachen alle Dämme. Die Düsseldorfer peitschten die zehn Kieler förmlich nach vorne und tatsächlich, Ritter gelang in der 82. Minute das 4:4. Fünf Minuten später war es Hanne Ruch, der drei Minuten vor Schluss den 5:4-Siegtreffer für Hertha schoss.

Endlich! **Hertha BSC war Deutscher Meister!** Die Spieler fielen sich in die Arme. Die Kieler – faire Sportsleute – gratulierten den Herthanern zum Sieg. Nur die Rheinländer erwiesen sich als schlechte Gastgeber. Sie lauerten Berliner Schlachtenbummlern nach dem Spiel auf und bewarfen den Bus der Hertha-Spieler mit Steinen. Vermutlich wollten die Düsseldorfer einmal im Leben vergessen, dass sie nur ein Teil der preußischen Rheinprovinz waren, und es den Hauptstädtern so richtig zeigen. Hertha verzichtete auf das Festbankett in dieser gastlichen Ortschaft und verließ Düsseldorf mit der Bahn in Richtung der schönsten Stadt der Welt. Die Düsseldorfer hingegen durften auch damals schon nicht mit und mussten in ihrem Kaff bleiben. So gerecht kann die Welt sein.

Da zu jener Zeit bei Weitem nicht jeder Zugang zu einem Radiogerät hatte, Fernseher gab es noch nicht, sprach sich der Erfolg erst langsam, dann aber immer schneller herum. Einen Tag später, am 23. Juni 1930, stürmten die Berliner die Straßen und schwenkten blau-weiße Fahnen. Überall waren Hertha-Fahnen, Wimpel, selbst gemalte Schilder mit der Aufschrift »Hertha BSC Deutscher Meister« zu sehen, selbst ganze Hausfassaden waren blau-weiß geschmückt. Als der Zug pünktlich um 6:10 Uhr in der Früh am Bahnhof Friedrichstraße eintraf, war die Hölle los. Zigtausende Berliner wollten ihre Helden sehen. Der Bahnhof war rappelvoll und die Berliner standen bis in die Seitenstraßen des Bahnhofs dicht gedrängt, um einen Blick auf die Spieler werfen zu können. Der Verkehr in der Innenstadt brach vollkommen zusammen. Die Spieler wurden auf den Schultern aus dem Bahnhof getragen und es ging im Triumphzug mit offenen Autos und einer vorab marschierenden Musikkapelle zum Feiern nach Hause in den Wedding, direkt in die »Atlantic Festsäle« am Gesundbrunnen. Die »Festsäle«, die später »Lichtburg« hießen, waren eines der bedeutendsten Kino- und Varietétheater der Stadt und der große Saal ein wahrhaft würdiger Rahmen für die Meisterfeier.

Wie müssen sich die Spieler nach all den Strapazen gefühlt haben? Immer wieder sind sie angerannt, nie haben sie sich aufgegeben und jetzt, zu Hause an der Plumpe, schlug ihnen die Dankbarkeit der Menschen entgegen. Wie gerne wäre ich damals dabei gewesen! So bleibt nur die Hoffnung auf das, was die Zukunft bringt, aber das hat uns die Meistermannschaft mit auf den Weg gegeben: Wir müssen Geduld haben. Ich habe sie. Hier sind sie, die »Meesta vonne Plumpe«: Paul Gehlhaar, Rudolf Wilhelm, Willi Völker, Hanne Sobek, Herbert Radecke, Ernst Müller, Otto Leuschner, Hermann Hahn, Hans »Hanne« Ruch, Bruno »Tute« Lehmann, Willi Kirsei.[63]

37. GRUND

Weil Hertha BSC auch in Gestalt älterer Herren gewinnen kann

Die einst jungen Helden der ersten Halbfinalteilnahme um die Deutsche Meisterschaft der Saison 1924/25 waren in die Jahre gekommen. Zwar konnten mit Fredy Stahr und Hans Appel wieder zwei junge Spieler gewonnen und in die Mannschaft integriert werden, die anderen Spieler gehörten aber mittlerweile zu den Älteren im Fußball. Es gab nicht wenige, die dem amtierenden Deutschen

Meister in der Saison 1930/31 weder den Berliner Meistertitel noch die Verteidigung der Deutschen Meisterschaft zutrauten.

Doch Todgeweihte leben länger. Nach anfänglichen Schwierigkeiten – 0:7 gegen den Nachbarn NNW – konnte Hertha sich enorm steigern und erneut den Berliner Meistertitel erringen. Hertha war also wieder für die Endrunde um die Deutsche Meisterschaft qualifiziert. Als die Mannschaft mit einem 5:2 gegen den VfB Bielefeld in Dortmund in die Finalrunde startete, war Ruhe an der Kritikerfront. Die eben noch Herthas Ende prophezeienden omnipotenten Fachleute lenkten ein. Sie hatten das natürlich nie so gemeint.

Im Viertelfinale wurde im Vorbeigehen der alte Rivale aus Fürth mit 3:1 aus dem Wettbewerb geworfen. Urbel Krauß, einer der Fürther Treter des Finales von 1929, blieb sich treu und kassierte dafür kurz vor Schluss die Rote Karte. Im Halbfinale wartete der HSV und der machte es meiner Hertha schon schwerer. Zwar führte Hertha im Gewitterdonner schon früh mit 2:0 durch Tore von Willi Kirsei und Hanne Sobek. Hertha war bemüht, das Ergebnis zu halten und sicher über die 90 Minuten zu bringen. Das sollte sich zunächst rächen. Der HSV kam durch Tore in der 85. und 89. Minute noch zum Ausgleich: 2:2. Aber die »alten Säcke« zeigten es den wesentlich jüngeren Hamburgern, weil sie auch über die bessere Kondition verfügten. Wie heißt es doch so schön: »Die Jüngeren laufen schneller, aber die Älteren kennen die Abkürzung.« Fredy Stahr köpfte zum 3:2 ein, das Spiel endete sofort. Heute nennt man das »Golden Goal«. Hertha stand zum sechsten Mal hintereinander im Endspiel. Ein Wahnsinnsrekord, der niemals gebrochen, lediglich später von Gelsenkirchen eingestellt wurde. Der Finalgegner hieß diesmal 1860 München. Damit waren es die 60er, die als erste Münchener Mannschaft in einem Finale um die Deutsche Meisterschaft standen und diesmal wahrlich Pech hatten. Anders ausgedrückt: Meine Hertha hatte diesmal den Fußballgott auf ihrer Seite.

Am 14. Juni 1931 ging es wieder einmal ins schöne Rheinland, dort wo Objektivität noch für eine Krankheit und Fairplay für eine englische Seife gehalten wurde. Diesmal hieß der Ort des Spießrutenlaufs, respektive des Endspiels, Köln. Wie sollte es anders sein, hielten die Kölner Zuschauer überraschenderweise, na zu wem? Hätten Sie es geahnt? Richtig, zu den Münchenern. Selbst der damalige Oberbürgermeister Kölns, Konrad Adenauer, war im Stadion anwesend. Wer weiß, vielleicht war ja dieses Spiel ausschlaggebend dafür, dass er sich 1961 beim Mauerbau so zögerlich zeigte und so schwer damit tat, sich für Berlin einzusetzen. Wie dem auch sei, Hertha dominierte zunächst das Spiel. Sie spielten ihre ganze Cleverness aus, mussten sich aber vor den jungen Löwen in Acht nehmen, die immer wieder gefährliche Konter vor Herthas Tor brachten. So war es nicht verwunderlich, dass 1860 mit 1:0 in Führung ging. In der 44. Minute aber traf Hanne Sobek zum 1:1, ehe den 60ern eine Minute später das 2:1 zur Halbzeit gelang.

In der zweiten Hälfte ging es hin und her, zunächst schien es, als würden die weitaus jüngeren Münchener Hertha an die Wand spielen. Der Schiedsrichter Fissenewerth aus Mönchengladbach hatte nicht seinen besten Tag. Einerseits Pech, da er zwei Elfmeter für Hertha und einen für 1860 nicht gab. Andererseits Glück, da der zweite Treffer von Hanne Sobek zum 2:2 abseitsverdächtig war. Es war schlussendlich Willi Kirsei, der in der 89. Minute den 3:2-Siegtreffer einnetzte. Hertha war somit die zweite Mannschaft nach dem 1. FC Nürnberg, die ihren Titel verteidigte. Und weil es so schön ist, es zu schreiben: **HERTHA BSC DEUTSCHER MEISTER 1931**.

Diese Meisterschaft war umso wichtiger für die Menschen in Berlin und insbesondere in den Arbeiterquartieren, da dieses Jahr besonders durch die Weltwirtschaftskrise gezeichnet war. Massenarbeitslosigkeit, Armut und Hoffnungslosigkeit hatten das Deutsche Reich fest im Griff. Es war klar, dass diese gebeutelten Menschen froh waren, für einen Moment den Alltag vergessen zu können und Teil des Erfolgs sein zu dürfen. Was danach geschah, übertraf noch die Meisterschaftsfeier vom Vorjahr. Die Berliner feierten ihre Hertha so, als wenn es bald lange Zeit keinen Grund mehr zum Feiern geben sollte. Die Menschen an der Plumpe, durch den täglichen Kampf ums Überleben mit einem feinen Gespür versehen, sollten mit ihrer Vorahnung recht behalten.

Herthas Erfolge endeten 19 Monate vor der Machtergreifung der Nazis. Zwar gehörte Hertha in der Gauliga Brandenburg nach wie vor zu den Spitzenteams, aber auf nationaler Ebene dominierten jetzt andere Vereine, denen, sagen wir es mal so, die neuen »Herrenmenschen« zumindest keine Steine in den Weg legten.[64]

38. GRUND

Weil Hertha BSC seine Skandalspieler für immer in die Wüste schickte

Der 5. Juni 1971 ist einer DER Schicksalstage meiner Hertha. Im Olympiastadion trat am letzten Spieltag der Saison 1970/71 der stark abstiegsbedrohte Club Arminia Bielefeld an. Hertha stand bereits als Dritter der Bundesliga fest. Eigentlich aus Sicht der Hertha-Spieler ein vollkommen belangloses Spiel. Dennoch sollte diese Partie für lange Zeit das Schicksal von Hertha bestimmen.

Die ebenfalls abstiegsbedrohten Kicker aus Offenbach waren die Ersten, die sich bei der damaligen Hertha-Mannschaft meldeten und 140.000 Mark als Prämie für einen Sieg gegen Bielefeld anboten. Das Gift war injiziert. 140.000 DM wenn man gewinnt, ja warum eigentlich nicht? So schoss es einigen Hertha-Spielern durch den Kopf. Mit dieser Vorlage dribbelten die Verhandlungsführer Bernd Patzke und Tasso Wild in die nächste Verhandlung. Diesmal waren es die Arminen aus Bielefeld und das Gift fing an zu wirken. Diese wollten den Sieg kaufen. Die »Verhandlungsführer« verwiesen auf die 140.000 DM, die Offenbach geboten hatte, und trieben den Preis so in die Höhe. Am Ende standen 250.000 DM als »Prämie« zu Buche. Noch heute beteuern einige der Skandalspieler, dass sie niemals für Geld verloren hätten. Volkmar Groß, unser damaliger Torwart, hielt auch sehr gut und hatte scheinbar an dem einzigen Gegentreffer keine Schuld. Es half alles nichts, Hertha verlor 0:1 – und in den nächsten Monaten eine komplette Mannschaft.

Ich bin mir sicher, dass zumindest die erste Halbzeit verschoben worden war. Hertha produzierte nicht nur einen Fehlpass nach dem anderen, auch fehlte der Zug aufs Tor. Mir sind noch die feinsinnigen Sprechchöre einiger Hertha-Fans in den Ohren hängen geblieben, die damals in der Halbzeitpause »Schiebung, Schiebung« skandierten. Folgende Begebenheit stand den Unschuldsbeteuerungen der Spieler entgegen. Zoltán Varga, einer der besten Techniker, die je das blau-weiße Trikot übergestreift haben, ging in der Pause nicht direkt in die Kabine, sondern in den Presseraum des Olympiastadions, um mit seiner Frau zu telefonieren. Das Magazin *Spiegel* hatte dieses Telefongespräch seinerzeit wie folgt rekonstruiert: »Ist das Geld da?« – »Nein.« – »Diese Schweine, sie wollen ohne uns Ausländer kassieren. Aber denen mache ich die Sache kaputt!«[65] Von nun an spielte Varga, wie man es von ihm kannte. Ich erinnere mich noch, dass er sogar die Latte traf. Doch leider zogen nicht alle Spieler mit. Hertha verlor durch ein Tor von Gerd Roggensack in der 70. Minute.

Später kam das Geld von Bielefeld an. Die Arminen gingen fest davon aus, Hertha hätte mit Absicht den Sieg ermöglicht. Das Geld wurde angenommen und aufgeteilt. Obwohl einige Spieler immer wieder beteuerten, nicht mit Absicht verloren zu haben und das Bestechungsgeld nur angenommen haben, weil es eben mal gerade da war. Den Hertha-Spielern kaufte in Berlin kaum jemand diese Geschichte ab und viele Tausende Berliner wandten sich vom Profi-Fußball ab. [66]

Ein paar Monate später, am 15. Dezember 1971, hatte Hertha Zoltán Varga beim 3:0-Sieg im Pokalspiel gegen Gelsenkirchen aufgestellt, und das, obwohl Varga wegen des Bielefeld-Spiels bereits vom DFB mit einer Vorsperre belegt, aber noch nicht verurteilt war. Hertha erreichte mit einer einstweiligen Verfügung vor einem

Berliner Gericht, dass der Spieler im Pokal auflaufen durfte. Gelsenkirchen legte gegen die Spielwertung Protest ein. Der DFB, der es schon damals nicht gerne hatte, wenn die Zivilgerichtsbarkeit über die der Sportgerichtsbarkeit gestellt wurde, gab den »Sportsleuten« aus den Pott »recht«. Die Schalker wurden später Pokalsieger.

Ich rede von denselben Gelsenkirchenern, die zu diesem Zeitpunkt mit Rüssmann, Sobieray, Fichtel, Lütkebohmert, van Haaren, Libuda, Fischer gleich sieben Spieler in der Startelf hatten, die bereits zwei Monate vorher als allererste Bestechungsgelder angenommen hatten und erst viel später gesperrt wurden. Die Spieler hatten nämlich einen Meineid geschworen und so länger als andere weiterspielen können. 1973 wurden dann endlich auch alle Skandalspieler der Gelsenkirchener zu Spielsperren verurteilt.

Hertha BSC wurde doppelt bestraft. Zum einen mit ihren 15 korrupten Spielern und dann noch durch die erwartungsgemäße Unsportlichkeit der Gelsenkirchener. Frei nach Humphrey Bogart in *Casablanca*, war das für mich und für viele andere der Beginn einer wunderbaren Feindschaft. Ihren Schlusspunkt fand die Affäre erst Ende 1977 im sogenannten Meineid-Prozess gegen den Gelsenkirchener Fichtel. Als Fichtel als letzter der Gelsenkirchener sich für seinen Meineid verantworten musste.

Die Geschichte hätte wohl eine andere Wendung genommen, wenn die Spieler zumindest gleich nach Erhalt des Geldes an die Öffentlichkeit gegangen wären. Der DFB wäre wahrscheinlich nachsichtiger mit Hertha BSC umgegangen. Komisch, warum glaube ich nicht daran? Es wäre auf jeden Fall eine Option gewesen. Für Hertha BSC war die ganze Angelegenheit eine Katastrophe. Nicht nur, weil viele in dieser jungen hoffnungsvollen Mannschaft, die hinter Bayern und Gladbach die dritte Kraft geworden war, den zukünftigen Deutschen Meister gesehen hatten.

Was daran liebenswert ist? Das kann ich Ihnen sagen. Hertha BSC zeigte Rückgrat. Entgegen beispielsweise dem Vorgehen der Gelsenkirchener, hat Hertha nie wieder auf den Dienst eines der gesperrten Spieler zurückgegriffen. Diese Konsequenz war es, die mir als junger Mensch sehr imponierte. Ich nahm mit auf meinen Weg, dass es manchmal eben besser ist, standhaft zu bleiben – auch wenn es wehtut.

39. GRUND

Weil Hertha gegen Bayern in München innerhalb von 17 Minuten vier Tore schoss, dennoch verlor und trotzdem einen Sieg feierte

Kennen Sie das auch, wenn etwas Gutgemeintes leider nicht immer so gut ankommt? Wolfgang Holst, graue Eminenz von Hertha BSC, der ein freundschaftliches Verhältnis zu meinem Vater pflegte, rief bei uns zu Hause an und fragte, ob ich nicht Lust hätte, am letzten Spieltag der Saison 1975/76 nach München zu fliegen. Und zwar gemeinsam mit der Mannschaft, meinen Fußballgöttern. Auf dem Spielplan stand die Partie gegen die Bayern im dortigen Olympiastadion.

Es gibt Fragen, die die Antwort gleich beinhalten. Die Suggestivfragen. Natürlich wollte ich. Zwei unendlich lange Tage später stieß ich am Flughafen Tegel zur Mannschaft. In Anbetracht der Ansammlung von Idolen war mir auf einmal sehr blümerant zumute. Gerne hätte ich einen Kumpel dabeigehabt, mit dem ich das Erlebte gemeinsam hätte bewältigen können. Mir wurde Günter Quackatz, ein wahres Hertha-Urgestein, zur Seite gestellt, der von nun an auf mich aufpasste. Noch nie war ich der Mannschaft, und somit meiner Hertha, so nah wie an diesem Tag. Und noch nie so weit von meinem Idealbild eines Fußballfans entfernt.

Nachdem wir in München gelandet waren, wurden wir mit dem Bus zum Stadion gefahren. Ich fühlte mich ziemlich verloren, so Stunden vor dem Spiel im Olympiastadion. Außer den Ordnern, der Mannschaft und den Offiziellen war noch niemand da. Erst langsam füllte sich das Rund. Ich hatte das zweifelhafte Vergnügen, in der Nähe der Hertha-Trainerbank auf einem eigens für mich bereitgestellten Stuhl Platz zu nehmen. Wer schon einmal so direkt am Spielfeld gesessen hat, ahnt, was ich für Erfahrungen sammelte. Am Spielfeldrand sieht man nämlich, entgegen allgemeiner Annahmen, nur sehr eingeschränkt.

Nach dem Spiel hätte ich alle Außenbahnspieler anhand ihrer Waden erkennen können. Bei *Wetten, dass ..?* wäre ich der Top-Kandidat geworden. Denn mehr konnte ich beim besten Willen nicht erkennen. Wie sehr beneidete ich an diesem Tag die anderen Hertha-Fans, die, wie es in den 70er-Jahren üblich war, in der Bayern-Südkurve Platz nahmen. Die Fanfreundschaft zwischen Bayern und Hertha machte dies damals möglich. Immer wieder ertönte aus der Bayern-Kurve das »Ha Ho He«, eine für sich alleine genommen schon absurde Situation. Doch richtig absurd wurde es auf dem Feld. Bayern führte nach 45 Minuten bereits mit 6:0. Allein der überragende Bomber Müller traf in der ersten Hälfte vier Mal. Meine Hertha, so schien es, machte sich so richtig zum Affen und ich war mittendrin. Ich hatte das Gefühl, alle Augen seien auf mich gerichtet. Die exponierte Sitzposition ließ dies vermuten. So tat ich 45 Minuten lang so, als wenn mich das gar nicht berühren würde. Ich war schließlich Berliner und Berliner sind cool. Innerlich wummerte es vor Wut. Am liebsten wäre ich aufgesprungen und hätte meine Mannschaft so richtig eingenordet. Doch erstens verbot sich dieses im Stadioninneren für mich von alleine, und zweitens fehlte mir die schützende Distanz, die ich sonst im Hertha-Block zu schätzen wusste. Schon damals trainierte ich etwas, was ich bis heute durchgehalten habe – niemals, und ich meine wirklich niemals, vor dem Abpfiff zu gehen, selbst wenn der absolute Untergang drohte.

Gut, dass ich blieb. Denn in der zweiten Hälfte änderte sich das Bild gänzlich. Der FC Bayern München, der bereits satt war, schaltete drei Gänge zurück und Hertha drei Gänge hoch. So konnte sich

Hertha eine optische Überlegenheit erspielen. Trotzdem dauerte es noch bis zur 72. Minute, bis Hanne Weiner den »Anschlusstreffer« markierte. Detlev Szymanek traf dann noch drei Mal innerhalb von sieben Minuten. Nur, wie sollte es auch anders sein, Gerd Müller, mit seinem fünften Tor, verhinderte den lupenreinen Hattrick.

Puh, da fielen mir aber Zentner von der arg gebeutelten Fanseele. 4:7 klingt einfach besser als 0:6. Irgendwie hatte das Ergebnis auch etwas Historisches. Auf dem Rückflug mit der Mannschaft fühlte ich mich sichtlich wohler als auf den Hinflug. Nicht nur, dass ich feststellen konnte, dass meine Helden letztendlich auch nur Menschen sind. Nein, ich lernte auch eine menschliche Komponente aus nächster Nähe kennen, die ich bisher nur aus den Pippi-Langstrumpf-Büchern meiner Schwester kannte. Getreu der jungen Heldin von Astrid Lindgren ließen sich die Hertha-Spieler Sekt bringen und sie feierten den 4:1-Sieg – der zweiten Halbzeit! Da mein persönlicher Aufpasser Quackatz gerade nicht zu mir schaute, bekam auch ich ein Glas ab und mir schoss frei nach Astrid Lindgren ein Lied durch den Kopf:

7 zu 4 macht 4
Widdewiddewitt wir haben gewonnen!
Ich mach mir die Welt
Widdewiddewitt, so wie sie mir gefällt …

40. GRUND

Weil Hertha BSC beinahe Europapokalsieger wurde

Die Saison 1978/79 war wohl die aufregendste Pokalsaison in Herthas Geschichte. Nicht nur, dass das DFB-Pokalfinale 1979 erreicht werden konnte, auch in Europa sorgte Hertha für Furore. Durch Platz drei in der Bundesligasaison 1977/78 hatte sich mein Verein die Teilnahme im UEFA Cup gesichert und erreichte dabei sogar das Halbfinale. Das Tor zum großen Endspiel stand also richtig weit offen.

Im Hinspiel des Halbfinales, am 11. April 1979, musste Hertha nach Belgrad. Organisierte und geregelte Auswärtsfahrten waren damals noch nicht die Regel. Ein paar Unentwegte haben es dennoch mit mir zusammen versucht. Wir wollten einen Charterflug nach Belgrad auf die Beine stellen. Damit die Kosten für den Flieger wirtschaftlich erträglich gewesen wären, hätten wir eine Mindestzahl an reiselustigen und risikofreudigen Fans benötigt. Doch zu wenige waren bereit, mitzukommen. Das Abenteuer, sich unter diesen Umständen verbindlich auf einen Charterflug einzulassen, ohne eine Eintrittskarte zu haben, schien den meisten zu gewagt.

Im Nachgang war ich ganz froh. Denn die zwei bis drei Berliner, die nach Belgrad gereist waren, erzählten später von vielen bedrohlichen Situationen, denen sie ausgesetzt waren. Also musste sich Hertha fast alleine gegen 100.000 Zuschauer durchsetzen. Am Anfang sah es gar nicht so gut aus. Bereits in der 7. Minute lag man 0:1 im jugoslawischen Hexenkessel zurück. Hertha überzeugte durch eine taktische Meisterleistung und vor allem durch Kampf. Es blieb schließlich beim 0:1. Nicht auszudenken, Hertha hätte dort gewonnen! Dem Vernehmen nach hätten die Zuschauer die Berliner nicht ungeschoren davonkommen lassen. So aber konnte man beim Rückspiel im ausverkauften Olympiastadion vor 76.000 Zuschauern am 25. April 1979 alles selbst regeln.

Ich werde diesen Tag mein Leben lang nicht vergessen. Zunächst einmal goss es wie aus Kübeln. Mit meinen Kumpels wollte ich mich im Stadion treffen und machte mich rechtzeitig auf den Weg. Schließlich wollte ich ja nichts verpassen. Doch der Mittwochabend fing schon vollkommen daneben an. Ich war gerade mit Tausenden anderen Fans in der U-Bahn. Mein Waggon war derart voll, dass selbst derjenige, der ohnmächtig geworden wäre, nicht hätte umfallen können. Plötzlich steckte der Waggon auch noch im Tunnel fest und nichts ging mehr. Mein Zeitpolster schmolz dahin. Nach einer Ewigkeit in der Sardinenbüchse ging es endlich weiter. Später erfuhr ich, dass ein Hertha-Fan, der noch schnell auf den Waggon, der sich soeben in Bewegung gesetzt hatte, aufspringen wollte, zwischen Zug und Tunnelwand geraten war. Er bezahlte seine Ungeduld mit dem Leben.

Ich, und mit mir Tausende Herthaner, kamen erst um 19:45 Uhr im Stadion an. Das Spiel lief bereits seit 19:30 Uhr und von meinen Kumpels keine Spur. Handys gab es noch nicht und alle Zuwege waren von den nachdrängenden Zuschauern zugestellt. Hertha aber spielte, wie ich es erhofft hatte. Durch einen schnellen Treffer von Erich Beer in der zweiten Minute, den ich nur durch den Torjubel der Hertha-Fans aus der Ferne mitbekam, führte Hertha. Ich hatte gerade den Fanblock erreicht, da fiel auch schon das zweite Tor für Hertha. Wolfgang Sidka war es, der in der 18. Minute das 2:0 auf den Weg brachte. Ausgangspunkt war ein Eckball, den Dietmar Krämer für Hertha ausführte. Die Belgrader kriegten den Ball einfach nicht aus ihrem Strafraum heraus, Wolfgang Sidka ging dazwischen und schob den Ball, halb mit dem Oberkörper, halb mit der Schulter, ins Belgrader Tor. Die letzte Berührung des Balles hatte allerdings der Belgrader Miletovic. Sidka wurde dennoch als Torschütze gehandelt.

Eine unglaublich euphorische Aufbruchstimmung lag in der Luft und eine Gänsehautattacke nach der anderen überfiel die triefnassen Berliner. 2:0 – das hätte das Endspiel gegen Borussia Mönchengladbach bedeutet! Hertha spielte wie aufgezogen. In der 27. Minute sprintete Erich Beer in den Strafraum der Jugoslawen und Miletovic trat ihn um. Klarer Elfmeter! Doch die Pfeife des italienischen Unparteiischen Latanzi schien durch den Regen eingerostet zu sein. Der Pfiff blieb aus. »Ete« Beer musste vier Minuten behandelt werden und konnte nur noch humpelnd weiterspielen. Soweit ich mich erinnere, trug er sowieso schon seit Spielbeginn eine Ledermanschette am Arm. Aber Hertha steckte nicht auf und der Däne Henrik

Agerbeck traf kurz darauf die Latte. Mit 2:0 ging es dann auch in die Halbzeit, und in der Zwischenzeit hatte ich zumindest einen Teil meiner Kumpels gesichtet. Keiner verließ während der Halbzeitpause seinen Platz. Zu groß war immer noch die nachdrängende Menge. Ich hatte das Gefühl, dass weit mehr als die offiziell bekannt gegebenen 76.000 Zuschauer im Stadion gewesen sein mussten.

Die Mannschaften betraten wieder das, was einmal ein Rasen gewesen war und aus dem der Regen einen kraftraubenden Parcours gemacht hatte. Hertha knüpfte nahtlos an die großartige Leistung der ersten Halbzeit an. In der Zwischenzeit hatte es aufgehört zu regnen und der 23-jährige Dietmar Krämer hatte die letzte Riesenchance. Er schoss frei aus fünf Metern dem Belgrader Torwart in die Arme. Die Belgrader, die so unendlich viel Glück gehabt hatten, setzten noch einen drauf und erzielten in der 74. Minute das 1:2. Gemäß der Europapokal-Regel, wonach bei Gleichstand auswärts geschossene Treffer doppelt zählen, war meine Hertha zu diesem Zeitpunkt raus. Was nun folgte, war eine Meisterleistung der Spielverzögerung seitens der Belgrader. Einwürfe wurden ebenso langsam ausgeführt wie Torabschläge. Jede körperliche Berührung führte zu unglaublichen Qualen. Der Ball wurde aufreizend lange hin und her geschoben. Da halfen auch nicht die zwei Gelben Karten wegen Zeitspiels. Hertha gewann letztlich zwar 2:1, aber Roter Stern Belgrad konnte ins Finale gegen Gladbach einziehen. Die rund 7000 Jugoslawen im Stadion waren nun das erste Mal zu hören. Ich benötigte eine unheimlich lange Zeit, um diese verpasste Chance zu verarbeiten. Eine Zeit ohne Cevapcici und Sliwowitz – und das wo ich doch die Balkanküche so mag. Einige Kommentare zum möglicherweise spielentscheidenden, aber nicht gegebenen Elfmeter:

- »Das war ein glatter Strafstoß.« (Udo Lattek – Trainer von Borussia Mönchengladbach)
- »Hundertprozentig ein Elfmeter. Ich war doch schon an Miletovic vorbei. Er hat mich getroffen und der Schmerz war wahnsinnig. Der Schiedsrichter kam sich wie der liebe Gott persönlich vor.

Dauernd hat er uns mit der Gelben Karte gedroht. So viel Arroganz habe ich noch nie erlebt. Wenn das kein Elfmeter war, dann weiß ich nicht, wann der Schiedsrichter überhaupt noch einen Strafstoß pfeifen will.« (Ete Beer)

- »Ich könnte noch im Boden versinken, möchte weinen und kann es nicht. Es war eine Reflexbewegung vom Torwart, als ich frei vor ihm stand, sonst hätte ich mit Sicherheit unser 3:0 erzielt. Es sollte offensichtlich nicht sein.« (Dietmar Krämer – Spieler von Hertha BSC)
- »Ich muss zugeben, dass wir hier in Berlin sehr viel Glück hatten. Für die Torhüter war der regenschwere Boden besonders tückisch.« (Aleksandar Stojanović – Torwart von Roter Stern Belgrad)
- »Unser Spiel war eines Finales würdig.« (Kuno Klötzer)[67]

41. GRUND

Weil Hertha das Pokalfinale 1979 verlor, Hellseher im Team hatte und nebenbei die Kunstszene bereicherte

Hertha BSC erreichte 1979 das zweite Mal in der Vereinsgeschichte das Finale im DFB-Pokal. Auf dem Weg dahin konnten unter anderem Mannschaften wie Borussia Mönchengladbach, der 1. FC Köln und Eintracht Frankfurt ausgeschaltet werden. Meine Kumpels und ich waren bereits einen Tag vor dem Spiel mit dem Auto nach Hannover angereist, wir übernachteten im ländlichen Garbsen bei Hacky, einem Fan von Hannover 96. Nachdem wir Städter den ersten Sauerstoffschock verarbeitet hatten, lieferten wir uns noch einen Stierkampf mit den auf einer Weide friedlich grasenden Milchkühen (der Milchbauer war ziemlich sauer). Nach dieser spanischen Volkssporteinlage zogen wir am 23. Juni 1979 in Richtung Niedersachsenstadion.

Dort erwartete uns wieder dieses Gänsehautszenario, Zigtausende blau-weiße Fahnen schmückten das Stadion, 56.000 Zuschauer sorgten für einen würdevollen Rahmen. Selbst das gesamte Personal meiner Lieblingspizzeria traf ich auf dem Weg zum Pokalspiel. Unser Gegner, Fortuna Düsseldorf, war als Tabellensiebter der abgelaufenen Bundesligasaison gegenüber dem 14., meiner Hertha, favorisiert. Doch das merkte man dem Spiel nicht an. Die ewig junge »alte Dame« Hertha hatte nicht vor, sich zu verstecken. In der 13. Minute war es Jürgen Milewski, der, völlig frei vor dem Düsseldorfer Tor, den Ball am linken Pfosten knapp vorbeischoss. Hertha hatte insgesamt mehr vom Spiel und Hanne Weiner war es, der in der 87. Minute, kurz vor Ende der regulären Spielzeit, das Spiel für uns hätte entscheiden können. Doch auch er verzog den Ball. So hieß es wieder einmal Verlängerung.

In der Verlängerung ging es hin und her, ohne dass es zu nennenswerten Torchancen kam. Bis zu dieser verdammten 116. Minute. Herthas Kapitän, der 1,94 Meter große »Funkturm« Uwe Kliemann, wurde am eigenen Strafraum attackiert. Kliemann griff zum damals noch gängigen Mittel des Rückpasses auf den Torwart und spielte den Ball zu Norbert Nigbur zurück. Dummerweise blieb der Ball ein wenig an einem Grasbüschel hängen. So konnte der Düsseldorfer Linksaußen, Seel, knapp vor Norbert Nigbur den Ball erreichen und den Ball über unseren Torwart aus spitzem Winkel ins lange Eck schlenzen. Das war es mal wieder. Die unglaubliche Leidensfähigkeit der Hertha-Fans, die ihresgleichen auf der Welt sucht, wurde wieder einmal extrem strapaziert.

Als die Mannschaft in Berlin angekommen war, wurde sie vom damaligen Regierenden Bürgermeister und Hertha-Mitglied Dietrich Stobbe zum Empfang ins Schöneberger Rathaus eingeladen. Uwe Kliemann, eben noch tragischer Held, hatte seinen Humor als Erster wiedererlangt. Obendrein sollte er sich als wahrer Hellseher erweisen. Der »Regierende« fragte den Funkturm, ob er seinen Fauxpas aus der 116. Minute schon ein bisschen verarbeitet hätte. Darauf Kliemann: »Eigentlich wollte ich ins buddhistische Kloster von Frohnau gehen, aber ich habe es mir noch mal anders überlegt.« Stobbe, der sichtlich um wohlwollende Worte bemüht war, sagte zum Kapitän: »Ich hoffe, dass ich Sie hier auch einmal als Pokalsieger empfangen darf.« Darauf erwiderte Kliemann: »Na wennse dann noch im Amt sind.«

Kliemann sollte recht behalten. Durch die Garski-Affäre trat Stobbe am 15. Januar 1981 vom Amt des Bürgermeisters zurück und mit ihm der gesamte Senat. Doch was für sich allein genommen ein seherischer Zufallstreffer hätte sein können, wurde noch durch eine weitere wesentlich schmerzlichere Prophezeiung derart getoppt, dass Nostradamus dagegen wie ein okkulter Scharlatan wirken musste. Das »Orakel aus Rudow« setzte nämlich noch einen drauf. An die Sponsoren gewandt, bedankte er sich für deren Unterstützung und ergänzte: »Vielleicht können wir in der nächsten Saison mal zum Mittagessen kommen. Wenn unsere Prämien nicht mehr so dicke ausfallen sollten.« Ein Jahr später war Hertha abgestiegen.

Nicht nur die Wahrsager-Branche konnte von Hertha profitieren. Nein, auch die Kunstszene wurde inspiriert. Nach dem unglücklich verlorenen Finale machte sich ein Berliner Künstler (dessen Name mir leider entfallen ist) auf den Weg ins Niedersachsenstadion, um das vermaledeite Grasbüschel auszugraben und für die Nachwelt zu sichern. Er unterteilte das kreisrunde Stück in mehrere Tortenstücke. In jedes Tortenstück steckte er ein blau-weißes Fähnchen. Das Kunstwerk nannte er »Kliemanns Land« und stellte es im Berlin-Pavillon – ein 1957 errichtetes und unter Denkmalschutz stehendes damaliges Ausstellungsgebäude – im Berliner Tiergarten aus.

Es handelt sich um üble Gerüchte, wenn behauptet wird, dass der Künstler, im Wettlauf mit Tausenden Fortuna-Anhängern, bereits während des Spiels den Platz gestürmt haben soll. Mit dem Ziel, sich das begehrte Rasenstück zu sichern. Auch wollte er sich nicht bereichern, indem er das Grün bei eBay versteigern ließ. eBay gab es seinerzeit noch nicht. Der Begriff war damals bestenfalls eine lautmalerische rheinische Bezeichnung für den Club aus Düsseldorf. Gesprochen klang das in etwa so: Iih-bäh. Derartige Vermutungen sind also falsch. Das besagte Rasenstück wurde vom Künstler erst nach dem Spiel für die Nachwelt gesichert, die Tortenstücke kamen später für einen guten Zweck unter den Hammer.

42. GRUND

Weil Hertha zwei Mal Berliner Meister werden musste, um endlich wieder aufzusteigen

Es gibt Jahre, die man als Fan niemals vergessen, aber super verdrängen kann. Das Jahr 1986 war so eins. Hertha BSC stieg aus der 2. Bundesliga in die Berliner Amateuroberliga ab. Rückblickend kann man sagen, dass es wohl richtig war, in die höchste Berliner Spielklasse zu wechseln. Wie sich herausstellte, war Hertha nicht abgestiegen, sondern hatte nur Anlauf genommen.

Die Zweitligasaison 1985/86 war eine der Spielzeiten, in der Hertha selbst die treuesten Fans auf eine harte Probe stellte. Zum Schluss kamen nur noch rund 5000 Zuschauer ins Olympiastadion. Können Sie sich vorstellen, wie das ist, 5000 Menschen in einem Stadion mit knapp 80.000 Plätzen? Früher konnte man noch im Innenumgang des Stadions rundherum laufen. Keine VIP-Logen verstellten den Weg. Ich bin oft aus einer inneren Unruhe heraus während des Spiels diesen Gang langgegangen. Traf man früher Hinz und Kunz auf engstem Raum, war man zu jener Zeit schon froh, mal einen Ordner zu sehen. Das gab einem das Gefühl, nicht ganz alleine zu sein. Kurz, die Berliner hatten sich offensichtlich innerlich alternativlos von Hertha verabschiedet. Alternativlos hieß, die Zuschauer gingen in die innere Immigration. Von nun an hieß es Schrebergarten statt Stadion, Konzerte statt Fußball, Spielfilm statt *Sportschau*.

Hertha trat also die Ochsentour in der Berliner Oberliga an. Immerhin traf man auf alte Bekannte. Der Spandauer SV, der 1975/76 in der 2. Liga gespielt hatte, Hertha Zehlendorf, die immerhin zwei Mal, nämlich 1969 und 1970, an der Aufstiegsrunde zur 1. Bundesliga teilnahm, und der SC Charlottenburg, der 1983 in der 2. Liga spielte, warteten genauso auf das Duell gegen meine Hertha wie der uralte Rivale aus Charlottenburg, Tennis Borussia, der Bundesligist der Spielzeiten 1974/75 und 1976/77.

Hertha setzte sich in dieser ersten Oberliga-Saison souverän durch, wurde Berliner Meister und Berliner Pokalsieger (2:0 gegen Tennis Borussia). In der Aufstiegsrunde zur 2. Bundesliga scheiterte man in diesem Jahr noch knapp. Hertha verlor das entscheidende Spiel zu Hause gegen Remscheid vor immerhin 15.000 Zuschauern mit 1:3. Also hieß es, in der nächsten Saison noch einmal Anlauf nehmen. Der Trainer hieß übrigens Jürgen Sundermann und ich hatte zu ihm Vertrauen. Schließlich war er ja auch mal als Spieler bei Hertha aktiv gewesen. Schon bald wurde auch in Berlin aus Sundermann der Wundermann, den man gebraucht hatte. In der Saison 1987/88 war es dann endlich so weit: Hertha dominierte die Aufstiegsrunde und wurde Erster, vor Eintracht Braunschweig, dem MSV Duisburg, Preußen Münster und dem VfL Wolfsburg. Wie gesagt, rückblickend war diese Zeit eine sehr wichtige. Hertha lernte das erste Mal Demut und das kam bei vielen gut an.

Im Kader, der gemeinsam unter der Regie von Jürgen Sundermann das Tal der Tränen durchschritten hatte und in die 2. Bundesliga aufstieg, waren: Walter Junghans, Taşkin Aksoy. Alf Fistler, Roman Gajda, Eugen Kaminski, Christian Niebel, Dieter Timme, Sezgin Aksakal, Thomas Freudenstein, Torsten Gowitzke, Robert Jüttner, Teong-Kim Lim, Andre Kluge, Frank Mischke, Jürgen Rinke, Alwin Stopic, Stephan Täuber, Frank Dietrich, Zbigniew Krawczyk, Helmut Rombach, Peter Saternus, Andreas Vogler, Marco Zernicke und Alfred Weh. Taşkin Aksoy ist übrigens ein fairer Sportsmann, den ich später als guten Nachbarn kennenlernen durfte und der als Trainer der 2. Mannschaft von Fortuna Düsseldorf der Einzige beim Verein aus der Modestadt ist, dem ich alles Gute wünsche.

43. GRUND

Weil Hertha BSC das Déjà-vu-Erlebnis »erfand«

Haben Sie schon einmal dieses Gefühl gehabt, eine vermeintlich neue Situation schon einmal gesehen, erlebt oder geträumt zu haben? Wir Hobby-Psychologen bezeichnen das gemeinhin als Déjà-vu. Hertha-Fans kennen dieses Gefühl schon seit Jahrzehnten, denn schließlich kann man Hertha getrost als »Erfinder« dieser Sinnestäuschung bezeichnen. Sie glauben mir das nicht? Nun gut, hier eine Kostprobe.

Es geschah im Jahr 1997. Die Bundesligasaison 1997/98 stand vor der Tür. Meine Hertha, ihres Zeichens Aufsteiger, diesmal mittendrin. Die Berliner Medien, vollkommen ausgehungert durch permanenten Bundesligafußball-Entzug, überschlugen sich, rätselten, welche Spieler kommen, welche gehen. Es wurde davon gesprochen, in drei Jahren im Europapokal zu spielen und, und, und. Ja, da war es das erste Mal wieder, das Gefühl, diese Situation schon einmal erlebt zu haben. Medien, die lautstark polternd träumen und den zweiten Schritt vor dem ersten machen. Himmelhoch jauchzend. Der Herthaner verharrt kurz und denkt sich: Das kenne ich doch!

Die Bundesligasaison rückte immer näher und mit jedem Tag wurden neue Gerüchte, Hochrechnungen zum Ausgang der Saison und Wasserstandsmeldungen kolportiert. Besonders jene Boulevardzeitungen, die Hertha jahrelang ignoriert oder verhöhnt hatten, waren auf einmal die Hofberichterstatter. Hertha wurde geknutscht und gefeiert. Uns Herthanern ist dieser Opportunismus nur allzu vertraut.

Hertha startete mit einem Heimspiel gegen Dortmund in die neue Saison. Das 1:1 vor über 70.000 Zuschauern wurde von der Berliner Öffentlichkeit durchweg als Achtungserfolg gefeiert. Auch das 0:1 beim 1. FC Kaiserslautern, der damit das erste Mal die Tabellenführung übernahm und mit Otto Rehhagel nie wieder abgab, war kein Beinbruch. Was meinen Sie aber, was in Berlin los war, als Hertha auch die nächsten fünf Spiele nicht gewinnen konnte. Echte Hertha-Fans konnten jetzt nur sehr schlecht einschlafen, nicht wegen der Misserfolge, nein, weil ihr Schlaf durch ständige Déjà-vu-Erlebnisse gestört wurde. Die Medien schrieben, Hertha mache alles falsch, zack, Déjà-vu. Der Trainer sei schuld, Déjà-vu. Die Profis verwöhnt, der Kader zu schlecht, das Management desolat. Ein einziges Déjà-vu.

Bevor aber auch noch das letzte Quäntchen Selbstvertrauen weggeschrieben wurde, geschah etwas, was man dieser Mannschaft und ihrem Trainer Jürgen Röber hoch anrechnen musste. Gegen die Lust am Untergang und der Selbstzerfleischung großer Teile der Berliner Medienlandschaft, schließlich kann man mit dem Untergang und dem Hohn mehr Auflage beziehungsweise Quote machen als mit konstruktiver Kritik, richtete sich die Mannschaft auf und beendete die Hinrunde mit sechs Siegen und einem Unentschieden. Sogar Bayern wurde geschlagen. Am Ende fand sich Hertha auf einem beruhigenden elften Platz wieder. Natürlich war Hertha schon immer der Liebling der Berliner und ihrer Zeitungslandschaft. Auch das habe ich doch irgendwie schon einmal erlebt …

Von vielen Fußballspielern wird behauptet, sie wären Söldner, Marketingstrategen in eigener Sache und fühlten sich nur ihrem Bankberater verpflichtet. Es mag sein, dass das auch für meine Herthaner gilt. Die Mannschaft, die Hertha endlich wieder in die Bundesliga zurückbrachte, ließ sich diese Attribute zumindest nicht anmerken. Sie hatte wahrhaft Großes verrichtet. Für die Jüngeren von uns ein völlig neues Hertha-Gefühl und eben kein Déjà-vu. Hier ist die Mannschaft, die Hertha aus dem Vergessen, vorbei an diversen Déjà-vus zu völlig neuen Emotionen geführt hat: Christian Fiedler, Gábor Király, Hendrik Herzog, Dick van Burik, Eyjólfur Sverrisson, Sergei Mandreko, Steffen Karl, Kjetil-André Rekdal, Hasan Vural, Andreas Schmidt, Oliver Schmidt, Ante Čović, Sixten Veit, Michél Mazingu-Dinzey, Pál Dárdai, Michael Hartmann, Christian Fährmann, Marc Arnold, Zecke, Bryan Roy, Michael Preetz, Alphonse Tchami, Axel Kruse, Carsten Lakies, Marcel Rath und Andreas Thom.

44. GRUND

Weil Hertha die schönsten Tore schießt

Wenn der gemeine Fußballfan an schöne Tore denkt, kommt das Gespräch unweigerlich auf das »Tor des Monats« der *Sportschau* in der ARD. Die Auszeichnung für das »Tor des Monats« erfolgt für einen gültigen Treffer, der von den Zuschauern entsprechend gewählt wird. Der Preis wird seit März 1971 monatlich verliehen. Klar, dass da meine Hertha nicht fehlen darf.

Wir sind immerhin in der Tabelle der Vereine mit den meisten »Torschützen des Monats« auf Platz elf.

Das kurioseste Tor des Monats aller Zeiten erzielte natürlich auch ein Herthaner. Der Treffer wurde im Juli 1993 ausgezeichnet. Zu Beginn der Zweitligasaison 1993/94 verfehlte im Spiel gegen Carl Zeiss in Jena der Hertha-Torwart Walter Junghans einen leichten Rückpass seines eigenen Liberos Frank Rohde. Junghans wollte den Ball stoppen, doch in diesem Moment sprang der Ball, dank des miserablen Rasens, wie von Geisterhand bewegt über Junghans' Fuß und rollte ins Tor. Frank Rohde und Walter Junghans nahmen es mit Humor. Sie akzeptierten die Auszeichnung zum Tor des Monats mit einem Lachen und zum Glück endete dass Spiel ja noch 1:1.

Ein ähnlich kurioses Tor des Monats erzielte auch Helmut Winklhofer im Spiel Bayern München gegen Bayer Uerdingen am 10. August 1985. Winklhofer schoss aus 30 Metern den Ball unhaltbar für den Bayern-Keeper Jean-Marie Pfaff in das eigene Tor. Dummerweise war das dann auch der Siegtreffer für die Uerdinger. Leider fehlte den Verantwortlichen des FC Bayern die Leichtigkeit der Berliner und vor allem der nötige Humor. Die Bayern-Führung entmündigte kurzerhand die Spieler Pfaff und Winklhofer. Ihnen wurde bei Strafe verboten, den Preis entgegenzunehmen! Humor ist, wenn man trotzdem lacht.

Bisher wurden sogar acht Torhüter zum Torschützen des Monats gewählt. Einer von ihnen war Herthas Keeper Gábor Király, der einen Treffer am 22. Juli 1998 im Freundschaftsspiel gegen den Karlsruher SC per Abschlag erzielte. Insgesamt gewannen 13 Herthaner die begehrte Trophäe.

Hier sind sie alle:

- November 1974: Erich Beer am 30. November 1974 im Spiel MSV Duisburg gegen Hertha in der 37. Minute zum 1:0 (Endstand 3:1, Sieg).
- April 1976: Erich Beer (Nationalmannschaft) am 24. April 1976 im EM-Qualifikationsspiel Spanien gegen Deutschland in Madrid in der 61. Minute zum 1:1-Endstand.
- März 1992: Mario Basler am 15. März 1992 im Spiel Bayer Uerdingen gegen Hertha in der 89. Minute zum 3:2-Auswärtssieg.
- September 1992: Theo Gries am 13. September 1992 im DFB-Pokalspiel SC Freiburg gegen Hertha in der 72. Minute zum 2:2 (Endstand 4:2, Sieg).
- Juli 1993: Frank Rohde am 28. Juli 1993 im Spiel Carl Zeiss Jena gegen Hertha in der 74. Minute zum 1:1-Endstand, Eigentor gegen Torwart Walter Junghans.
- Juli 1998: Gábor Király am 22. Juli im Ex-Norm-Cup-Finale Hertha gegen Karlsruher SC in der 32. Minute zum 1:0 (Endstand 3:1, Sieg).

- Juli 1999: Eyjölfur Sverrisson am 11. Juli im Liga-Pokal-Spiel Hertha gegen Borussia Dortmund in der 62. Minute zum 1:1 (Endstand 2:1, Niederlage).
- August 1999: Sebastian Deisler am 20. August im Spiel Arminia Bielefeld gegen Hertha in der 82. Minute zum 1:1-Endstand.
- Juli 2000: Sebastian Deisler am 20. Juli im Spiel Hertha gegen SpVgg Unterhaching in der 26. Minute zum 1:0 (Endstand 3:1).
- September 2000: Alex Alves aus über 52 Metern, am 30. September im Spiel Hertha gegen den 1. FC Köln zum 1:2 (Endstand 4:2, Sieg). Dieses Tor wurde sogar zum Tor des Jahres 2000 gewählt.
- Juli 2001: Marcelinho am 12. Juli 2001 im DFB-Ligapokalspiel Bayer 04 Leverkusen gegen Hertha in der 49. Minute zum 0:1 (Endstand 2:1, Sieg).
- April 2005: Marcelinho am 9. April 2005 im Bundesligaspiel Hertha gegen SC Freiburg in der 5. Minute zum 1:0 (Endstand 3:1, Sieg).
- Juli 2005: Kevin-Prince Boateng (U19 Nationalmannschaft) am 20.Juli 2005 im Spiel Griechenland gegen Deutschland in der 46. Minute zum 0:3-Endstand.[68]

45. GRUND

Weil Herthas junge Bubis hoch bezahlte Profis haben alt aussehen lassen

1993 erreichten die in der dritten Spielklasse kickenden Amateure von Hertha das Endspiel um den DFB-Pokal. Bis heute hat noch nie ein anderer Verein das Kunststück geschafft, sich mit seiner zweiten Mannschaft ins Pokalfinale zu kämpfen.

Diese jungen Männer, deren Durchschnittsalter bei 20,5 Jahren lag, wurden respektvoll »Hertha-Bubis« getauft. Es mag sein, dass »Bubi« despektierlich klingt, aber Sie hätten einmal sehen sollen, wie alt die Gegner nach den Spielen ausgesehen haben! Auf dem Weg ins Pokalfinale besiegten unsere jungen Helden insgesamt vier Proficlubs. Doch eins nach dem anderen.

Amateuren wird im DFB-Pokal nichts geschenkt. Können in den Profiligen die Clubs noch so grottenschlecht spielen, die Proficlubs sind automatisch qualifiziert. Nicht so die Amateure. Diese müssen die Ochsentour über den Verbandspokal gehen. In Berlin war das der »Paul Rusch Pokal«, der jetzige BFV-Pokal. Herthas Youngsters besiegten 1992 im Endspiel die Reinickendorfer Füchse mit 1:0. Das Abenteuer DFB-Pokal konnte beginnen. Doch wurden die Jungen in der ersten Runde des Wettbewerbs in ihrem Tatendrang durch Fortuna jäh behindert. Nein, nicht etwa, dass die Fortuna aus Düsseldorf den Jungs den Platz unbespielbar machten. Gemeint war hier wirklich einmal die Glücksgöttin selbst. Die Hertha-Bubis erhielten nämlich ein Freilos und zogen kampflos in die zweite Runde ein.

In der zweiten Runde, am 12. September 1992, empfing man im Stadion an der Osloer Straße die SG Heidelberg-Kirchheim, die mit 3:0 nach Hause geschickt wurde. Immerhin interessierten sich 487 Zuschauer für dieses Spiel. Die Jungs konnten beim besten Willen noch nicht ahnen, was das Schicksal für sie noch so parat halten würde. Zum Beispiel, dass sich schon bald Massen von Berlinern um Karten für ihre Spiele bemühen würden.

Am 10. Oktober1992 kam mit dem VfB Leipzig immerhin ein heißer Aufstiegsaspirant für die 1. Bundesliga nach Berlin ins Amateurstadion und mit ihm 1719 Zuschauer. Hertha siegte mit 4:2 und Leipzig konnte sich später mit dem Aufstieg in die 1. Bundesliga trösten. Das Achtelfinale bedeutete für die erste Mannschaft meiner Hertha das Aus. Herthas »Alte« verloren gegen Bayer Leverkusen auswärts knapp mit 0:1. Nicht so die Bengels. Unbefangen und mit einer sagenhaften Spielfreude wurde im Mommsenstadion vor nunmehr 5306 Zuschauern Hannover 96 mit 4:3 an die Leine gelegt. Dabei zeigten sie eine bemerkenswerte Moral, lagen sie doch zwischenzeitlich 0:2 zurück.

Zum Viertelfinale reiste der Tabellenzehnte der 1. Bundesliga, der 1. FC Nürnberg, an. Um sich am 1. Dezember1992 mit 1:2 im ausverkauften Berliner Mommsenstadion vor 15.000 Zuschauern ein paar Watschen abzuholen.

Beim Halbfinale am 31. März 1993 musste der Tabellenneunte der 2. Bundesliga in Berlin antreten. Es war der Chemnitzer FC, der immerhin im Viertelfinale Werder Bremen ausgeschaltet hatte. Die Begeisterung der Berliner Zuschauer, die spätestens seit dem letzten Auftritt der Himmelsstürmer gegen Nürnberg »ihre« Bubis ins Herz geschlossen hatten, machte es notwendig, das Spiel ins Olympiastadion zu verlegen. Vor 56.514 Zuschauern wurde Chemnitz mit 2:1 besiegt. Die Jungs wussten gar nicht, wie ihnen geschah. Nach dem Schlusspfiff lagen sie sich in den Armen, als wenn sie gerade Weltmeister geworden wären. Und irgendwie war es ja auch so. Die Berliner Fußballfreunde hatten endlich – nach langen Durststrecken – wieder einmal das Gefühl, großen Fußball zu sehen.

»Diese Nacht werde ich nie vergessen«, sagte Libero Sven Meyer über die Party nach dem Chemnitz-Spiel. Sven, der Torschütze zum 2:0, feierte mit der Mannschaft im »State Street«, der Kneipe von »Ellis« Granitza, dem ehemaligen Hertha-Torjäger. Granitza war es, der nach seiner Hertha-Karriere bei den Chicago Stings anheuerte und neben Beckenbauer (Cosmos New York) als einziger Deutscher in die National Soccer Hall of Fame der USA aufgenommen wurde. Jetzt aber war das »State Street« selbst die Hall of Fame. In ihr tobte das Beste, was Fußball-Berlin damals zu bieten hatte. Was die Jungs besonders liebenswert machte, ist die Tatsache, dass bei der Sause die Zwillinge Andreas und Oliver Schmidt fehlten. Sie mussten noch was für ihre kurz bevorstehenden Abiturprüfungen tun.

Im Endspiel am 12. Juni 1993 wartete dann die Mannschaft von Bayer Leverkusen. Zu verschenken hatten die Hertha-Bubis, die schon längst zu ganz Großen geworden waren, nichts. So spielten sie sehr konzentriert und konnten bis 13 Minuten vor Schluss das Spiel offen halten. Bis in der 77. Minute der »Schwatte«, Ulf Kirsten, mit einem kraftvollem Kopfball das 1:0 markierte. Die Jungs waren einfach platt, für eine Gegenoffensive fehlte die nötige Kraft. Es blieb beim 1:0. Leverkusen gewann den Pokal, aber die Hertha-Amateure hatten schon längst die Herzen der meisten der 76.000 Zuschauer im Olympiastadion gewonnen. Noch nie wurde eine Mannschaft so eindeutig bei einem Pokalfinale von den Zuschauern angefeuert und gefeiert. Bis auf die paar Tausend Fans der Farbenstädter feierte das ganze Stadion die Mannschaft, die Fußballgeschichte geschrieben hatte. »Jetzt werden wir erst mal alle weinen, und dann gehen wir feiern«, sagte Hertha-Trainer Jochem Ziegert nach der Partie. Sie gingen feiern – und wie.[69]

Dem Vernehmen nach wurde trotz der knapp verpassten Sensation derart die Sau rausgelassen, dass Bayer Leverkusen, allein vom Erlös der verkauften Aspirin am nächsten Morgen, locker zwei neue Weltfußballer für seine Werkself hätte einkaufen können.

In diesem Zusammenhang darf nicht Trainer Karsten Heine vergessen werden, der die Mannschaft geformt und sie im August 1992 an seinen Nachfolger Jochem Ziegert übergeben hatte.

46. GRUND

Weil Hertha BSC mal wieder fast Deutscher Meister wurde

Hertha war insgesamt 15 Mal Tabellenführer der 1. Bundesliga. Immerhin genauso oft wie Mainz 05, Düsseldorf und Hannover 96 zusammen. Das letzte Mal erklomm Hertha die Spitze in der Saison 2008/09.

In dieser Saison war Hertha dem Titel so nah, wie schon lange nicht mehr. Mein Verein hatte mit Lucien Favre einen Trainer, der 2007 eine Vision mitbrachte. Berlin war bereit. Die Stadt geriet immer mehr ins Meister-Fieber. Selbst Spiele, in denen Hertha nicht so dominierte, konnten durch eine gnadenlose Effizienz gewonnen werden. Niemals werde ich das Spiel in Leverkusen vergessen. Bayer rannte knapp 90 Minuten auf das Hertha-Tor zu. Bis in der 89. Minute Drobný einen langen Ball auf Voronin schlug und der zum 1:0-Endstand traf. Bayer Leverkusen musste feststellen, dass es nicht ausreicht, immer wieder gute Chancen herauszuspielen, es galt eben auch einen Šimunić und einen Drobný zu überwinden. Das wäre Bayer an diesem Tag jedoch nicht gelungen, selbst wenn die Nachspielzeit zwei Stunden betragen hätte.

Favre verstand es, aus fast jedem Spieler das Optimale herauszukitzeln. Hertha schlug Bremen, Hamburg, Leverkusen, Stuttgart und viele andere. Der schönste Sieg war aber Herthas 2:1 gegen den FC Bayern München am 20. Spieltag, damit übernahmen wir auch die Tabellenspitze. Wie nah Glück und Elend nebeneinanderliegen können, zeigte der darauf folgende Spieltag, es ging nach Wolfsburg. Dort warteten nicht nur Felix Magaths Mannen, sondern auch Schiedsrichter Knut Kircher. Nachdem Hertha das 1:0 erzielte, griff besagter Schiedsrichter beherzt in das Spielgeschehen ein und gab den regulären Treffer nicht. Džeko durfte später dann beim Stand von 1:1 in der 84. Minute Herthas Abwehrchef Jo Šimunić zu Boden drücken und zum 2:1-Sieg über ihn hinwegköpfen. Wie schrieb damals der *Kicker*: »Džeko setzte sich im Luftkampf gegen Šimunić zu resolut durch und köpfte an die Unterkante der Latte, von wo der Ball ins Netz sprang (84.). Referee Kircher erkannte den Treffer dennoch an.« Da half es auch nichts mehr, dass der *Kicker* Knut Kircher die Note Sechs gab und feststellte: »Kircher leistete sich zwei Spiel entscheidende Fehler, indem er Céceros Treffer (30.) aberkannte und Džekos Foul gegen Šimunić vor dem 2:1 nicht ahndete.«

Man muss sich das mal vorstellen. Note Sechs. Eine Sechs bekam man bei uns in der Schule nur, wenn man gar nicht anwesend war oder bei einem Täuschungsversuch. Den wollen wir hier aber nicht unterstellen. Knut Kirchers Objektivität war an diesem Tag offensichtlich nicht anwesend. Für ihn nur eine Episode, für Hertha und eine ganze Stadt die Zerstörung eines Traumes. Hertha hatte die einmalige Chance, die Tabellenführung auszubauen. Zu diesem Zeitpunkt war Wolfsburg nur Sechster. So aber, aufgeputscht durch die eklatante Fehlentscheidung, die Magaths Elf wie eine Einladung zum Endspurt ansah, kam die Volkswagen-Elf mit ihren paar Tausend Fans in Schwung und wurde schließlich Deutscher Meister. Ich bin noch heute der Meinung, hätte Wolfsburg damals nicht gewonnen, wären wir Meister geworden. Da half es auch nichts, dass Hertha vom 23. bis zum 25. Spieltag den 1. Platz zurückeroberte. Dennoch, die Berliner dankten es dieser Mannschaft, die oft bis an ihre Grenzen gegangen war. Insgesamt 844.822 Zuschauer besuchten die Heimspiele in jener Saison.

47. GRUND

Weil die wahren Derbys in Berlin die Spiele Hertha BSC gegen Tennis Borussia waren

Man mag diesen komischen Verein aus Charlottenburg belächeln. Seltsam seine Vereins-Grundfarbe, Lila, merkwürdig auch sein für einen Fußballverein eher deplatzierter Name: Tennis Borussia. Da hilft es auch nichts, dass der Verein seinen Namen schon einmal geändert hatte. Früher hieß er – und das ist kein Witz – »Berliner Tennis und Ping-Pong Gesellschaft«. Dennoch ist TeBe, wie er kurz genannt wird, der Verein, der sich mit meiner Hertha die meisten heißen Duelle um die Vorherrschaft in Berlin lieferte.

Hertha und TeBe standen sich schon 1908 gegenüber und Hertha siegte damals 13:3. Am 14. April 1957 (neun Jahre bevor der 1. FC Union gegründet wurde) kamen zum letzten Spiel um die Berliner Meisterschaft bereits 78.486 Zuschauer ins Olympiastadion. Die Berliner Fußballfans konnten einen souveränen 3:0-Sieg meiner Hertha bejubeln. Insgesamt 111 Mal kreuzten die ersten Mannschaften beider Clubs die Klingen. 62 Mal siegte meine Hertha, 35 Mal erlitten wir Niederlagen gegen TeBe. Die restlichen 14 Spiele endeten mit einem Unentschieden. TeBe kickt mittlerweile in der Berlin-Liga, der 6. Liga. Wie es so oft ist, freut man sich zunächst, wenn ein ständiger Kontrahent die Erfolglosigkeit gepachtet hat. Irgendwann fehlen einem dann aber diese speziellen Spiele. Kein Derby gegen Union kann dieses Gefühl erzeugen, das mir bei den Derbys gegen TeBe die Gänsehaut als ständiger Begleiter auf meine Rückenpartie gezaubert hatte.

Nach Herthas Zwangsabstieg in den 60er-Jahren traf man wieder auf den Dauerkontrahenten aus dem Mommsenstadion. TeBe konnte Hertha auch in diesen drei Jahren der Zweitklassigkeit nicht das Wasser reichen. Der Tabellenplatz zwei hinter Hertha war abonniert. 1974 war es dann so weit. Berlin war mit zwei Bundesligisten in der 1. Liga vertreten. In der Saison 1974/75 kamen am 16. November 1974 75.000 Zuschauer zum ersten Bundesliga-Derby ins Olympiastadion. Übrigens eigentlich ein Heimspiel für TeBe. Die Tennisspieler trugen ihre Spiele ebenfalls im Olympiastadion aus und hatten Heimrecht. Es war ein wunderbares Auswärtsspiel. Ungefähr 60.000 Berliner begleiteten meine Hertha. Noch nie war eine Zugfahrt so günstig. Ungefähr eine Mark kostete damals das Zugticket für mich. Es war genau genommen ein U-Bahn-Ticket.

Hertha hatte in dieser Saison einen ungeheuren Lauf und wurde schließlich Vizemeister. Für TeBe ging es um den Klassenerhalt. Wer aber Derbys kennt, der weiß, dass das alles nicht zählte. In einem Derby ist alles möglich. Hertha gewann »auswärts« mit 3:0, das Rückspiel im dann wieder heimischen Olympiastadion konnte mit 2:1 für uns entschieden werden. TeBe stieg ab, kam aber ein Jahr später noch ein letztes Mal in die 1. Bundesliga zurück. Hertha durfte in dieser Saison (1976/77) vor 74.021 zahlenden Zuschauern als Erstes »zu Hause« spielen. Hertha gewann mit 2:0, musste aber im Rückspiel auswärts eine der wenigen Niederlagen einstecken und verlor mit 0:2.

In der Saison 1980/81 kam es in der 2. Liga Nord erneut zum Aufeinandertreffen mit TeBe. Am 18. November 1980 vor 44.000 Zuschauern wurde TeBe mit 2:0 geschlagen, das Rückspiel wurde sogar mit 4:1 gewonnen. TeBe versank dann erst einmal für einige Jahre im Sumpf der Amateurklassen. Die beiden letzten Lokalderbys fanden in der Saison 1993/94 statt. Hertha gewann beide Spiele (2:1, 3:0). Der Fußballgott, eigentlich ein Ästhet, wollte aber nicht auf ein derart massenwirksames Spektakel verzichten. Er sorgte dafür, dass Hertha und TeBe in den Spielzeiten 1998/99 und 1999/00 im DFB-Pokal gegeneinander antreten mussten. Im ersten Spiel gewannen die Tennis Borussen mit 4:2. Die Revanche ein Jahr später konnte Hertha mit 3:2 nach Verlängerung für sich entscheiden.

Wir Herthaner wissen es aus eigener Erfahrung: Todgeweihte Fußballvereine leben länger. Es ist daher nur eine Frage der Zeit, bis die alten Kontrahenten wieder gegeneinander antreten. Das aber hoffentlich im Pokal oder in der 1. Bundesliga. Denn eines ist klar, wir wollen und werden nicht, im wahrsten Sinne des Wortes, entgegenkommend sein. TeBe muss sich schon auf uns zubewegen.

48. GRUND

Weil Hertha Zwölfter der Ewigen Bundesligatabelle ist

Viele Vereine gaben bereits ihre Visitenkarten in der 1. Bundesliga ab. Wer zu den erfolgreichsten gehört, kann man der ewigen Bundesligatabelle entnehmen.

Die ewige Tabelle ist eine Addition aller Meisterschaftsspiele, Punkte und Tore seit der Gründung der Bundesliga im Jahr 1963. Selbstverständlich ist Hertha da mittendrin. Hier bekleidet man zurzeit einen gesicherten Mittelfeldplatz. Genauer Platz zwölf. Einen Platz hinter Bayer Leverkusen liegt man, aber deutlich vor anderen Bundesligisten wie dem 1. FC Nürnberg, Hannover 96, VfL Wolfsburg, Eintracht Braunschweig, SC Freiburg, 1. FSV Mainz 05, 1899 Hoffenheim und dem FC Augsburg.

Hertha errang insgesamt 377 Siege bei 260 Unentschieden und spielte bisher 31 Mal in der Bundesliga. Man darf gespannt sein, wie viele Punkte in diesem Jahr zu den bisherigen 1391 noch dazukommen werden.[70] (Stand: 6. Dezember 2013)

5. KAPITEL

DAMIT PRÄGTE HERTHA DEN DEUTSCHEN FUSSBALL

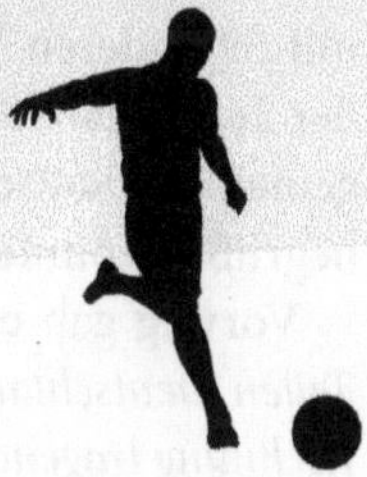

49. GRUND

Weil Hertha BSC ein erfolgreiches Start-up-Unternehmen auf den Weg brachte, bevor es diesen Begriff überhaupt gab

Start was? Nun, Hertha hat ein junges, noch nicht etabliertes Unternehmen mit einer innovativen Geschäftsidee und geringem Startkapital gegründet. Wie, Sie glauben mir nicht? Das gibt es doch gar nicht! Leider muss ich Sie da eines Besseren belehren. Das gibt es sehr wohl. Zum Unternehmen gehören heute über 6,8 Millionen Frauen und Männer und es erwirtschaftet jedes Jahr über zwei Millionen Euro Gewinn. Ja da soll noch einmal einer sagen, Hertha und ein gesundes Einnahmen-und-Ausgaben-Verhältnis würden nicht zusammenpassen. Das Unternehmen, dessen Gründung Hertha mit 59 anderen Vereinen zugestimmt hatte, ist der DFB. Es war der 28. Januar 1900, als Johannes Kirmse als Gastgeber des 1. Allgemeinen Deutschen Fußballtages in Leipzig insgesamt 86 Vereine begrüßen konnte.

Vorweg gab es folgende Bekanntmachung: *Den uns aus allen Teilen Deutschlands zugegangenen Zustimmungen und Wünschen Rechnung tragend, haben wir beschlossen, den 1. Allgemeinen Deutschen Fußballtag für Sonnabend, 27., und Sonntag, 28. Januar, nach Leipzig, Mariengarten, Carlstraße, einzuberufen. Tagesordnung: Ob und wie ist eine Einigung sämtlicher Fußballvereine Deutschlands möglich? Jeder deutsche Fußball-Club bzw. Verband ist stimmberechtigt. Jeder Verband hat soviel Stimmen als Mitglieder. Der Ausschuss zur Einberufung des ersten allgemeinen deutschen Fußballtages zu Leipzig. Gez. J. E. Kirmse, Vorsitzender*[71]

Natürlich ließ sich meine Hertha nicht lange bitten, schließlich gehört sie zum Urgestein des deutschen Fußballs. Zu diesem Zeitpunkt konnte Hertha aber noch nicht wissen, dass der Verband irgendwann einmal eine seiner Mütter fressen wird. Von den Vereinen, die damals zum Gründungstreffen des DFB, der später zum größten Sportverband der Welt werden sollte, angereist waren, stimmten 27 der anwesenden Clubs nicht zu, denn sie waren entweder nicht stimmberechtigt oder dachten zumindest, wie Werder Bremen, dass sie kein Stimmrecht hätten.

Von den Vereinen, die der Gründung zugestimmt hatten und die es heute noch in der 1. oder 2. Bundesliga gibt, finden wir nur zwei wieder: Eintracht Braunschweig, damals noch »Fußball und Cricket Club Eintracht Braunschweig«, und Hertha, damals noch unter dem Namen BFC Hertha 1892. Clubs wie Borussia Dortmund, Gelsenkirchen oder Bayern München, deren Vertreter heutzutage im DFB starken Einfluss haben, sind jünger und waren zu diesem Zeitpunkt noch gar nicht gegründet.

50. GRUND

Weil Hertha BSC Radiogeschichte schrieb

»Müller auf Meier, der zu Schulze, Schulze schießt. Tor!« So oder so ähnlich langweilen uns bereits Generationen von Fernsehreportern. Schon früh fing ich an, diesen Sportberichterstattern zu entkommen. Ich erinnere mich, wie ich früher – aufgrund der begrenzten technischen Möglichkeiten – den Originalton des Fernsehers leiser stellte und durch die Radioübertragung ersetzte. Übrigens mit einem interessanten Nebeneffekt. Weil nämlich der Radioton »schneller« ist als das Fernsehen, gibt es den Torjubel schon kurz bevor der Ball bei der TV-Übertragung im Netz zappelt.

Die Radiomoderatoren waren für mich Helden der Sportübertragung – und sind es heute noch. Während viele Dünnbrett-Plauderer der Fernsehzunft zu 80 Prozent nur das vermitteln, was wir sowieso gerade sehen, gaben und geben Sabine Töpperwien und ihre männlichen Kollegen alles. Sie schaffen es ohne viel Brimborium, dem Hörer nicht nur ein Bild des Geschehens zu vermitteln, sondern ziehen die Menschen am anderen Ende des Äthers auch noch in ihren Bann. Fußball im Radio ist Spannung pur.

Begonnen hat die Radiogeschichte selbstverständlich in Berlin und Umgebung. Am 22. Dezember 1920 fand in Königs Wusterhausen bei Berlin auf dem »Funkerberg« die erste Rundfunkübertragung Deutschlands statt. Von dort wurde erstmals ein Weihnachtskonzert hinaus in die Welt geschickt.

Drei Jahre später, am 29. Oktober 1923, ging schließlich die erste Unterhaltungssendung in Deutschland überhaupt aus dem Vox-Haus in der Potsdamer Straße 10 in Berlin-Tiergarten auf Sendung. Der deutsche Rundfunk war geboren. Die Lizenz Nummer eins zum Hören sicherte sich der Berliner Zigarettenhändler Wilhelm Kolhoff aus der Moabiter Turmstraße 47. Ob Kolhoff Herthaner war, ist nicht überliefert. Aber dem Fußball konnte er sich als regelmäßiger Rundfunkhörer schon bald nicht mehr entziehen – und somit auch nicht der Hertha.[72] Am 1. November 1925 war es zunächst Bernhard Ernst, der das erste Mal ein Fußballspiel live kommentierte, es war die Partie Preußen Münster gegen Arminia Bielefeld. Anfangs hörten die Hörer nichts. Es gab keinen Ton. Später, das Spiel lief bereits, konnte der Fehler behoben werden.

Träumen heute Menschen vom Smart-TV mit eingebauter Latte-Macchiato-Funktion, war es vor 90 Jahren der größte Wunsch für den technikbegeisterten Menschen, ein Radio zu besitzen. Am 13. Juni 1926 schlug die große Stunde: Das erste Endspiel um die Deutsche Meisterschaft wurde live übertragen! Einer der Finalteilnehmer hieß, wie konnte es damals anders sein, Hertha BSC, Gegner war die Spielvereinigung Fürth. Die Zahl der Hörer schätzte man auf rund 400.000 Fußballfans. Ein Jahr später sollen es schon eine Million Ohrenpaare gewesen sein. Vermutlich wurde das Finale 1926 nur lückenhaft übertragen, denn andere Quellen berichten davon, dass die Partie ein Jahr später, am 12. Juni 1927 in Berlin, die erste vollständige Radioübertragung eines Endspiels gewesen sein soll. Ob nun 1926 oder 1927 kann meiner Hertha egal sein. Denn auch 1927 stand der Verein im Endspiel, diesmal gegen den 1. FC Nürnberg. Hertha hat somit definitiv Radiogeschichte geschrieben. Schade, dass es damals keine Medienvermarktung und damit auch kein Geld für die beteiligten Mannschaften gab. Hertha hätte es schon damals gut gebrauchen können. Im Übrigen ist es nicht überliefert, wie viele Radiogeräte damals in Berlin an die Wand geworfen wurden, schließlich ging Hertha in beiden Endspielen als zweiter Sieger vom Platz.

Der Vollständigkeit halber sei darauf hingewiesen, dass bereits am 11. Mai 1928 die erste Fernsehübertragung gelang, natürlich in Berlin. 1929 begann dann der Rundfunksender Witzleben, dort wo heute noch der RBB sitzt, als erster mit regelmäßigen Testsendungen.

51. GRUND

Weil Hertha BSC zu den Gründungsmitgliedern der Bundesliga gehörte

Als 1963 die Bundesliga aus der Taufe gehoben wurde, bewarben sich insgesamt 46 Clubs um die damals 16 Plätze an der Sonne. Der Deutsche Fußball Bund (DFB) musste also die würdigsten Clubs herausfiltern. Vom Verband wurde folgendes Bewertungsschema zu Grunde gelegt: Die Endplatzierung der Vereine in den Oberligen aus den Spielzeiten 1951/52 bis 1954/55 wurden einfach bewertet, die aus den Saisons 1955/56 bis 1958/59 zweifach und die Abschlussplatzierungen der Jahre 1959/60 bis 1962/63 wurden dreifach gewertet. Wenn Vereine Meisterschaftsendrunden oder Pokalendspiele erreichten, wurden Extrapunkte vergeben.

Darüber hinaus musste auch das Drumherum stimmen. So wurden nur Vereine berücksichtigt, die über ein Stadion mit mindestens 35.000 Plätzen und einer Flutlichtanlage verfügten. Weiter wurde darauf geachtet, dass nicht zwei Vereine aus einer Stadt für die höchste Spielklasse nominiert wurden. Bereits in einem ersten Gang wurde Clubs wie Borussia Mönchengladbach und Bayer Leverkusen der Startplatz in der Eliteliga verweigert. Insgesamt wurden von den Bewerbern 15 Clubs frühzeitig aus dem Rennen genommen.

Am 11. Januar 1963 gab der DFB den neun wichtigsten und für die Bundesliga als besonders befähigt eingestuften Vereinen grünes Licht. Diese erste Wahl, sozusagen die Crème de la Crème, bestand aus folgenden Vereinen: 1. FC Köln, Hamburger SV, FC Gelsenkirchen 04, Borussia Dortmund, Werder Bremen, Eintracht Frankfurt, 1. FC Nürnberg, 1. FC Saarbrücken und natürlich, wie könnte es auch anders sein: meiner Hertha. Später wurde in einer weiteren Runde dieses Feld durch sieben weitere Vereine komplettiert. Am 6. Mai 1963 erhielten Eintracht Braunschweig, Meidericher SV (später MSV Duisburg), 1. FC Kaiserslautern, Karlsruher SC, SC Preußen Münster, TSV 1860 München und VfB Stuttgart den Ritterschlag. Bayern München beispielsweise gehörte nicht diesem Ritterorden an und musste sich mit seiner Rolle als Knappe abfinden. Die Bayern wurden ebenso wenig berücksichtigt wie Hannover 96.

Mein besonderer Respekt als Hertha-Fan gilt dem HSV, der war zwar in den letzten Jahren bestenfalls Mittelmaß, aber schließlich auch als einziger Verein immer in der 1. Bundesliga. Gerne nennt sich der Club von der Waterkant daher selbst »Dinosaurier«. Das trifft allerdings nicht ganz zu, denn diese Tiere sind ja bekanntlich ausgestorben. Ein Zustand, der offensichtlich für die Hanseaten nicht gilt. Wenn schon ein Vergleich aus der Urzeit des Lebens herhalten muss, kann man den HSV daher getrost als den »Einzeller« unter den Bundesligavereinen bezeichnen. Ich allerdings stehe mehr auf komplexere Lebensformen.

Am 24. August 1963 startete die Erfolgsstory Bundesliga mit diesen Clubs:

- Aus der Oberliga West: Gelsenkirchen 04, Borussia Dortmund, 1. FC Köln, Meidericher SV, SC Preußen Münster

- Aus der Oberliga Nord: Hamburger SV, Werder Bremen, Eintracht Braunschweig
- Aus der Oberliga Südwest: 1. FC Saarbrücken, 1. FC Kaiserslautern
- Aus der Oberliga Süd: 1. FC Nürnberg, Eintracht Frankfurt, Karlsruher SC, TSV 1860 München, VfB Stuttgart
- Aus der Stadtliga Berlin: Hertha BSC[73]

52. GRUND

Weil Hertha BSC das Rotationsprinzip erfand

Wer an das Rotationsprinzip denkt, kommt unweigerlich auf die Grünen zu sprechen. Damit sind nicht etwa Werder Bremen oder der VfL Wolfsburg gemeint, sondern die Chef-Ökologen der bundesdeutschen Politlandschaft. Die haben nämlich das besagte Prinzip erstmalig bei den Kommunalwahlen 1978 angewendet. Alle Parteiämter wurden in regelmäßigen Abständen neu besetzt, um einem eventuellen Machtmissbrauch entgegenzuwirken. Das schaffte viel Bewegung, brachte aber derart viel Unruhe hinein, dass letztendlich dieses Verfahren scheiterte. Am Ende blieben eine Menge zerbrochenes Porzellan und ein Stück Basisdemokratie auf der Strecke. Dabei hätten die Grünen dem eigentlichen Erfinder des Rotationsprinzips nur mal genauer auf die Finger schauen müssen.

Es war natürlich ein 68er. Dieser Vordenker hieß Helmut Kronsbein, genannt Fiffi, seines Zeichens ehemaliger Hertha-Trainer. Er wandte das Verfahren erstmals 1968 an. Volkmar Groß, der etatmäßige Torwart, der seit 1967 das Tor bei Hertha hütete, verletzte sich, daraufhin wurde Gernot Fraydl, der damalige österreichische Nationaltorhüter, verpflichtet. Nach Groß' Genesung hatte Fiffi Kronsbein die Qual der Wahl, bzw. ein Luxusproblem, wie es heute bei Bayern München heißt. Beide waren in Top-Verfassung. Kurzerhand entschied er sich alle zwei Spiele, den Keeper zu wechseln. Die Torhüter hielten nicht nur den Kasten sauber, Kronsbein hielt die beiden damit auch noch bei Laune, die Stimmung stimmte und der Basis gefiel es.

Damit wären wir wieder bei den Grünen, genauer beim großen Vorsitzenden der Bundestagsfraktion: Jürgen Trittin. Der sagte einmal: »Was aus dem Hertha-Management kommt, nehme ich schon lange nicht mehr ernst.«[74] Schade eigentlich, das richtige Rotieren lernt er so wohl nicht mehr. Was Jürgen Trittin mit Fußball zu tun hat? Die Frage ist natürlich berechtigt. Wahrscheinlich sehr wenig. Doch setzt dieser Politiker seine Popularität, die er den Wählern seiner Partei zu verdanken hat, also auch einigen Herthanern, dazu ein, nicht FÜR seinen Lieblingsverein Werder Bremen (das ist der Verein mit der Wiesenhof-Hühner-Brustwerbung) zu sprechen, sondern um seine Stimme GEGEN andere Vereine zu erheben. So auch gegen Hertha: Er (der profunde Fußballkenner) könne nicht verstehen, dass Otto Rehhagel einen Verein als Trainer übernommen habe, dessen Management derart »suizidal veranlagt« sei wie Hertha BSC.[75]

Nun kann ich Herrn Trittin beruhigen, unsere Manager Michael Preetz und Ingo Schiller erfreuen sich bester Gesundheit. Auch Otto Rehhagel ist, trotz seines hohen Alters, weit davon entfernt, von Herrn Trittin bevormundet werden zu müssen. Eine ganz bestimmte Rotation sollte Hertha aber dauerhaft nach dem Aufstieg in die Bundesliga abschaffen: den ständigen Wechsel zwischen 1. und 2. Liga. Das hat auch etwas Ökologisches für Herrn Trittin, er kann bequem die öffentlichen Verkehrsmittel von der Parteizentrale zum Auswärtsspiel seiner Bremer im Olympiastadion nutzen. Eine Maschine der Flugbereitschaft braucht er für diese Kurzstrecke nicht. Wenn Werder seinen sportlichen Absturz bremsen kann, wird auch das Stadion gut gefüllt sein. Herr Trittin kann dann schon in der U-Bahn live miterleben, wie sich die Hühner des Hauptsponsors seines Lieblingsclubs fühlen müssen.

53. GRUND

Weil Hertha BSC das erste Hallenturnier für Profimannschaften ausrichtete

Gegen den Widerstand des DFB fand vom 13. bis 17. Januar 1971 in der Berliner Deutschlandhalle das erste Hallenturnier für Profimannschaften statt. Gastgeber des Budenzaubers war Hertha BSC. Neben dem Lokalmatador traten aus der 1. Liga noch Eintracht Braunschweig, Werder Bremen und Borussia Mönchengladbach an. Komplettiert wurde das Feld durch den Berliner Regionalligisten Wacker 04 und Tennis Borussia.

Hertha gewann und ging als erster Hallenturnier-Champion Deutschlands in die Fußballgeschichte ein. Zweiter wurde Werder Bremen, Dritter Eintracht Braunschweig. Der Hallenfußball sollte später durch seine hohe Trefferquote beim Publikum äußerst beliebt werden. Doch nach dem ersten Abend des Turniers verzeichneten die Veranstalter zunächst nur fünf Tore in sechs Spielen. Drei der Spiele endeten sogar 0:0. Die Schuldigen waren schnell gefunden. Man spielte seinerzeit auf zwei Meter mal drei Meter große Handballtore. Diese waren einfach zu klein. Die Torflaute drohte aus dem Turnier einen Megaflop zu machen.

Hertha reagierte schnell und wechselte die Tore gegen fünf Meter breite und zwei Meter hohe Tore aus. Das Publikum dankte es. 34.500 Zuschauer sahen an den fünf Abenden diese Tor-Premiere und der Hallenfußball sollte sich in späteren Jahren in ganz Deutschland etablieren. Bereits ein Jahr später lud Hertha mit Austria Salzburg erstmals einen ausländischen Gegner ein. Somit fand in Berlin sogar das erste internationale Hallenturnier für Profimannschaften statt, auch das gewann meine Hertha.

Die Turniere von Hertha BSC galten als die bestbesetzten Turniere Deutschlands. Neben etlichen Bundesligisten konnte Hertha BSC unter anderem die Grasshoppers Zürich, Fenerbahçe Istanbul,

Hajduk Split, Rapid Wien, Austria Salzburg, Lech Posen, AZ Alkmaar, Honvéd Budapest, Dinamo Zagreb, Dinamo Minsk, Partizan Belgrad, FC Basel, MTK Budapest, Dukla Prag, Feyenoord Rotterdam, Steaua Bukarest, Sporting Lissabon, IFK Göteborg, Dinamo Tiflis, Dynamo Moskau und Spartak Moskau begrüßen. 1997 fand der Event zum letzten Mal in der Berliner Deutschlandhalle statt. Das Publikum liebte das Spektakel und die Deutschlandhalle war in all den Jahren mit rund 10.000 Zuschauern immer ausverkauft. Hertha siegte insgesamt acht Mal.

Danach wurde die Deutschlandhalle geschlossen und das Turnier 1998 wurde in der neu errichteten, allerdings für Hallenfußball völlig ungeeigneten Max-Schmeling-Halle ausgetragen. So konnte man beispielsweise von vielen Plätzen aus nur ein Tor sehen. Gleichzeitig änderte der DFB, der dem Hallenfußball anscheinend nicht mehr negativ gegenüberstand, den Modus für Hallenrunden. Der DFB-Hallenpokal wurde geschaffen. Jedem Erst- und Zweitligisten wurde willkürlich einer von fünf Turnierorten zugeteilt. Ergänzt wurde dieses Teilnehmerfeld durch ausgewählte Amateurmannschaften. Der jeweilige Verein spielte nur dieses eine Turnier. Ausländische Teams waren nicht mehr zugelassen, sodass das Teilnehmerfeld ziemlich uninteressant wurde. Damit war das Ende der großen Hallenturniere eingeläutet.[76]

54. GRUND

Weil Hertha BSC das Wiederholungsspiel im DFB-Pokalfinale abschaffte

Es war die Pokalsaison 1976/77, als meine Hertha sich aufmachte, den Pokalolymp zu erstürmen. In der Saison 1975/76 waren wir noch im Halbfinale gescheitert, nun spielte sich unsere geliebte »alte Dame« verdient bis ins Pokalfinale. Der Gegner hieß 1. FC Köln und der wartete am Sonnabend, dem 28. Mai 1977, in Hannover auf meine Pokalhelden.

Als ich mit unzähligen anderen Fans am Bahnhof Zoo eintraf, um einen der zahlreichen Busse Richtung Hannover zu besteigen, wurde ich das erste Mal Zeuge einer gigantischen blau-weißen Wanderung. Noch nie zuvor hatte ich eine größere Masse blau-weißer Enthusiasten erlebt, die sich zu einem Auswärtsspiel von Hertha BSC aufmachten. Aber ich war ja auch noch jung …

An der DDR-Grenze, die wir ja sowohl bei der Einreise ins Arbeiter- und Bauernparadies als auch bei der Ausreise überquerten, ging es unglaublich flott. Die Grenzer waren wohl froh, uns so schnell wie möglich loszuwerden. In Hannover angekommen, warteten bereits etliche Fans von Hannover 96 auf uns. Die hatten sich aufgrund ihrer Ablehnung den Kölner Fans gegenüber dafür entschieden, sich auf unsere Seite zu schlagen.

Vorneweg der Fanclub »Die roten Wölfe«. (An dieser Stelle einen Gruß an Hacky aus Garbsen.) Gemeinsam machten wir zunächst die Innenstadt unsicher, badeten in den zahlreichen Brunnen, die inmitten der zubetonierten City aufgestellt waren. Es war unglaublich heiß und genauso heiß war auch ich auf das Finale. Vor dem Spiel sangen wir uns schon fast heiser. Zum Glück nur fast, denn unsere Stimmen wurden noch gebraucht.

Endlich im Stadion, jagte ein Schauer nach dem anderen über meinen Rücken. Das Stadion war ausverkauft und das Blau-Weiß der unzähligen Berliner Schlachtenbummler hob sich wohltuend vom Rot der Fans aus der Karnevalistenstadt ab. Meine Hertha war in der laufenden Saison nur Zehnter geworden, mit dem FC kam immerhin der Tabellenfünfte. Nicht nur die Tatsache, dass Hertha der vermeintlich kleinere der Kontrahenten war, trieb die neutralen Zuschauer ins Stimmungslager der Berliner. Nein, es war die Art, wie Hertha den Kampf annahm.

Selbst das zwischenzeitliche 0:1, das zu einem unglücklichen Zeitpunkt kurz vor der Halbzeit durch Dieter Müller fiel, wurde unbeeindruckt weggesteckt. Es war unglaublich zu sehen, mit welchem Willen Hertha sich gegen die drohende Niederlage stemmte. Dieses Engagement sollte belohnt werden: Lorenz Horr konnte in der 64. Minute den Rückstand ausgleichen. Jetzt war auch der Rest meiner Stimme dahin. Als es selbst nach 90 Minuten 1:1 stand, ging es in die Verlängerung und diese dominierte meine Hertha. Immer wieder wurde der Ball nach vorne gespielt, der 1. FC Köln schien nichts mehr entgegensetzen zu können. Als Karl-Heinz »Ellis« Granitza in den Kölner Strafraum eindrang und gefoult wurde, war klar, dieser Elfmeter kann den Pokalsieg bedeuten. Doch was war das?

Schiedsrichter Frickel, der zugegebenermaßen auch derselben Hitze ausgesetzt war wie die Kicker, ließ weiterspielen. Die Partie endete 1:1 – und wie es damals in den Regularien bestimmt war, wurde ein Wiederholungsspiel für den kommenden Montag angesetzt. Ein Elfmeterschießen war noch nicht vorgesehen. Na prima, was sollte ich machen, ich war noch keine 16 Jahre alt, hochgradig heiser und hatte nun wahrlich keine Lust, für zwei Tage wieder die Reise nach Hause anzutreten. Also blieb ich in Hannover und übernachtete mit etlichen anderen Berlinern in den Parkanlagen. Am Montag gab es dann endlich das Wiederholungsspiel, diesmal war das Stadion nicht ausverkauft.

35.000 bis 40.000 Zuschauer fanden sich ein, und wenn es nach der Mehrheit des Publikums gegangen wäre, hätte der Sieger nur Hertha BSC sein können. Leider war da Schiedsrichter Ohmsen anderer Meinung. Hertha dominierte wieder das Spiel. Ellis Granitza traf in der ersten Halbzeit sogar die Latte und dann kam die 64. Minute. Erich »Ete« Beer wurde von einem Kölner Spieler im Strafraum gefoult, der Domstädter und Ete kamen zu Fall. Ete Beer rappelte sich als Erster auf und zirkelte den Ball ins Kölner Tor. Traumhaft!

Die beherzt kämpfenden Spieler lagen sich überglücklich in den Armen. Endlich, endlich konnte der große Traum wahr werden.

Nach einer schier unendlichen Zeit würde Hertha BSC den Titel holen. Wir in der Kurve lagen noch alle übereinandergestapelt, der Linienrichter bewegte sich bereits zur Mittellinie, als Schiedsrichter Ohmsen das Tor nicht gab. Nicht nur das. Unglaublicherweise entschied er auf Freistoß für Köln! Eine krasse Fehlentscheidung von historischem Ausmaß.

Vermochten es die Kölner nicht, unsere Hertha zu brechen, so schaffte es der Aussetzer des Herrn Ohmsen. Herthas Spieler waren konsterniert. Diesen psychischen Knacks konnte Hertha nicht mehr verwinden. Der Kölner Goalgetter Dieter Müller nutzte die Situation aus und traf zum 1:0-Endstand für die Kölner. Da half es mir auch nicht, dass, als ich wieder in Berlin angekommen war, mein Nachbar, eingefleischter Tennis Borusse und erklärter Hertha-Gegner, zu mir sagte: »Wir«, und er schloss sich damit ein, »wurden betrogen!«

Ich war fix und fertig. Der DFB zog aus diesem Spiel jedoch eine Konsequenz. Nein, nicht dass er Herrn Ohmsen zu einer Schulung schickte. Der Verband entschied sich, das Wiederholungsspiel, das an diesem unglücklichen Tag das erste Mal überhaupt im Pokal ausgespielt wurde, abzuschaffen. Seit dem denkwürdigen 30. Mai 1977 gibt es nur noch eine Verlängerung und im Anschluss ein Elfmeterschießen.

55. GRUND

Weil Hertha BSC die Fananleihe in Deutschland einführte

Die Geschichte der Hertha-Finanzen ist eine Geschichte voller Missverständnisse. Hertha und das liebe Geld – ein hochphilosophischer Kampf ohne Sieger. Eine Kraft bedingt die andere. Reiche gibt es nur, wenn es auch genug Arme gibt. Fehlt die eine Seite der Waagschale, fehlt der Gegensatz, die Daseinsberechtigung der anderen. Sind alle nach unseren Maßstäben arm, werden diese das nicht so empfinden. Sind alle reich, ist der Reichtum nichts wert. Was das mit Hertha zu tun hat, will ich an einem praktischen Beispiel erklären.

Kennen Sie das Spiel Monopoly? Dann das Wichtigste zuerst. Hertha darf mitspielen. Schon nach ein paar Runden ist Hertha im Besitz der Bad- und der Turmstraße. Sie wissen ja, das sind die billigsten aller Straßen. Ab da zieht es Hertha magisch in jeder Runde ins sündhaft teure Hotel der Schlossallee – errichtet und betrieben von Bayern München. Schnell ist das Hertha-Geld weg und man fängt an, die Regeln abzuändern. (Das Geld ist natürlich nicht wirklich weg, sondern woanders, zum Beispiel in der Schweiz.) Man nimmt also Kredite bei den anderen Mitspielern auf, denn die wollen ja auch, dass das Spiel weitergeht, und machen die kleinen Regeländerungen mit. Ohne Hertha wäre das Spiel schon lange beendet. Die Partie geht so lange weiter, bis Muttern hereinkommt und zum Schlafengehen auffordert.

Im übertragenden Sinn bedeutet das, dass zum Beispiel Bayern München als Abonnement-Hotelier auf der Schlossallee ohne Vereine wie Hertha gar nicht existieren würde, jedenfalls nicht so wie jetzt. Aber auch das Römische Reich ist untergegangen! Apropos Antike. Allgemein sagt man den Phöniziern nach, das Geld erfunden zu haben. Hätten sie meine Hertha damals gekannt, hätten sie sicher mehr davon erfunden. So aber war meine Hertha gezwungen, selbst erfinderisch zu sein – und sie war es.

Das Ergebnis: Hertha führte als erster Fußballverein Deutschlands im Jahr 2004 die Fananleihe ein. Andere Vereine folgten dem Beispiel aus Berlin. Köln, Bielefeld, Gelsenkirchen, Pauli, Nürnberg, Aachen, 1860, Rostock und der HSV waren die Nächsten, die ihre Fans an der wirtschaftlichen Entwicklung ihres Vereins direkt teilhaben ließen.

Fananleihen sind für viele Anhänger äußerst attraktiv, man erzielt damit im bezahlten Fußball im Schnitt 5,9 Prozent Zinsen.

Eine Verzinsung, die auf dem Kapitalmarkt momentan utopisch ist. Vorausgesetzt, man erlebt die Rückzahlung. Ja sicher, Finanzfachleute warnen. Bei Insolvenz ist mit dem kompletten Verlust der Anleihe zu rechnen. Sie haben ja recht, man sollte also nicht versuchen, mit einem solchen Investment seine Altersvorsorge zu sichern. Wer aber ein paar Hundert Euro übrig hat, deren Umwandlung in Fananleihen niemandem wehtut, kann damit nicht nur seiner Fantreue Ausdruck verleihen. Was auf jeden Fall bleibt, ist eine schmucke blau-weiße Urkunde, natürlich im modischen Rahmen. Wer von den Lehman-Brothers-Kunden kann das schon von sich behaupten?[77]

56. GRUND

Weil Hertha der Verein der ersten beiden Ligen ist, in dem am längsten Fußball gespielt wird

Wer kennt sie nicht, Werksmannschaften, Hobbyvereine von Mäzenen, Werbeprojekte von Großkonzernen. Doch schaut man einmal genau hin, so kann man erkennen, dass wahre Fußballtradition am Alter der Vereine beziehungsweise der Fußballabteilungen abzulesen ist. »Ha!«, höre ich da schon die 60er aus München lachen, »wir sind die Ältesten.« Und auch der VfL aus Bochum, immerhin mit der Jahreszahl 1848 im Namen versehen, könnte frohlocken. Bei genauer Betrachtung muss man aber feststellen, der Verein mag alt sein, nur Fußball wurde dort erst viel später gespielt. Mancher Verein ist gar nicht so alt, wie er glauben machen möchte. Mit Ausnahme von meiner Hertha. Die liegt ganz weit vorne. Wahrer Fußball-Adel.

Zugegebenermaßen ist bei einigen Vereinen die Einordnung schwierig. Etliche Clubs haben schon mehrere Fusionen hinter sich, aus denen völlig neue Gebilde entstanden.

Einige könnten so zum Teil auf ein gutes halbes Dutzend Gründerclubs zurückblicken. Fairerweise berücksichtige ich bei Fusionsclubs nur die Zeit seit der letzten Fusion. Vereine, die eine Fusion wieder verlassen haben und so den Status quo zurückerlangt haben, werden natürlich in ihrer vollen zeitlichen Pracht dargestellt. Wen wundert es, dass bei Hertha von allen Vereinen der 1. und 2. Liga am längsten Fußball gespielt wird. Gold geht somit also nach Berlin. Seit dem 25. Juli 1892 wird hier gegen den Ball getreten. Auf den Medaillenplätzen folgen Eintracht Braunschweig (15.12.1895) und Werder Bremen (4.2.1899). Dann kommen 1860 München (24.4.1899), Eintracht Frankfurt (1.5.1899), Hannover 96 (25.6.1899) und der FSV Frankfurt (20.8.1899). Mit dem FC Bayern wurde am 27. Februar 1900 der erste Club im neuen Jahrhundert gegründet.

Der älteste noch existierende Fußballclub Deutschlands kommt übrigens auch aus Berlin, es ist der BFC Germania 1888.

6. KAPITEL

HERTHA BSC UND DIE DEUTSCHE GESCHICHTE

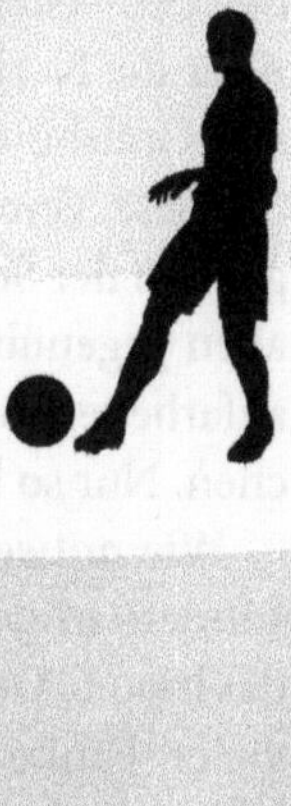

57. GRUND

Weil Hertha BSC die Nazizeit aufarbeitet

So manche Biografie teilt das Leben in eine Zeit vor 1933 und nach 1945. Dazwischen lag irgendetwas, was nur allzu gerne verschwiegen wurde und wird. Diesen Fehler will ich nicht wiederholen. Sicherlich war Hertha kein Vorzeigeclub der Nazis. Das waren andere. Nun aber daraus abzuleiten, dass Hertha einer der Vereine war, die sauber durch die braune Diktatur schipperten, wäre falsch und vermessen. Alle waren belastet, manche profitierten aktiv, haben sich schon früh angebiedert, freiwillig gleichgeschaltet, ihre jüdischen Mitglieder verraten oder waren einfach nur Mitläufer. Dieser Teil der deutschen Fußballgeschichte lässt sich nicht zurückdrehen. Aber die Nazi-Clubs von damals sind sicherlich heute keine braunen Gralshüter mehr. Doch darum geht es nicht.

Diese Vereine, die damals bereits existierten, haben, unabhängig von der Schwere der Beteiligung, aber eine Verantwortung uns allen gegenüber. Sie dürfen nicht schweigen. Sie müssen ihr Erbe aufarbeiten und die Erkenntnisse der Öffentlichkeit zugänglich machen. Nur so kann man diese Zeiten entmystifizieren.

Wie notwendig es ist, Aufklärung zu betreiben, wurde insbesondere in den 80er-Jahren deutlich. Nicht nur bei Hertha lebte das braune Gedankengut wieder auf. Der Schiedsrichter wurde aus vielen Fankurven heraus als »Jude« beschimpft, der rechte Arm erhoben, dunkelhäutige Spieler mit Bananen beworfen und mit Affenlauten beleidigt. Bei Hertha hatte die NPD noch bis Anfang der 90er versucht, vor dem Olympiastadion Nachwuchs zu rekrutieren. Nazi-Fans gab es in fast allen Vereinen der oberen Ligen. Andererseits war es natürlich verständlich, dass sich Fußballfans, die gegen rechts waren, einen Verein suchten, der das nicht mitmachte. So wurde es modern für alle aufrechten Antifaschisten – und die, die sich dafür hielten –, zum FC St. Pauli zu pilgern. Die anderen Vereine, Schublade auf, waren eben Faschos, Schublade zu. So einfach kann die Welt sein.

Nun war ich weit davon entfernt, meinen Verein zu wechseln. Aus meiner Sicht musste sich hier etwas ändern. Zu St. Pauli zu gehen war für mich etwas für Menschen, die den einfachen Weg gehen wollten. Doch das Wort »Herthaner« impliziert bereits den schwereren Weg. Natürlich wurde für mich in den 80ern die Luft bei Hertha dünner. Ich mied die Fankurve – was jahrelang ein Zuhause für mich war, wurde zur verbotenen Zone. Einfach zu gefährlich. Als Hertha dann auch noch in die Amateur-Oberliga abstieg und die Zuschauerzahlen noch einmal zurückgingen, war es nicht einfach, unerkannt den Spielen meines Vereins zu folgen. Doch im Elend der Drittklassigkeit lag die Chance, von der meine Hertha auch heute noch profitiert.

Als Hertha endlich das Tal der Tränen der sportlichen Bedeutungslosigkeit durchschritten hatte und die 1. Bundesliga wieder in ständige Reichweite gelangte, war die Zuschauerzusammensetzung komplett verändert. Hertha hatte in den 80er-Jahren eine komplette Fan-Generation verloren. Die Fankurve lag wie ein unbebauter Acker vor einem. Das heißt, die meisten der jungen Fans, die jetzt die Masse bildeten und kurze Zeit später auch den Ton in der Kurve angaben, hatten mit den leidigen 80er-Jahren alleine aus biologischen Gründen nichts zu tun. Nazi-Fans waren zwar immer noch im Stadion, aber sie waren nicht mehr tonangebend. Anfang der 90er versuchten diese zwar noch, ihren Einfluss zu behaupten, wurden aber von der Mehrheit der Fans abgelehnt.

In diesem Zusammenhang müssen die Ultras von Hertha erwähnt werden. Vergessen wir einmal für einen Augenblick die Diskussion um Pyrotechnik. Ich bin auch kein Freund der Vorsänger mit Megafon. Man kann Hertha auch ohne Vorturner anfeuern. Aber diese jungen Leute leben Hertha. Es ist kein Zufall, dass der Einfluss der Rechten mit der Zunahme der Bedeutung der Ultras zurückging. Ich höre schon seit Jahren keine rechten Schmähgesänge mehr und das ist auch gut so. Hertha BSC als Verein hat entscheidend dazu beigetragen, dass uns diese Kameraden weitestgehend erspart geblieben sind. Eine gute Maßnahme ist das Buch *Hertha unter dem Hakenkreuz* von Daniel Koerfer, Historiker an der Freien Universität Berlin, das Hertha in Auftrag gegeben hat. Hertha hat sich seiner Geschichte gestellt und sein Archiv freigegeben. Nur wenn über diese dunkelste Zeit der deutschen Geschichte offen und ohne »Schere im Kopf« berichtet wird, können spätere Generationen ihre Lehren daraus ziehen.

Dass Fußball auch während der Nazizeit durchaus völkerverbindend wirken konnte und Entrechteten einen Teil der Würde wiedergeben konnte, zeigte die Geschichte des niederländischen Zwangsarbeiters Abraham Appel, der in den 40er-Jahren zum Star bei Hertha avancierte. Dafür wurde er nach seiner Rückkehr in die Niederlande als Kollaborateur beschimpft, aber später durfte er wieder in der niederländischen Nationalmannschaft spielen. Jahrzehnte später sagte er in einem Interview, nachzulesen bei Koerfer, Hertha sei kein Nazi-Club gewesen. »Bei Hertha habe ich mit Jungs gespielt, die richtige Freunde für mich wurden. Es waren alles junge Männer, die den Krieg genauso schrecklich fanden wie ich. Menne Hahn, ein toller Fußballer in unserem Team, wurde ganz plötzlich an die Ostfront geschickt. Dort ist er dann gefallen. Diesen Jungen haben wir alle niemals wiedergesehen. Ich fand das entsetzlich ... Nein, ich verspürte keinen Hass, solche Gefühle führen zu nichts. Außer zu neuer Not und neuem Elend.«[78]

Jüdische Zwangsarbeiter hätten aber auch bei Hertha zu dieser Zeit niemals am Vereinsleben teilnehmen können. Wie das Schicksal des jüdischen Mannschaftsarztes Dr. Hermann Horwitz verdeutlicht, das an anderer Stelle in diesem Buch aufgezeigt wird.

Die Verwurzelung des Vereins im Berliner Arbeiterbezirk Wedding bewahrte Hertha aber vor einer zu großen Einverleibung in die Propagandamaschine des Dritten Reichs. Im Wedding stimmten 1932 noch drei Viertel der Wähler für KPD und SPD. Damit galt

Hertha bei den braunen Herren als eher schwierig. Kein bürgerlicher Verein hat sich damals als Hort des Widerstands gegen das totalitäre Regime verdient gemacht. Hertha war zwar bestenfalls Mitläufer, wäre das Interesse der damaligen Machthaber an Hertha aber größer gewesen, wer weiß, wohin Herthas Reise gegangen wäre. Die Aufarbeitung der Vergangenheit ist aber eine Bringschuld jedes Vereins, der seinerzeit bestand. Hertha hat sie geleistet.

58. GRUND

Weil Hertha BSC sich seiner geschichtlichen Verantwortung bewusst ist

Fußballspieler sind das Kapital eines jeden Fußballvereins. Sie werden gehätschelt, gepflegt, atmen Höhenluft, essen gesund, werden massiert und medizinisch bestens versorgt.

Ich wage es zu bezweifeln, dass sämtliche heutige Spieler in den 1920er-Jahren auch nur eine Saison durchgestanden hätten. Rustikal ging es zur Sache und wenn ein Spieler einmal verletzt wurde, hatte die Mannschaft auf dem Platz das Nachsehen. Eine Auswechslung gab es damals noch nicht.

1953/54 wurde das erste Mal eine Auswechselmöglichkeit angeboten. Bei den Qualifikationsspielen zur WM-Endrunde in der Schweiz durfte jedes Team einen verletzten Spieler ersetzen, aber nur in der ersten Halbzeit. Erst 1967 sollte sich die Auswechselung dauerhaft durchsetzen. 1995 wurde das Auswechselkontingent so erhöht, wie wir es heute kennen. Jetzt konnten drei Spieler, selbst wenn sie nicht verletzt waren, ausgewechselt werden.

Wie wichtig also musste damals ein guter Mannschaftsarzt gewesen sein. Hertha hatte so eine Koryphäe. Dr. Hermann Horwitz hieß er. Er war bis 1935 der Mannschaftsarzt von Hertha BSC. Da seine medizinische Laufbahn bei Hertha bereits in der 1920er-Jahren begann, kann davon ausgegangen werden, dass er maßgeblich an den sechs Endspielen um die Deutsche Meisterschaft beteiligt war. Er, der den Ersten Weltkrieg als hochdekorierter Frontkämpfer überlebte und das gesundheitliche Leid, das der Krieg mit sich brachte, hautnah miterlebte, wollte seine ganze Kraft dem Gesundheitswesen widmen. 1920 promovierte der am 27. Dezember 1885 geborene Mediziner.

Mit der Machtübernahme der Nazis sollte sich sein Leben einschneidend verändern. Dr. Hermann Horwitz war Jude. Immer restriktiver wurde der Alltag; was mit einfachen Ausgrenzungen begann, endete mit dem Tod. Nach einem Erlass vom 25. Juli 1938 wurde ihm und anderen jüdischen Ärzten, mit Wirkung vom 30. September 1938, die Approbation, die Berufserlaubnis als Arzt, entzogen. Lediglich 709 Ärzte erhielten eine »widerrufliche Genehmigung«, als sogenannte Krankenbehandler zu arbeiten. Dr. Horwitz erhielt eine solche Lizenz. Was wie ein positiver Aspekt klingt, war jedoch eine weitere Stufe der Entrechtung. Er durfte von nun an nur noch jüdische Patienten behandeln. Es lag in der Perversion des Systems, dass es immer weniger Patienten gab, um die sich Dr. Horwitz hätte kümmern können. Systematisch wurde er, wie viele andere, entrechtet, gedemütigt, ausgeplündert und schließlich 1943 in Auschwitz ermordet.

Es ist der Aufklärungsarbeit von Daniel Koerfer, die mit voller Unterstützung des Vereins vonstattenging zu verdanken, dass Dr. Hermann Horwitz nicht in Vergessenheit geriet. Am 23. April 2013 wurde auf Initiative von Hertha BSC ein sogenannter Stolperstein vor der letzten Wohnadresse des ehemaligen Mannschaftsarztes und Herthaners in der Prager Straße 24 im Gehweg eingelassen. Der Stein trägt die Inschrift »Hier wohnte Dr. Hermann Horwitz, Jg. 1885, deportiert 19.4.1943, ermordet in Auschwitz«. Bei der Verlegung waren von Hertha BSC Präsident Werner Gegenbauer, der Aufsichtsratsvorsitzende Bernd Schiphorst, Herthas israelischer Spieler Ben Sahar und der Teamarzt Dr. Ulrich Schleicher, aber auch der Historiker Prof. Daniel Koerfer, der Autor des Buches *Hertha unter dem Hakenkreuz*, zugegen. Herthas »Nachfolger« von Dr. Horwitz und jetziger Teamarzt Dr. Ulrich Schleicher sagte zu diesem Anlass: »Hertha hat eine lange Geschichte und da ist es mir ein Anliegen, an meinen früheren Kollegen zu erinnern und sein Schicksal nicht in Vergessenheit geraten zu lassen. Für die nächsten Generationen ist es wichtig, mit diesem Stein auch weiter eine Verbindung zu diesem Menschen wiederfinden zu können.«[79]

Die Stolpersteine sind ein Projekt des Künstlers Gunter Demnig. Die Steine sollen an das Schicksal der Menschen erinnern, die während der Nazizeit ermordet, deportiert, vertrieben oder in den Selbstmord getrieben wurden. Die Stolpersteine werden in der Regel vor den letzten frei gewählten Wohnhäusern der NS-Opfer in den Bürgersteig eingesetzt.

Demnigs Anliegen ist es unter anderem, den Opfern, die zu Nummern degradiert wurden, ihre Namen zurückzugeben und dem Vergessen zu entreißen.

59. GRUND

Weil Hertha BSC für Helmut Schön ein Zufluchtsort war und er das blau-weiße Trikot trug

Wer heute den Namen Helmut Schön liest, denkt unweigerlich an seine unglaubliche Karriere als Bundestrainer. Der »Mann mit der Mütze«, der im Übrigen auch 16 Mal selbst das Nationaltrikot trug, errang als Cheftrainer 1972 die Europameisterschaft und wurde 1974 Weltmeister. Weniger bekannt ist die Tatsache, dass Helmut Schön einmal Hertha-Spieler war. Zu »verdanken« hatte Hertha diese Verstärkung, die übrigens mit fast der kompletten ersten Mannschaft vom ehemaligen Dresdner SC zu Hertha wechselte, den Restriktionen der DDR. Doch eins nach dem anderen.

In der sowjetischen Besatzungszone wurden nach 1945 die alten Traditionsklubs aufgelöst und Betriebssportgemeinschaften (BSG) gegründet. Die fantasievollen, aber traditionslosen Namen der Vereine lauteten Traktor, Lokomotive, Rotation oder Wismut. Neben den BSGs gab es anfänglich noch die kommunalen Spielgemeinschaften (SG). So fand sich der berühmte Dresdner SC, der Deutsche Meister von 1943 und 1944, unter dem Namen SG Friedrichstadt wieder.

1950 wurde die erste DDR-Meisterschaft ausgespielt. Das alles entscheidende Spiel der DDR-Oberliga bestritten die SG Friedrichstadt und die Mannschaft des linientreuen Vereins Horch Zwickau. Zu diesem Spiel kamen 65.000 Zuschauer! Unter ihnen Walter Ulbricht, der drei Monate später der erste Generalsekretär des ZK der SED wurde. Von vornherein war klar, einen DDR-Meister SG Friedrichstadt sollte es nicht geben dürfen.

Folglich war der Schiedsrichter ein SED-Genosse – Gerhard Schulz. Die Angriffsversuche der Friedrichstädter endeten in angeblichen Abseitsstellungen. Die Zwickauer bekamen Freistöße schon für leichteste Berührungen. Drei Dresdner Spieler wurden derart zusammengetreten, dass die Elbstädter nur noch zu acht das Spiel zu Ende bringen konnten. Am Ende gewannen die Zwickauer 5:1. Der Fußballsport aber verlor – und mit ihm in der Folge Dresden einige seiner besten Fußballer.

Die Dresdner Zuschauer waren derart empört, dass sie nach Schlusspfiff bis auf die Ehrentribüne vordrangen. Die Volkspolizei musste Ulbricht und sein Gefolge schützen. Die SED setzte nach dem Spiel noch einen drauf. Die so Betrogenen wurden jetzt auch noch gesperrt oder zur BSG Tabak Dresden versetzt. Das Signal wurde verstanden. Die Sperren gegen die SG Friedrichstadt zielten ins Leere, denn die Mannschaft setzte sich gen Westen ab.

Bei der Flucht der Mannschaft half übrigens auch Ignatz Bubis mit, der spätere Vorsitzende des Zentralrats der Juden in Deutschland. Dieser wohnte damals in Berlin, war aber ein alter DSC-Fan und vollkommen fußballverrückt. Gewissermaßen war er ein früher Sponsor des Fußballs. Er unterstützte die Dresdner Spieler mit Naturalien und gab auch schon mal ein Mittagessen aus. Bubis wohnte bereits seit 1949 im Westen Berlins. Er soll es gewesen sein, der den Spielern riet, zu Hertha BSC zu wechseln. Er organisierte auch einen großen Wagen, mit dem sich einige Spieler nach West-Berlin absetzten. Auch Helmut Schön soll er beim Seitenwechsel unterstützt haben. Als die Flucht eines großen Teils der Dresdner Mannschaft bekannt wurde, schäumte die DDR-Presse: »Die Spieler der ehemaligen ersten Fußballmannschaft der Sportgemeinschaft Dresden-Friedrichstadt verließen das Gebiet der Deutschen Demokratischen Republik. Dieser Schritt der Spieler ist die Fortsetzung ihres unsportlichen und undemokratischen Verhaltens im Heinz-Steyer-Stadion anlässlich der Fußballmeisterschaft der DDR.«[80]

Die Spieler wurden von Hertha aufgenommen und die Saison 1950/51 wurde als »Hertha BSC/DSC Berlin« gespielt. Dies führte natürlich zu einem enormen Konkurrenzkampf. Über Nacht gab es schließlich zwei erste Mannschaften. Alle Stammplätze standen zur Disposition. Leider war das für den Mannschaftsgeist nicht förderlich und das Experiment scheiterte.

Hertha BSC wurde 1950/51 mit elf ehemaligen Dresdnern »nur« Dritter in der Berliner Meisterschaft. Der 35-jährige Helmut Schön spielte noch drei Spiele in dieser Saison für Hertha, bevor eine Knieverletzung seine Laufbahn als Spieler beendete. Der Weg für eine der größten Trainer-Karrieren Deutschlands war frei.[81]

60. GRUND

Weil Hertha BSC 1960 einem DDR-Bürger ein Spiel gegen Pelé ermöglichte

Hertha BSC hatte von allen späteren Bundesligavereinen am meisten unter der Teilung Deutschlands zu leiden. So verfügte Hertha in den 1950er-Jahren über einige sogenannte »Grenzgänger« in ihren Reihen. Grenzgänger waren Menschen, die entweder im Westen wohnten und im Osten arbeiteten oder umgekehrt, aber auch solche, die einer Freizeitbeschäftigung im anderen Teil der Stadt nachgingen. Es gab folglich auch Spieler, die nur ein paar Meter von der Plumpe entfernt im Ostteil der Stadt wohnten und bei Hertha kickten. Dieses »Wandeln zwischen den Welten« sollte am 13. August 1961 mit dem Mauerbau ein abruptes Ende finden.

Hertha spielte an diesem Tag sowohl mit der Reservemannschaft als auch der »Ersten« gegen Wacker 04 in Reinickendorf, das im Norden von West-Berlin liegt, und wartete auf vier Spieler. Vergeblich. Was keiner zu diesem Zeitpunkt glauben konnte, wurde später Gewissheit. Die Spieler konnten nie wieder für Hertha BSC antreten. Das Spiel gegen Wacker selbst endete 0:0. Das Ergebnis spricht Bände, viele Spieler der beiden Clubs waren mit ihren Gedanken bei ihren Verwandten im Ostteil und das Niveau des Spiels der Stimmung entsprechend.

Einer der fehlenden Spieler war Manfred Albrecht. Als er an diesem Tag wie immer zur Bornholmer Brücke ging, die damals ein Grenzkontrollpunkt war, wurde ihm der Durchgang in die andere Hälfte seiner Stadt verwehrt. Das gleiche Schicksal ereilte auch Klaus Taube, Dieter Basta und Wolfgang Schunack. Für ganze 38 Jahre sollte sich daran nichts ändern.

Nicht nur die Spieler fehlten. Von da an sollten auch Zehntausende Zuschauer die Hertha-Spiele nicht mehr verfolgen dürfen. Etliche Mitglieder konnten nicht mehr am Vereinsleben teilnehmen, die Jugendabteilung litt ebenfalls unter dem Aderlass. Klaus Taube, der dem Vernehmen nach eine große Karriere als Fußballspieler vor sich hatte, verlor nicht nur seine sportliche Heimat, sondern als ehemaliger Grenzgänger gebrandmarkter Spieler wurde ihm in der DDR jegliche Förderung verweigert und so seine Perspektive als Spieler genommen. So konnte er lediglich bei den mäßig erfolgreichen Clubs Lichtenberg 47 und Einheit Pankow seinem Sport nachgehen. Ähnlich erging es Wolfgang Schunack, der beim zweitklassigen Verein TSC Oberschöneweide unterkam. Was Schunack aber nicht genommen werden konnte, war, dass er gegen den großen Edson Arantes do Nascimento, kurz Pelé, spielen durfte.

Kurz vor dem Mauerbau, am 15. Juni 1960, kam der FC Santos nach Berlin, um gegen eine Berliner Stadtauswahl, bestehend aus Spielern von Hertha BSC und Tennis Borussia, anzutreten.[82] In der Mannschaft war auch Wolfgang Schunack. Hertha/TeBe verlor vor rund 15.000 Zuschauern 2:4. Der Herthaner Faeder schoss mit seinen zwei Treffern immerhin ein Tor mehr als Pelé. Der FC Santos sollte in dieser Saison Brasilianischer Meister und Pokalsieger werden.[83] Das erste Spiel einer DDR-Mannschaft gegen Brasilien fand erst am 26. Juni 1974 bei der Fußball-WM in der Bundesrepublik statt. Die DDR verlor 1:0 in Hannover gegen den noch amtierenden Weltmeister. Zu diesem Zeitpunkt hatte Pelé seine Karriere in der Nationalmannschaft bereits beendet.

Am 18. Juli 1971 trug er gegen Jugoslawien beim 2:2 das letzte Mal das Nationaltrikot und wurde von 180.000 Zuschauern im Maracanã-Stadion enthusiastisch verabschiedet. Mit 77 Treffern in insgesamt 92 Spielen ist der dreimalige Weltmeister bis heute der Rekordtorschütze Brasiliens.

Der Herthaner Wolfgang Schunack war somit der einzige Bürger der DDR, der jemals gegen Pelé gespielt hat. Ob Klaus Taube auch gegen den FC Santos dabei war, entzieht sich meiner Kenntnis.

61. GRUND

Weil Herthas Fanblock in Prag ein wenig sächselte

Hertha BSC hatte sich in der Saison 1977/78 als Dritter hinter dem 1. FC Köln und Borussia Mönchengladbach für den UEFA Cup qualifiziert. Zu diesem Zeitpunkt ahnte noch niemand, dass Hertha für Furore in diesem Wettbewerb sorgen würde und – für einen Wimpernschlag in der Geschichte – die deutsche Teilung vergessen lassen würde. Dies war den besonderen Umständen im Viertelfinal-Rückspiel in Prag bei Dukla am 21. März 1979 geschuldet. Nach einem ärgerlichen 1:1-Unentschieden im Hinspiel war die Ausgangssituation schlecht. Hertha geriet unglücklich, quasi mit dem Halbzeitpfiff, durch Pelc in Rückstand. Es war Dieter Nüssing, der meine Hertha durch sein Tor kurz nach dem Wiederanpfiff im Rennen hielt. Hertha hatte zwar noch etliche gute Torchancen, aber das Tor der Spieler aus der Goldenen Stadt schien wie vernagelt.

Das 1:1 war sicherlich kein Beinbruch. Mit Dukla Prag stellte sich schließlich eine Mannschaft im altehrwürdigen Olympiastadion vor, die immerhin in der Vorrunde den FC Everton aus dem Wettbewerb bugsiert hatte. Der FC Everton hatte sich für den Europapokal sogar als Dritter der Premier League vor Vereinen wie Manchester City, Arsenal und Manchester United qualifiziert. In das Viertelfinale war Dukla Prag nach einem wahnsinnigen Sturmlauf im heimischen Stadion gegen den VfB Stuttgart eingezogen. Der VfB hatte das Hinspiel 4:1 gewonnen, doch es half nichts. Im Rückspiel rannten die Tschechen die Schwaben einfach um und gewannen das Spiel mit 4:0. Übrigens hatte Dukla bis dato alle Heimspiele im laufenden Wettbewerb zu Hause zu null gewonnen. Ausgerechnet gegen diese heimstarke Truppe, die mit zahlreichen Nationalspielern gespickt war, sollte nun meine Hertha bestehen?

Es gab viele sogenannte Fußballfachleute im ganzen Land, die keinen Pfifferling auf meine Hertha mehr gaben. Ich selbst hatte zwar auch extreme Bauschmerzen vor diesem Spiel, doch ich war ja schließlich nur Fan und keiner dieser vermeintlichen Fußballkenner. Ich glaubte an ein Wunder! Und mein Glaube an Hertha BSC sollte nicht enttäuscht werden. Im Gegenteil – ich erlebte sogar mehrere Mirakel auf einmal. Das erste Wunder zeichnete sich bereits auf der Hinfahrt ab. Auf unterschiedlichste Art und Weise schien sich ganz West-Berlin auf den Weg in die tschechoslowakische Hauptstadt zu machen. Wir reisten von Berlin (West) kommend via Bahnhof Friedrichstraße, der damals Grenzübergang war, in Berlin (Ost) ein, nach der obligatorischen Gesichtskontrolle zogen wir weiter, um dann den Zug Richtung Prag zu entern. Mit uns stiegen auch einige Ost-Berliner ein, auch sie wollten meine Hertha in Prag unterstützen. Wie wir erfuhren, sollten es eigentlich viel mehr sein, aber die Stasi hatte im Vorfeld ganze Arbeit geleistet.

In unserem Waggon wartete ein weiteres kleines Wunder auf uns. Wunderlich war, wie viele Bierdosen doch in so ein Reichsbahnzugabteil passten. Herthaner, die mit einem anderen Zug in Richtung Prag unterwegs waren, konnten Erfreulicheres berichten. Am Bahnhof Schönefeld stießen unzählige Ost-Berliner hinzu und verstärkten so den Tross der blau-weißen Anhängerschar. Das Gros bestand aus Unionern und Ost-Berliner Herthanern, die die Gelegenheit nutzten, Hertha BSC einmal live und gegenwärtig erleben zu können, beziehungsweise gemeinsam mit uns Hertha-Fans einen unvergesslichen Tag zu erleben.

Das an sich war schon unglaublich ergreifend. Wie krank und überflüssig die Mauer war, wurde mir immer wieder bei solchen Gelegenheiten klar. In der Erinnerung blieb mir, dass wir auf der Fahrt wahnsinnig viel gesungen, getrunken und gefachsimpelt haben. Obwohl ich die meisten der Zugestiegenen nicht kannte, hatte ich das Gefühl, als wenn man schon seit Jahren gemeinsam zum Fußball ging. Eine gefühlte Ewigkeit sangen wir gemeinsam immer wieder: »Ja, wir halten zusammen wie der Wind und das Meer, die blau-weiße Hertha und der FC Union.« Doch richtige Wunder sollten erst noch kommen.

In Prag angekommen, trafen wir uns wie vorher verabredet mit unseren Union-Freunden, die wir schon länger kannten. Schnell wurden diese dank einiger mitgebrachter Fanutensilien zu Herthanern umgezogen. Das war wichtig, schließlich war der Arm der Stasi lang. So aber waren die beiden nicht mehr äußerlich als Bürger der DDR zu erkennen. Nun galt es noch, Karten für unsere Freunde zu besorgen. Mein Vater, der als Sportjournalist im Mannschaftshotel untergebracht war, war da natürlich unsere erste Adresse. Schnell konnten wir Kontakt zu ihm aufnehmen. Mein Vater, bekannt dafür, immer alles zu versuchen, bevor ihm überhaupt erst der Gedanke ans Aufgeben kam, versprach uns, sich darum zu kümmern. Er schimpfte noch mit uns, dass wir das ja auch schon in West-Berlin hätten besprechen können. Recht hatte er. Am Ende konnten unsere Freunde zwei Karten für das restlos ausverkaufte Spiel in den Händen halten. Ein weiteres Wunder war geschehen. Die Karten hatte er vom damaligen Präsidenten Herthas, Ottomar Domrich, nicht gerade ein Freund meines Vaters. Den hatte mein Vater davon überzeugt, dass es eine gute Sache wäre, ihm zwei Tickets zu überlassen.

Jetzt konnte man sich auf das eigentliche Wunder vorbereiten. Etliche Biere und ein üppiges Essen im Bierrestaurant »U Fleku« später kamen wir endlich am Stadion an. Was jedoch dort auf mich wartete, übertraf meine kühnsten Gedanken. Noch heute bekomme ich eine Gänsehaut, wenn ich daran denke. Das Stadion war zur Hälfte in blau-weißer Hand. Berliner aus Ost und West, Fußballfans aus Leipzig, Erfurt, Jena, Jüterbog, Schwerin, ja aus der gesamten DDR, standen Seite an Seite mit uns. Unglaublich, was für Strapazen einige von unseren Freunden auf sich genommen hatten, nur um Hertha zu sehen. Sagenhaft die verschiedenen Wege, die gegangen wurden, um an die Karten ranzukommen. Vor allem hat mir eines unheimlich imponiert: die ungebremste Kreativität, mit der Hertha-Trikots, -Mützen und -Schals hergestellt wurden.

T-Shirts waren per Hand beschriftet worden, scheinbar der gesamte Jahresvorrat der Warschauer-Pakt-Staaten an blau-weißer Wolle war verstrickt worden. Jetzt war klar, Hertha hatte ein Heimspiel!

Neben dem »Ha Ho He« wurde immer wieder die Freundschaft zu Union besungen – und das unter den Augen beziehungsweise Ohren der Obrigkeit. Sogar die drei Sachsen, die vor mir standen, stimmten in die Hertha-Union-Gesänge ein. Wir gaben alles, vollkommen heiser, und ich meine wirklich vollkommen, erlebten wir das »Wunder von Prag«. Zunächst sah es nicht danach aus. Dukla ging durch Zdeněk Nehoda 1:0 in Führung. Nehoda, der in 90 Länderspielen für sein Heimatland 30 Tore schoss, transferierte übrigens 1983 ganz legal ins »kapitalistische« Ausland. Nach Darmstadt in die 2. Liga. Dies durfte er, da er eine offizielle dreijährige Freigabe für den Westen bekam. Im Gegenzug erhielt der tschechoslowakische Fußballverband Geld. Schwein ist, wer Böses dabei denkt …

Diese Freiheit blieb den meisten Menschen jenseits der Mauer verwehrt. Ein Teil dieser in ihrer Reisefreiheit Beschnittenen war im Stadion und dank der frenetischen Unterstützung aller Blau-Weißen wendete sich das Blatt. Dem 1:1 durch Herthas Dänen Henrik Agerbeck folgte der 2:1-Siegtreffer durch Jürgen Milewski. Alles lag sich in den Armen. Es war einer dieser Momente, die man nicht beschreiben kann: Gänsehaut, Glückshormone und das Gefühl, dass Hertha viele Freunde hat, war überwältigend. Als es später wieder zurück nach Hause ging und wir uns von unseren alten und neu gewonnenen Freunden verabschiedeten, musste ich heulen. Ich war nicht der Einzige.

Hertha zeigte es seinen schwarzsehenden Kritikern und erreichte das Halbfinale des UEFA Cups. Während in der rheinischen oder schwäbischen Provinz die DDR und die deutsche Teilung im Alltag praktisch nicht stattfand, traf die Teilung die Menschen in Gesamt-Berlin und der DDR mit ihrer vollen Brutalität. Auch für diese Menschen hat Hertha in Prag gewonnen. Wer dabei war, konnte es spüren. Diese willensstarke Mannschaft spielte für die Herzen in Ost und West: Norbert Nigbur, Michael Sziedat, Uwe Kliemann (der Funkturm), Ole Rasmussen, Jürgen Diefenbach, Holger Brück, Dieter Nüssing, Erich »Ete« Beer, Bernd Gersdorff, Henrik Agerbeck und Jürgen Milewski.

62. GRUND

Weil Hertha BSC eine Fanfreundschaft mit dem FC Union unterhielt

Beim »internationalen Fußballvergleich« (DDR-Jargon) 1978 in Dresden gegen Dynamo haben wir unsere Union-Kumpels kennen- und schätzen gelernt. Folglich war es für uns eine Ehrensache, sie mehrmals im Jahr zu besuchen. Sie selbst hatten die Chance zum Gegenbesuch ja nicht. Was haben wir uns damals selbst kasteit, Wochen vor unserem Besuch im östlichen Drittel unserer eigenen Stadt, meiner Geburtsstadt, der Stadt meiner Eltern. Gezwungenermaßen zog es uns erst einmal ins Büro für Reiseangelegenheiten der DDR, der ostdeutschen Version der Muppetshow. Mittelalte, mittelmäßige Männer im zeitlosen Chic der frühen 50er-Jahre mit dunklen bis grauen Anzügen entschieden darüber, besser maßten sich an, ob ich den anderen Teil meiner Heimatstadt sehen durfte. Ging deren fetter Daumen nach oben, konnte ich zwei Wochen später mein Visum abholen.

Nur zum Vergleich: Das wäre so, als wenn ein Hamburger aus Pöseldorf mit 14-tägigem Vorlauf erst einmal eine höhere Instanz fragen müsste, ob er ein Bier in St. Pauli trinken darf. Wir füllten also unseren Antrag auf das Erlangen eines Berechtigungsscheins zum Empfang eines Visums aus. Das war an sich genommen schon unfreiwillig komisch. Bei mir ging das so. Geburtsort? Berlin. Wohnort? Berlin. Zielort? Berlin. Zweck des Besuchs in der DDR? Berlin-Tourist. Mit stoischer Ruhe wurde von den Mitarbeitern der

Staatssicherheit dann immer noch hinter meinem Berlin ein »W« für WESTBERLIN geklemmt. Die DDR sprach gerne von West-Berlin. Ein Wort. Damit mein Teil der schönsten Stadt der Welt im Alphabet erst ganz weit hinter »B« kam. Dort wo ganz oben gemäß DDR-Jargon »Berlin – Hauptstadt der DDR« zu finden war. Das »Hauptstadt der DDR« wurde derart penetrant kolportiert, dass man den Eindruck gewinnen konnte, die DDR glaubte selbst nicht an den Quatsch, dass ein Teil vom Ganzen das Ganze sein konnte.

Die Angabe »Berlin-Tourist« bei meinem »Einreiseantrag« war sehr wichtig, denn man musste den Alltagsspitzeln ja nicht gleich auf die Nase binden, wen man besuchte. Obwohl, wie sich später herausstellte, eine solche Vorsichtsmaßnahme überflüssig war. Die Stasi wusste es bereits. Warum hole ich zum Thema Fanfreundschaft so weit aus? Nun, ich möchte nur den Stellenwert der damaligen Freundschaft verdeutlichen. Der war nämlich sehr hoch. Heute, sofern man eine Fanfreundschaft pflegt, trifft man sich, wann immer man will, trinkt ein und meist noch ein paar Biere mehr und geht, wann immer man es für richtig hält, wieder auseinander. Nun, das mit den Bieren hat auch mit uns geklappt. Nur die Spontaneität für die Treffen blieb auf der Strecke.

Wir, falls wir ein Visum erhielten (was nicht immer selbstverständlich war), sind rüber in die Hauptstadt der DDR. Nach diversen Schleusen mussten wir den obligatorischen Zwangsumtausch, das Eintrittsgeld für »Honis Disneyland«, leisten. Anfangs waren das 15 DM, später 25 DM. Eine unbeschreiblich hohe Summe für einen Schüler und späteren Studenten. Die DDR konnte man sich schon damals nur als Bonze leisten. Der Umtausch erfolgte 1:1. DM gegen fast wertlose Alumünzen und Scheine, deren Größe eher an Spielgeld erinnerte. Vorbei an ernst dreinguckenden Uniformträgern, verließen wir den Bahnhof Friedrichstraße.

Da warteten sie, unsere Kumpels, nein besser und damals auch richtiger, unsere Freunde von Union. Der Empfang war wie immer sehr herzlich und er entschädigte uns für alles. Die Freude teilten wir alle, sofern wir alle tatsächlich durchgelassen worden waren. Es kam aber immer mal wieder vor, dass einer von uns, ohne Angabe von Gründen, nicht in die Hauptstadt der Kontrolle gelassen wurde. Sobald wir aber durch waren, fielen wir uns um den Hals. Unsere Freundschaft konnten kein Staat und keine Stasi der Welt verhindern. Wir fühlten uns großartig. Wir zogen durch Berlins Mitte, aßen, tranken und schnatterten in einem fort. Wir erzählten haarklein von unserem Teil unserer Stadt und die beiden von ihrem. Es war für mich so, als wenn eine tiefe Neugierde befriedigt wurde und meine Sehnsucht nach einem vereinten Berlin.

Irgendwann zogen wir zur Alten Försterei, dem Stadion von Union. 'Ne Runde Union kieken war angesagt. Wir waren bei Weitem nicht die einzigen Herthaner im Union-Block. Man hörte »Eisern Berlin«, ein Schlachtruf, der dem »Eisern Union« entlehnt war und deutlich machen sollte, dass der ganze DDR-Hokuspokus den Traum von einem vereinten Berlin vielleicht ankratzen, aber nicht zerstören konnte. Wir lernten viel über Ketwurst, »Im Nu«, der DDR-Antwort auf Caro-Kaffee, Wartburg und alles andere, was sonst noch »Urst schau« war, und wir waren froh, dass sich die West-Mode hier nicht immer durchgesetzt hatte. Die Mädchen trugen Minirock! Nicht schon wieder, nein, immer noch. Für mich, den Teenager, der ich damals war, ein nicht zu unterschätzender Faktor.

Mit meinen Union-Freunden bin ich auch zu Auswärtsspielen gefahren. Ich erinnere mich noch an eine Partie in Magdeburg. Union lag hoch zurück und es wurde Zeit für uns, den Block zu verlassen. Die obligatorische Klopperei stand an und ich hatte in Magdeburg nur ein Berlin-Visum. Als junger Mensch macht man sich ja keinen Kopp, aber die Vorstellung, von den Vopos eingesammelt zu werden, fernab von der Hauptstadt des Bauernstaates, trieb mich dann doch zur Vorsicht.

Wir haben viel Unfug in Ost-Berlin angestellt, haben Kinderkarusselle im Kulturpark gestürmt, uns mit Uniformträgern aller Art angelegt, Kneipenwirte überredet, Überstunden zu machen, und in der Bowlingbahn des Ballastes der Republik die Sau rausgelassen. Uns schien die Welt zu gehören. Und immer wieder schmiedeten wir Fluchtpläne. Träumten davon, wie Hertha Deutscher Meister würde und Unioner und Herthaner von beiden Seiten auf das Brandenburger Tor stürmten. Mit jedem Lachen, mit jedem Hertha- und Union-Lied, das wir in den Straßen Ost-Berlins schmetterten, zeigten wir der Mauer den Stinkefinger. Wir Herthaner wussten viel über den DDR-Fußball, über die gute Ausbildung der Kicker, über die Fangruppierungen, wir wussten viel über den DDR-Alltag. Ein Wessi meinte einmal in den 80ern zu mir, wir West-Berliner wären total verOSTet. Was für eine Wortkreation. Ich nahm es als Kompliment. Wessis waren für uns damals immer die Deutschen westwärts der Elbe. Die Ost-Berliner sprachen da eher von »Bundis«. Ossis waren bestenfalls die Bewohner der niedersächsischen Nordseeküste.

Wir waren Berliner und das kam gleich hinter Gott. Die Wessis mussten immer schon um Mitternacht das Bauernparadies verlassen. Wir West-Berliner hatten das Privileg, warum auch immer, erst um zwei Uhr morgens die Metropole der Mangelwirtschaft verlassen zu müssen. Das Ostgeld, das wir noch übrig hatten, schenkten wir unseren Freunden. Nicht aus westdeutscher Überheblichkeit heraus. Nein. Einmal in den Westen ausgeführt, wollten selbst Erichs Politbürostrategen diese Spielzeugwährung nicht mehr zurücktauschen. Eine Wiedereinfuhr der eigenen Währung war unerwünscht. Eigentlich verständlich, wer wollte dieses entwertete Zeug auch? Wir verabschiedeten uns und wir haben jedes Mal geheult wie die Schlosshunde. Wir gingen wieder rüber und meine Freunde durften nicht mit. Warum? Das ging mir nicht in den Kopf. So eine Scheiß-Willkür. Da war sie wieder, die unerträgliche Fratze staatlicher Restriktion.

Wir haben so manches Union-Utensil in den Westen geschleust und stolz bei unseren Spielen getragen. Im Gegenzug blieb so manche Hertha-Devotionalie im Osten. Im heimischen Olympiastadion wurde dann bei jedem Hertha-Spiel die Freundschaft zwischen

Hertha und Union besungen. An der Alten Försterei verhielt es sich genauso, Hertha und Union waren unzertrennbar. Beim Rückspiel der Dresdner im Olympiastadion wurde das »Eisern Union« aus Tausenden blau-weißer Kehlen, dank der Fernsehbilder des SFB, zu unseren Freunden hinter der Mauer getragen.

Meine Beziehung zu Union kann ich heute in drei Zeitabschnitte unterteilen.

- Bevor meine Freunde zur Fahne – der Nationalen Volksarmee – mussten. Diese Zeit war wohl die schönste.
- Die Zeit, als sie bei der Armee waren. Da herrschte Funkstille.
- Die Zeit nach dem Wehrdienst, der uns West-Berlinern, dank der konsequenten Anwendung des entmilitarisierten Status, erspart blieb. Diese Phase war, warum auch immer, irgendwie nicht mehr so unbeschwert wie vorher.

Als ich kurz nach dem Mauerfall bei einem meiner Union-Freunde zum Geburtstag eingeladen war, ließ ich am Rande die Bemerkung fallen, dass ich in nächster Zeit meine Stasiakte bei der Gauck-Behörde einsehen würde. Es war das letzte Mal, dass ich etwas von meinen Union-Freunden gehört habe. Daraufhin brachen sie den Kontakt ab. Wer weiß, vielleicht lest ihr ja dieses Buch, dann bitte meldet euch bei mir.

63. GRUND

Weil Hertha BSC 21.000 DDR-Bürger zu Gast hatte

Was waren das für verrückte Tage im November 1989. Am 9. November verlas Günter Schabowski bei einer Pressekonferenz, dass die Bürger der DDR ohne Visumzwang in die ganze Welt reisen dürfen. Auf Nachfrage eines Journalisten antwortete er, dass dies seines Wissens nach ab sofort in Kraft getreten sei. Was dann folgte, ist den meisten von uns noch sehr gut in Erinnerung.

Dort, wo man noch ein paar Tage zuvor erschossen werden konnte, öffneten sich die Grenztore und die Menschen drängten nach Westen. So auch in Berlin. Viele Ost-Berliner besuchten Freunde, Familienangehörige oder eroberten den anderen Teil ihrer Stadt auf eigene Faust. So war es auch nicht weiter verwunderlich, dass die Fußballverrückten unter ihnen schon nach zwei Tagen der Maueröffnung nichts Eiligeres vorhatten, als zum Olympiastadion zu strömen. Hertha war gerade dabei, in die 1. Bundesliga zurückzukehren, Gegner war der spätere Mitaufsteiger aus Wattenscheid. Vor dem Stadion knatterten die Zweitakter um die Wette und der Geruch des DDR-typischen Kraftstoffgemischs schwängerte die West-Berliner Luft. Hertha schien vorbereitet und hatte 10.000 Freikarten für Ost-Berliner bereitgehalten. Sie mussten nur ihren Ausweis vorzeigen, um in den Besitz einer Karte zu kommen.

Was sich dann an den Kassen abspielte war unbeschreiblich. Bereits nach kurzer Zeit waren die 10.000 Freikarten vergeben und es drängten immer mehr Fußballfreunde nach. Am Ende vereinfachte Hertha das Einlass-Prozedere und winkte die Ost-Berliner nur noch durch. Das Stadion war mit rund 65.000 Fans gut gefüllt, darunter immerhin noch 44.174 zahlende Zuschauer. Das Ergebnis von 1:1 an diesem Tage war nebensächlich. Hertha erhielt einen ersten Eindruck davon, was in dieser Stadt alles möglich sein kann. Unvergessen der Jubel nach dem Ausgleichstreffer von Sven Kretschmer in der 64. Minute. Für die Ewigkeit waren auch die unzähligen Schauer, die mir über den Rücken liefen, als der Stadionsprecher alle Berliner Bezirke einzeln begrüßte. Unter den Ost-Berlinern waren nicht nur Herthaner, sondern auch unsere Freunde von Union. Auf einem der Transparente war zu lesen: »Eisern Union grüßt die Freiheit und Hertha.« Die Spieler beider Mannschaften sprechen noch heute von einem unbeschreiblichen Gefühl, das sie alle damals hatten. Unter ihnen Wattenscheids Abwehrspieler Uwe Neuhaus. Dem gefiel das Hertha-Spiel offensichtlich so gut, dass er später wieder nach Berlin zurückkam. Diesmal als Trainer vom 1. FC Union.

64. GRUND

Weil Hertha BSC sich nicht am Ausverkauf des Ostens beteiligte

Was für eine Steilvorlage. Endlich fiel die Mauer, die Wiedervereinigung stand an und Hertha hatte mit dem Aufstieg in die Bundesliga im Jahr 1990 die einmalige Chance, an den zahlreichen Talenten und Spitzenspielern der DDR zu partizipieren. Sozusagen als später Ausgleich für die durch die Mauer erlittenen Nachteile.

Doch Hertha wollte sich offensichtlich nicht am Dilemma der Ostvereine beteiligen, die seit 1989 ihre gut ausgebildeten Spieler für »'n Appel und 'n Ei« an Westclubs abgeben mussten. Rund 150 Spieler aus dem Osten wechselten bereits in den ersten fünf Jahren nach der Wende in den Westen. Eine unglaubliche Zahl. Wer heute die Nase rümpft über den erfolglosen Fußball einiger ehemaliger DDR-Vereine, der sollte nicht vergessen, dass womöglich der Erfolg »seines« Vereins nach 1989 vielleicht eben auch auf diesen »Aderlass« zurückzuführen ist. Die damaligen Hertha-Verantwortlichen jedenfalls hielten es nicht für nötig, sich mit Spielern zu verstärken, die direkt vor der Haustür auf eine neue Aufgabe warteten. Was in diesem Zusammenhang ethisch vorbildlich wirkt, war in Wahrheit Ausdruck von Realitätsferne und Selbstüberschätzung.

Trainer Werner Fuchs, Manager Horst Wolter und Präsident Heinz Roloff verstärkten die Aufstiegsmannschaft nur an wenigen Stellen. Hertha verpflichtete, anstatt der »vor der eigenen Tür« wartenden Stars, für die Rekordsumme von 1,7 Millionen DM den 28-jährigen Uwe Rahn vom 1. FC Köln, der seine beste Zeit allerdings bei seiner ersten Spielerstation in Mönchengladbach hatte. Der war sehr verletzungsanfällig und konnte nur 21 Spiele in jener Saison bestreiten. »Wir vertrauen auf den Kader, der auch den Aufstieg geschafft hat. Wir wollen uns nicht auf Teufel komm raus verstärken, sondern gezielt«, erklärte Werner Fuchs die verfehlte Personalpolitik.[84] Heinz Roloff setzte noch einen drauf. Als die Personalien Andreas Thom, Stefan Beinlich oder Thomas Doll erörtert wurden, sagte er: »Wir nehmen keinen aus dem Osten.«

Das war schon zum Zeitpunkt der Äußerung nicht nur in der Sache falsch, sondern wurde auch einer wichtigen Personalie der auslaufenden 80er-Jahre nicht gerecht. Axel Kruse, mittlerweile durch und durch Herthaner, war es, der als Spieler von Hansa Rostock am 8. Juli 1989 bei einem Auswärtsspiel in Kopenhagen die Gelegenheit nutzte und nach West-Berlin zu Hertha BSC flüchtete. Er wurde ein wichtiger Bestandteil der Aufstiegsmannschaft des Jahres 1990.

Die Berührungsängste, insbesondere gegenüber dem vom »Ober-Stasi« Mielke protegierten BFC Dynamo, waren wohl zu groß. Andere hatten da weniger Ängste. Hertha stieg in der Saison 1990/1991 als Tabellenletzter direkt wieder ab. Das finale Bundesligaspiel in dieser Spielzeit bestritt meine Hertha übrigens gegen Bayer Leverkusen. Reiner Calmund, dem damaligen Manager der Werkself, sagte man nicht ohne Grund nach, dass er in den ersten Jahren nach der Wende ständiger Gast im Osten war und sein ganzes Gewicht in die Waagschale der Spielerverpflichtung warf. Wer den voluminösen Manager vor Augen hat, weiß, dass die andere Waagschale ins Weltall katapultiert wurde. Hertha verlor 1:2. Das letzte Gegentor in dieser verkorksten Saison erzielte der Dresdner Ulf Kirsten. Mit im Kader der Leverkusener standen Spieler wie der Berliner Andreas Thom, der Schweriner Matthias Stammann, aber auch mit Marcus Feinbier und Rüdiger Vollborn zwei gebürtige West-Berliner.

Was daran liebenswert ist? Eigentlich nichts. Wenn es da nicht ein Umdenken gegeben hätte. Hertha BSC setzt mittlerweile verstärkt, wie an anderer Stelle beschrieben, auf die Jugend Berlins und der Region. Ein gutes Scouting-System und zahlreiche Partnerschaften im Jugendbereich mit anderen Vereinen sind genau die richtige Reaktion auf das oben beschriebene Desaster gewesen. Für dieses Umdenken steht seit 2003 auch das Projekt »Hertha BSC hautnah«. Hertha hat in diesem Zusammenhang bereits mit über 20 Städten in Brandenburg und Sachsen-Anhalt Partnerschaften. Hier soll insbesondere der Zusammenhalt zwischen den Berlinern und seinen unmittelbaren Nachbarn nachhaltig gefördert werden. »Es war unser Ziel, ganz dicht an die Brandenburgerinnen und Brandenburger und die Sachsen-Anhalter heranzurücken. Wir möchten die Emotion, die unser Klub schon in Berlin erzeugt, auch in die Region tragen«, sagte Michael Preetz, Geschäftsführer Sport von Hertha.[85]

Was für deutlich andere Töne, die da von meiner Hertha kommen. Die »alte Dame« hat ihre Hausaufgaben gemacht. Und weil meine Hertha Schule macht, ging der Club auch Partnerschaften mit 13 Schulen der Region ein. Dort werden »Hertha-Projekttage« angeboten und natürlich die obligatorischen Fußball-AGs an den Schulen unterstützt. Gesprächs- und Diskussionsrunden mit Verantwortlichen, Spielern und Ehemaligen sowie thematisch begleitete Ausflüge zum Vereinsgelände stehen ebenfalls auf der Agenda.

Andreas Thom, der im Übrigen der erste Spieler der DDR war, der offiziell in den Westen wechselte, kehrte 1998 als Spieler nach Berlin zurück. Natürlich zu Hertha. 2003 wurde er kurz Cheftrainer und seit 2010 betreut er erfolgreich unsere U17 – mit ihr wurde er 2012 Deutscher Meister.

1999 kam mit dem gebürtigen (Ost-)Berliner Marko Rehmer, der seinerzeit bei Union das »Laufen« lernte, ein frischgebackener Nationalspieler von Hansa Rostock zurück an die Spree. Der hochgeschossene Abwehrspieler war nicht nur ein Bollwerk in Herthas Defensive, sondern auch verdammt schnell. In unglaublichen 3,72 Sekunden lief er die 30 Meter. Das war seinerzeit Rekord im deutschen Fußball.

Ost hin, West her. Heute interessiert bei Hertha keinen mehr, woher einer kommt. Wichtig ist einzig und allein das Ziel.

65. GRUND

Weil Hertha BSC keine Fanfreundschaft mehr zum FC Union unterhält

Wer mir bisher gefolgt ist, der weiß: Fußball ist kein Sport. Fußball ist Emotion gepaart mit Philosophie. Es sei mir daher erlaubt, an dieser Stelle mein Verhältnis zu Union mit einem Zitat aus dem *Faust* des Dichterfürsten Goethe zu umschreiben. »Zwei Herzen wohnen ach in meiner Brust.« Bevor aber mein »erstes Herz« zu schlagen begann, musste erst einmal Union im Jahre 1966 auf eine Anregung des Vorsitzenden des Freien Deutschen Gewerkschaftsbundes (FDGB) der DDR, Herbert Warnke, hin gegründet werden. Warnke forderte seinerzeit, neben Mielkes BFC Dynamo und dem Armeeclub Vorwärts für Ost-Berlins Werktätige einen zivilen Fußballclub einzurichten. Wohlgemerkt einzurichten. So wurde am 20. Januar 1966 die auf Initiative eines staatlichen Organs befohlene, respektive angeregte, Gründung des 1. FC Union durchgeführt.

Zu diesem Zeitpunkt konnte keiner ahnen, wie viel Kopfzerbrechen dieser Verein den DDR-Oberen noch bereiten würde. Das Produkt der staatlichen Obrigkeit, der 1. FC Union, sollte zu DEM Oppositionsclub der DDR werden. Unions Gründungsimpuls wurde und wird gerne verschwiegen oder einfach vergessen, trotzdem entwickelte sich der Club schnell zum Treffpunkt derer, die nichts mit Mielkes von der Stasi unterstützem BFC Dynamo zu tun haben wollten. In den 70er-Jahren gesellten sich immer mehr Hertha-Fans aus dem Westen der Stadt zu den Fans des neuen Ostclubs. Jetzt kommt mein »erstes Herz« ins Spiel. Die gemeinsame Ablehnung jeglicher staatlicher Restriktionen war wohl die Haupttriebfeder für die beginnende Fanfreundschaft. Die Gemeinsamkeit, die von Herzlichkeit und gegenseitigem Respekt geprägt war, fand ihren Ausdruck in vielen Schlachtrufen und Gesängen wie: »Es gibt nur zwei Meister an der Spree – Union und Hertha BSC!«, »Trotz Mauer, Stasi, Stacheldraht – gemeinsam sind wir ewig stark!«, »Hertha und Union – eine Nation!« oder auch »Ja wir halten zusammen, wie der Wind und das Meer, das Meer, die blau-weiße Hertha und der FC Union!« oder man skandierte »Eisern Berlin!«.

Als die Mauer fiel, war die Mission der Fanfreundschaft erfüllt. Der gemeinsame Feind war weg. Eines unser Hauptanliegen, sich in unserer Stadt, trotz der Repressalien, die auch wir West-Berliner zu spüren bekamen, frei zu bewegen, sich zu treffen, wann immer WIR es wollten, war nun erfüllt. Es ist sowieso ein Treppenwitz der Geschichte, dass ab dem Moment, als wir uns treffen konnten, wann immer wir wollten, die Freundschaft dem Ende entgegentorkelte. Aus Brüdern wurden Rivalen, respektive Wettbewerber. Ein letztes Stelldichein feierte die Harmonie beim ersten freundschaftlichen Aufeinandertreffen im Olympiastadion im Jahr 1990. Hertha gewann 2:1. Danach brach vieles auseinander. Die Ost-Berliner mussten sich von einem Tag auf den anderen umorientieren. Arbeitslosigkeit, Perspektivlosigkeit, Träume, Restitutionsansprüche, erfüllte und enttäuschte Hoffnungen bestimmten nun die Gefühlslage. Der Fußball, und insbesondere Fanfreundschaften, hatten da wenig Platz.

Es galt, den Alltag zu bewältigen. Hertha dümpelte Anfang der 90er nach einem kurzen Intermezzo in der Bundesliga bis 1998 in der 2. Bundesliga umher. Union war ständiger Gast der Regionalliga Nordost. Zu wenig, um den verwöhnten Berliner ins Stadion zu locken. Der Zuschauerzuspruch war bei beiden Vereinen eher mäßig. Das Sagen in den Kurven übernahmen immer mehr die Jüngeren, was für sich genommen ein normaler Prozess ist. Diese, unabhängig ob blau-weiß oder rot-weiß, kannten und kennen die Freundschaft zwischen den Vereinen nur noch vom Hörensagen. Begegnungen zwischen beiden Fangruppierungen ergaben sich bestenfalls, wenn Unioner vor Hertha-Spielen im Umfeld des Olympiastadions Hertha-Fans mit Sammeldosen baten, fünf Mark für ihren notleidenden Verein zu spenden. Hier gab es noch einige Herthaner, die mitsammelten. Später hatten Union-Fans die Aktion »Bluten für Union« gestartet. Es wurde zu Ader gelassen und der Erlös kam Union zugute. Hier waren auch noch einige Herthaner dabei, doch das legte sich. Die Fangruppierungen grenzten sich zunehmend voneinander ab, beide Seiten wollten ein eigenständiges Profil etablieren.

Jeder mag da so seine eigenen Erlebnisse gehabt haben. Spätestens aber als Union Hertha bat, zum Eröffnungsspiel am 8. Juli 2009, nach dem Umbau der Heimspielstätte Unions, der Alten Försterei, gegen sie anzutreten, war das Gift vollends in den Brunnen der Gemeinsamkeiten geraten. Nun handelt dieses Buch von Liebe, ich möchte daher an dieser Stelle nicht ins Detail gehen. Nur so viel, die Beleidigungen durch etliche Union-Fans, durch tatkräftige Unterstützung des Stadionsprechers verstärkt, weckten in mir dieses »zweite Herz«, von dem ich zu diesem Zeitpunkt gar nicht wusste, dass ich es in mir hatte. Es begann zu schlagen.

Der Erzgegner aus längst vergangener DDR-Zeit, der BFC Dynamo, hatte aufgrund der sportlichen Situation als Feindbild bei Union an Wichtigkeit verloren. Ein neues Feindbild musste her, da bot sich meine Hertha förmlich an. Oh, was pocherte mein »zweites Herz«. Mittlerweile wurde bekannt, dass der Präsident von Union zu DDR-Zeiten freiwillig beim Wachregiment »Feliks Dzierzynski« anheuerte. Selbst ich als West-Berliner wusste, wem die Einheit unterstellt war. Der sonst bei dieser Problematik auftretende Protest der Unioner hielt sich in engen Grenzen. »Oh tempora, oh mores«.

Letztendlich haben es aber Hertha und Union gemeinsam verbockt, den vielen Fußballfans in Deutschland etwas Einzigartiges vorzuleben: eine Fanfreundschaft zwischen zwei miteinander konkurrierenden Vereinen innerhalb einer Stadt.

Nun, eine Fanfreundschaft im Großen wird es daher in absehbarer Zeit nicht mehr geben. Aber wir »Alten«, die diese Freundschaft noch gelebt hatten, sollten den gegenseitigen Respekt erhalten. Im Kleinen werden gewachsene Freundschaften natürlich nicht zerbrechen. Dazu gehören für mich auch Thorsten und Harald. Zwei

Unioner, mit denen ich mich immer wieder gerne treffe und die meine Hertha durchaus respektieren, so wie ich ihre Eisernen respektiere. Schön, dass es euch gibt, und wer weiß, vielleicht schlägt ja irgendwann doch wieder dieses eine besondere Herz ganz alleine in unserer Brust.

Wie betont Frank Nußbücker, der Autor des Buches, das sich mit der Suche nach 111 Gründen, den FC Union zu lieben, beschäftigt, doch so richtig: Zwei Vereine, getrennt in den Farben, vereint in der Sache. Recht hat er!

66. GRUND

Weil Hertha BSC die Himmelsrichtungen definiert

West-Berliner waren daran gewöhnt. Wenn vor dem Jahr 1990 Besuch aus dem Bundesgebiet anreiste, wollte er es sehen, das Gebilde, das neben der Chinesischen Mauer das einzige von Menschenhand geschaffene Bauwerk war, das man vom Weltall aus erkennen konnte: die Berliner Mauer. Wenn vor der Aussichtsplattform noch ein Grenzhund bellte oder in weiter Ferne ein armer, eingesperrter und geknechteter Ossi auftauchte, war das Glück des Mauertouristen perfekt. Er konnte zu Hause schaurige Geschichten erzählen. Vom großen Abenteuer des unter Lebensgefahr gewagten Blickes über den Todestreifen.

Mir waren solche Momente immer sehr unangenehm. Zum einen kam ich mir vor wie ein Freizeitparkbesucher auf der Suche nach der Frau mit den zwei Köpfen. Zum anderen hatte ich mich als West-Berliner nicht nur mit der Mauer arrangiert, ich hatte sie sogar komplett aus meinem Alltagsdenken verbannt. Doch wenn schon mal Besuch aus »Wessiland« vor Ort war, führte man diesen auf deren Wunsch hin »gerne« zum Jahrhundertwerk der DDR. Jenem Grenzstreifen, der auch etwas sehr Transparentes hatte, immerhin konnten die Arbeiter und Bauern – im Gegensatz zum normalen Westbürger – täglich sehen, wohin ihre Steuergelder flossen. Man mischte sich also unter die vielen Touristen. Nachdem wir eine der vielen Aussichtsplattformen erklommen hatten, kam schon die obligatorische Frage: »Was ist das da drüben?« Wir West-Berliner antworteten dann stereotyp: »Das da ist Osten!« Nicht dass wir einen Kompass dabeihatten, es war auch völlig wurscht, wo wir über den »Schutzwall« hinüberblickten, überall war für uns Osten. Es manifestierte sich in unseren Köpfen, dass Berlin, ohnehin schon die interessanteste Stadt des Universums, auch noch der Westpol war.

Diese zugegebenermaßen etwas eigenwillige Sicht der Welt sollte sich nach der Wiedervereinigung auch im Fußball verschärfen. Nachfolgenden Generationen war es nur noch schwer klarzumachen, dass Hertha politisch ein Westclub war und der geografisch westlicher gelegene Verein Babelsberg 03 ein Ostclub.

Diese altersbedingte Ignoranz für die Geschichte Deutschlands hat auch etwas Hoffnungsvolles. Längst schon haben sich die nach 1989/90 Geborenen aufgemacht, sich vom diffusen Ost-West-Denken ihrer Altvorderen zu verabschieden. Ost und West wird neu definiert und meine Hertha mischt da richtig gut mit.

Fragen wir einmal einen Mittfünfziger aus dem alten Bundesgebiet, wer denn die Ostclubs sind? Sie werden mit Sicherheit Dynamo Dresden, FC Magdeburg oder Rot-Weiß Erfurt als Antwort bekommen. Doch dieses Denken war gestern. Wissen Sie eigentlich, wer in der abgelaufenen Bundesligasaison 2012/13 der östlichste Erstligaclub Deutschlands war? Nein? Ich werde es Ihnen sagen. Es ist der FC Bayern München. Ja, die Bajuwaren sind DER Ostclub schlechthin. Kein Erstligist war östlicher beheimatet. Legen Sie ruhig einmal das Lineal an Ihre Deutschlandkarte oder laufen Sie mit Ihren Fingern mal die Längengrade ab. Die Ost-West-Diskussion erlangt vor diesem Hintergrund eine neue Dimension. Ich höre die Bayern schon entrüstet aufschreien. Hilft aber nix, Bayern ist ein Ostclub!

Meine Hertha wäre nicht meine Hertha, wenn sie nicht die Größe und Güte hätte, die Bayern aus ihrem Dilemma zu befreien. Hertha ist ab der Saison 2013/14 auch wieder sportlich erstklassig und somit der östlichste Erstligaclub in Fußballdeutschland. Die Bayern sind zumindest geografisch nichts Besonderes mehr. Selbst im Süden sind sie nur zweite Wahl, hier ist der SC Freiburg südlichster Erstligist.

Hertha polarisiert halt immer, auch im wahrsten Sinne des Wortes. Wer Fan der »alten Dame« werden will, sollte sich schon früh daran gewöhnen. Jetzt, im Jahre 24 nach dem Mauerfall, kann ich es ja zugeben: Wir waren natürlich nie der Westpol. Wie auch? Wir sind schließlich der Mittelpunkt.

7. KAPITEL

HERTHAS FREUNDE AUF DER GANZEN WELT

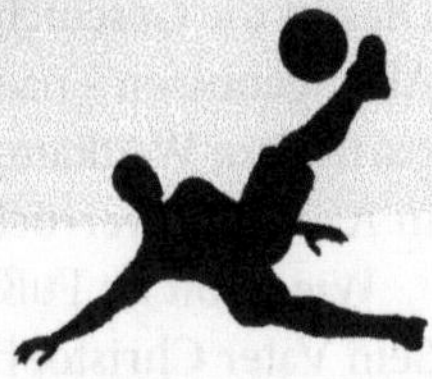

67. GRUND

Weil Hertha BSC auf der ganzen Welt Freunde hat – auch in Australien

Es ist schon erstaunlich, wo überall die blau-weißen Farben hochgehalten werden. Es gibt Fanclubs in Holland, Schweden, Spanien, England, Dänemark und Ungarn. Aber es gibt auch diese bemerkenswerten Einzelkämpfer. Von einigen dieser Helden in der Fremde möchte ich stellvertretend für alle Herthaner auf dieser Erdkugel berichten.

Da ist beispielsweise Tom. Tom ist Australier und gehört damit schon zu einem ausgesprochen verrückten Völkchen. Man hört ja immer wieder sehr interessante Anekdoten aus Down Under. Dies ist die Geschichte eines jungen Mannes, der nicht – wie seine Altersgenossen – nackt Salzwasserkrokodile jagt oder sich mit Kängurus zum Wettkampf trifft. Nein, er ist etwas geworden, was selbst in Australien verrückt klingt. Er ist Hertha-Fan!

Wie so oft im Fußball ist der Vater daran nicht ganz unschuldig. Sein Vater Christopher war in den 70er-Jahren in Berlin als Soldat stationiert und ein großer Fan der Bristol Rovers, eines Vereins, der eher durch mäßige Erfolge in seiner 130-jährigen Geschichte bekannt wurde, aber immerhin verdammt alt ist. Erfolg oder nicht, das spielt bei einem richtigen Fan sowieso keine Rolle. Wann immer er konnte, betäubte er sein Heimweh und seine Sehnsucht nach heimischem Fußball und ging zu Hertha BSC ins Olympiastadion. Es dauerte nicht lange und er hatte seine Liebe zu Hertha entdeckt, nicht nur wegen des Nachnamens seines Lieblingsspielers Erich Beer. Christopher gehörte nämlich zu der Sorte Mensch, die man durchaus als trinkfest bezeichnen konnte. Unvergessen sind seine Interpretationen bekannter Hertha-Lieder, die aus seinem Mund klangen, als wenn Chris Norman von Smokie höchstpersönlich zu Gast gewesen wäre. Mit genügend Beer, versteht sich.

Er verließ Berlin. Nach einem kurzen Aufenthalt in England zog es ihn aus beruflichen Gründen weg vom europäischen Kontinent. Er ging nach Australien und traf dort seine spätere Frau. Er wurde Vater und wie es gute Väter so machen, gab er seinem Sohn Tom einige wichtige Sachen mit auf den Weg – seine stattliche Größe, immerhin war er 1,96 Meter groß, seine Leidenschaft für deutschen Gerstensaft und seine Liebe zum Fußball, insbesondere zu Hertha BSC. Nun war es nicht gerade normal, dass ein Bürger des Commonwealth ein Faible für einen deutschen Verein hatte. Aber es war ja auch nicht irgendein Verein. Es war Hertha und in Worte fassen kann man das Fangefühl sowieso nicht. Tom hatte auch einen absoluten Hertha-Lieblingsspieler: »Jo« Šimunić. Der ist immerhin im 290 Kilometer entfernten Canberra geboren worden. Für australische Verhältnisse ein Katzensprung. Šimunić ist quasi ein direkter Nachbar von Tom. Vielleicht waren es die gemeinsamen Hertha-Spiele, die er sich mit seinem Vater via Satellit beziehungsweise Internet angeschaut hatte, die ihn auch noch nach dem Tod des Vaters dazu veranlassten, Hertha die Treue zu halten, denn die Fernsehnächte haben ihn geprägt. Spielte Hertha nämlich um 15:30 Uhr im Olympiastadion, ertönte nachts um 0:30 Uhr in einem Vorort von Sidney das »Ha Ho He«. Ich schätze, wenn die beiden keine Nachbarn gehabt hätten, die bis heute Arsenal-London-Fans sind, hätte sie im Ort die Nachbarschaft ein wenig merkwürdig gefunden. So aber war klar, die »zany neighbours« schauten Hertha. Das hat sich bis zum heutigen Tage nicht geändert.

Toms Liebe zu Hertha und Berlin stößt bei den australischen Fußballfans durchaus auf Verständnis. Schließlich spielte Australien bei der WM 1974 in Deutschland das erste Mal bei einer Endrunde mit. Es war das 0:0 im Spiel gegen Chile im Berliner Olympiastadion, das den Socceroos ihren ersten Punkt überhaupt bei einer Endrunde einbrachte. Tom selbst war da zwar noch nicht auf der Welt. Aber dank seines Papas wusste er, dass mit Ray Richards ein Spieler aus Sidney dabei war, der Einwürfe wie Flanken bringen konnte. Mit seinem detaillierten Fußballwissen hat er sich nicht nur einmal den Respekt der »Alten« gesichert. Er hat zwar erst wenige Hertha-Spiele live in Berlin sehen können, aber er ist zweifelsohne einer von uns, genau wie sein Vater es war. Einer mit dieser liebevollen Macke, und wenn er singt, höre ich auch immer seinen Vater.

Wenn Tom die Hertha-Fahne im australischen Garten hisst, wundert sich schon längst keiner mehr. Es ist halt so, in Worte fassen kann man das sowieso nicht.

68. GRUND

Weil Hertha BSC eine italienische Großfamilie therapierte

Valters Vater, ein Italiener, kam nach Berlin, um in Spandau Motorräder für BMW zu bauen. Als Gastarbeiter, wie man früher sagte. Doch aus dem Gast wurde schnell ein richtiger Berliner, er verliebte sich und heiratete. 1983 wurde er Vater und einer der größten Herthaner jenseits des Tibers wurde geboren. Ein Valter mit V vorne. Valters Liebe zu Hertha begann mit seinen Schulkameraden, einige davon gingen schon lange zur »alten Dame«. Gemeint war nicht Juve, sondern die hübscheste 100-Jährige überhaupt. Seine Geschichte als Hertha-Fan unterschied sich nicht wesentlich von denen anderer Hertha-Verrückter. Regelmäßige Fahrten zu Auswärtsspielen, Heimspiele wurden grundsätzlich nicht ausgelassen. Sein Zimmer glich einer blau-weißen Devotionalien-Handlung.

Seine italienische Familie in der Heimat des Vaters hielt da eher zum AC Mailand. Bei Besuchen in Bella Italia wurde gerne und viel über Fußball gefachsimpelt und wenn es nicht Valter gegeben hätte, wäre Hertha für die meisten bestenfalls eine reife Frau aus Berlino geblieben. So aber zogen die lieben Verwandten Valter, wann immer es sich ergab, auf. Wer denn Hertha wäre? Warum er nicht Fan vom AC Mailand oder einem anderen italienischen Club geworden sei? Abgesehen davon, dass bei Hertha-Spielen mehr Stimmung herrscht als bei jedem x-beliebigen Spiel der Serie A, bei denen bestenfalls die Logenplätze ausverkauft sind, dachte er sich nur: Wartet mal ab. Ihr werdet schon sehen, was ihr davon habt!

Valter träumte davon, einmal, nur einmal, ein Spiel Hertha gegen den AC Mailand sehen zu dürfen. Bei dem seinen großmäuligen Anverwandten mal so richtig das Fressbrett gestopft wird. Ich werde nie vergessen, wie Valter mit leuchtenden Augen durch Berlin lief, als klar war, dass Hertha 1999 in der Champions League gegen den großen AC Mailand antreten würde!

Am 28. September 1999 war es endlich so weit, Hertha spielte gegen den großen AC Mailand im Giuseppe-Meazza-Stadion, das ehrfurchtsvoll San Siro genannt wird. Valter, der es sich natürlich nicht nehmen ließ, seine Hertha auch in der »Ferne« zu begleiten, musste sich vor dem Spiel so einiges von seiner »lieben« Verwandtschaft anhören. Was ihn am meisten nervte, war dieses leicht überhebliche Lächeln, das um die Mundwinkel seiner italienischen Blutsverwandten wie eingemeißelt schien. Hertha BSC aber spielte unglaublich diszipliniert und kampfstark gegen die mit zahlreichen Weltklassespielern gespickten Mailänder. Am Ende stand ein verdientes 1:1. Für die einen ein Zufallspunkt und bestenfalls ein Ausrutscher, für Valter ein erster Achtungserfolg.

Zum Rückspiel am 20. Oktober 1999 war das Olympiastadion rappelvoll und Hertha mittlerweile Gruppenerster. Valter holte seine Familienangehörigen von der AC-Fraktion im Hotel ab und brachte den Besuch zum Treffpunkt in unserer Stammkneipe mit. Seine lieben Cousins im italienischen Fan-Outfit gaben sich die Ehre. Man radebrechte englisch und ich konnte mich des Eindrucks nicht erwehren, dass noch immer eine gewisse Überheblichkeit aus ihren Mündern an mein Ohr drang. Ich verstand schnell, wie sehr mein Freund gelitten haben musste in Italien, im trauten Kreise der erweiterten Familie. Auf dieses Spiel im heimischen Wohnzimmer hatte er so lange warten müssen. Es war für ihn mehr als nur ein Spitzenspiel der Champions League, für ihn ging es darum, ob er für die nächsten Jahrzehnte von seiner buckligen Verwandtschaft gehänselt würde oder ob er erhobenen Hauptes den nächsten Familientreffen entgegensehen durfte.

Hertha spielte so, als ob sie es gewusst hätte. Sie spielte für meinen Freund Valter. Zunächst war ich froh, dass seine Cousins mit ihren überheblichen Gesichtern auf der Gegentribüne saßen. Am Ende des Spiels konnte ich es jedoch kaum erwarten, sie wiederzusehen, vorneweg Valter. Denn der Gruppenerste hatte auch den AC Mailand 1:0 geschlagen. Da seine lieben Verwandten ortsunkundig waren, hatten wir uns nach dem Spiel vor dem Stadion verabredet. Valter freute sich wie ein Schneekönig. Seine Cousins drucksten zunächst ein wenig rum. Es gibt so viele schöne deutsche Worte, um die Situationen treffend zu beschreiben. »Kleinlaut« ist ein solches Wort. Am Ende wurde es auch für die Verwandten ein unbeschreiblich schöner Abend. Wir sangen und tranken und redeten kreuz und quer. Die Sprache war international. Wir sprachen Fußball.

Seine Blutsverwandten erwiesen sich, nachdem Hertha sie therapiert hatte, als sehr nette, witzige und umgängliche Gäste. Von Arroganz war nichts mehr zu spüren. Wer und was Hertha ist, wussten jetzt alle. Der jüngste seiner Cousins, so erzählt Valter noch heute stolz, hatte sogar eine Hertha-Nadel am Revers. Immerhin ein erster Schritt in die richtige Richtung. In den Augen seiner Familie hat Valter an Respekt gewonnen. Jetzt arbeitet Valter in Rom – für einen echten Hertha-Fan kein Hinderungsgrund. In jeder Saison kommt er, wann immer er es schafft, zu den Spielen seiner Hertha – und er schafft es oft!

69. GRUND

Weil Hertha BSC auch in Indonesien Schule macht

Es war am zweiten Weihnachtstag des Jahres 2004, als die Katastrophe im Indischen Ozean gnadenlos hereinbrach. 250.000 Menschen starben, diejenigen, die überlebten, verloren von einem Tag auf den nächsten fast alles. Ihre Lieben, ihr Zuhause und ihre Zuversicht. Ein Tsunami suchte das vermeintliche Paradies heim. Den Fischerort Teunom im Nordwesten Sumatras traf es extrem hart. Das Epizentrum des Seebebens lag nur wenige Kilometer entfernt. Mit einer Stärke von 9,1 auf der Richterskala türmte sich das Meer zu meterhohen Mörderwellen auf, die alles zerstörten, was sich ihnen in den Weg stellte. Als das Meer sich wieder zurückzog, wurde das ganze Ausmaß der Katastrophe langsam sichtbar. Viele Gebäude waren zerstört und die Straßen weggespült. Von den rund 18.000 Einwohnern des Ortes starben 8000.

Die Menschen haben unglaubliches Leid erlitten und viel verloren, aber ihre Perspektive und ihre Zukunft galt es zu retten. Für Hertha BSC war klar, hier setzen wir an, hier muss geholfen werden. Hertha wollte seine Popularität nutzen, um von den Fans und vielen anderen Menschen in meiner Stadt Geld zu sammeln. Für fünf Euro erhielten die Spender ein blaues Gummiarmband mit der Aufschrift »Berlin hilft«. In dieser Zeit wurde in Berlin und anderswo sehr viel für die Opfer gesammelt. Die Hertha-Aktion, die 300.000 Euro einbrachte, war jedoch die erfolgreichste einer einzelnen privaten Institution in Berlin.

Hertha ging eine Kooperation mit dem Landesverband Berlin des Deutschen Roten Kreuzes (DRK) ein. Das DRK war längst vor Ort und wusste genau, was die Betroffenen jetzt brauchten. Neben Lebensmitteln, Medikamenten, Behausungen, sauberem Wasser, seelischer Betreuung, ärztlicher Versorgung und vielem mehr, benötigten die Menschen Hoffnung. Schnell war klar, eine Schule sollte mit dem Geld gebaut werden. Im Oktober 2008 war es dann so weit: Ein Schulgebäude für 340 Kinder konnte eingeweiht werden. Die Zeremonie war DAS Ereignis in der Region und die Schule war wunderschön geschmückt. Überall hingen blau-weiße Hertha-Fahnen. Offiziell heißt die Schule wenig poetisch »Senior High School SMAN 1«. Für die Menschen im Ort ist es die »Hertha-Schule«.

Ihr Direktor heißt Fuad Fuaddin. Er sagte, dass Hertha BSC bei den Menschen in der Stadt und in der gesamten Region bekannter und beliebter sei als alle Mannschaften der englischen Liga und ergänzte: »Hier ist ein Traum wahr geworden. Mit der Hilfe aus Berlin haben unsere Schüler wieder eine Perspektive für ihr Leben.«[86] Ein Schüler erzählte ihm, wovon er persönlich träume. Er wolle später Arzt werden, anderen Menschen helfen und dann vielleicht einmal Berlin und Hertha BSC besuchen. Wer weiß, vielleicht wird eines Tages ein Schüler der »Hertha-Schule« sogar das blau-weiße Trikot tragen. Wer einmal in die Gegend kommt, erkennt die Schule an dieser Schrifttafel: »Senior Highschool SMAN 1 Teunom. Gespendet vom Verein und den Mitgliedern und Fans von Hertha BSC. Errichtet vom Deutschen Roten Kreuz.«

70. GRUND

Weil Hertha BSC die ganze Welt zum Freund hat

Berlin ist eine internationale Stadt. Wenn man hier durch die Straßen zieht, hat man das Gefühl, dass die Welt zu Gast ist. Ob am Ku'damm, Unter den Linden oder in einem der vielen Kieze – hier kann man die Vielfältigkeit unserer Welt erfahren, ohne viel Geld für teure Fernreisen berappen zu müssen. Zum Jahresende waren es allein rund 504.000 Menschen aus 186 Staaten, die hier wohnten. Wenn man bedenkt, dass es 193 Mitgliedsstaaten in der UNO gibt, eine erstaunliche Zahl.

Aber auch Touristen aus aller Welt wissen einen Besuch in einer der schönsten Städte der Welt zu würdigen. Nimmt man die Zahl der Übernachtungen der Berlin-Besucher, liegt Berlin auf Platz drei der beliebtesten Reiseziele in Europa, hinter London und Paris. Berlin verfügt über 126.000 Hotelbetten, das sind 30.000 mehr als in New York, und ungefähr 275.500 Berlinerinnen und Berliner leben vom Tourismus. Kurz, in Berlin ist kein Platz für Intoleranz, die Internationalität ist eine Stärke meiner Stadt und einen kleinen Teil dieser Vielfalt hat Berlin Hertha BSC zu verdanken. Aus rund 50 Ländern kamen und kommen bisher die Spieler meiner Hertha. Alle bewohnten Kontinente waren dabei und wenn es mit der Klimaerwärmung so weitergeht, kommt wohl demnächst auch ein Spieler aus der Antarktis dazu.

Einige Länder waren nur einmal vertreten: Malaysia (Teong-Kim Lim, 1987), Thailand (Withaya Laohakul, 1979–82), Mazedonien (Nderim Nedžipi, 2001–2003), die Philippinen (Dennis Cagara, 2004–2008) und Guinea (Ibrahima Traoré, 2007–2009). Yasuhiko Okudera aus Japan – der erste Japaner der Bundesligageschichte überhaupt, er kickte zunächst beim 1. FC Köln – spielte von 1980 bis 1981 25 Mal für Hertha. Der unvergessene Isländer »Jolly« Sverrisson bestritt von 1995 bis 2003 insgesamt 196 Partien für Hertha. Bart Goor aus Belgien – der von 2001 bis 2004 87 Mal für Hertha auflief – schoss einmal quasi im Alleingang den HSV ab. Auch der Kongo trug sich einmalig in die Annalen der »Hertha-Staaten« ein. Michél Mazingu-Dinzey hieß der Passinhaber. Er spielte 60 Mal zwischen 1996 und 1998 für »Hertha Internationale«. Andere Länder waren mehrfach vertreten. Die meisten ausländischen Hertha-Spieler kamen beziehungsweise kommen aus Brasilien.

Unvergessen sind aber auch die Ungarn. Pál Dárdai, der einer der treuesten Herthaner war und ist, sowie Gábor Király, der die Schlabberhose salonfähig machte, gehören dazu. Der Türke Yildiray Baştürk wurde 2005/06 sogar zum Hertha-Spieler der Saison gewählt. Und dann gab es noch die Kroaten Josip Šimunić (der in Australien geboren wurde) und Niko Kovač (der in Berlin geborene, spätere kroatische Nationalspieler), den Torhüter Jaroslav Drobný aus Tschechien mit seiner einen magischen Saison, seinen Torwartkollegen Gernot Fraydl (der sich mit Volkmar Groß ablöste) aus Österreich, den eigensinnigen Serben und Torjäger Marko Pantelić, den Iraner Ali Daei (der einer der Garanten des Erfolges in der ersten Champions-League-Saison war), den später als Spielerberater tätige Niederländer Dick van Burik, der Hertha als Spieler sehr guttat, und viele mehr.

Zurzeit stehen mit Lewan Kobiaschwili (Georgien), Hajime Hosogai (Japan), Per Ciljan Skjelbred (Norwegen), Marcel Ndjeng (Kamerun), Ronny de Araújo (Brasilien), Änis Ben-Hatira (Tunesien), Fabian Lustenberger (Schweiz), Adrián Ramos (Kolumbien), Sami Allagui (Tunesien), Peter Pekarík (Slowakei) und Ben Sahar (Israel) elf Spieler mit ausländischem Pass im Kader der ersten Mannschaft. (Stand Dezember 2013)

Nicht zu vergessen, der Wichtigste von allen: Jos Luhukay, unser niederländischer Trainer.

71. GRUND

Weil bei Hertha BSC Samba getanzt wird

Wenn der »Karneval der Kulturen« jedes Jahr am Pfingstwochenende den Berlinern die Vielseitigkeit und Buntheit unserer Welt vor Augen führt und die Sambatänzerinnen und -tänzer, neben unzähligen anderen Musikern und Tänzern aus aller Welt, ihr Bestes geben, hat man für einen Moment den Eindruck, die Wellen des Atlantiks zu hören, die an der Copacabana anschlagen. Kein Wunder also, dass sich gerade in Berlin die Brasilianer sehr wohlfühlen. Auch auf dem Fußballplatz. Insgesamt 14 Brasilianer kickten bisher bei Hertha. Manche schienen in der Fremde das

Fußballspielen verlernt zu haben, an andere wiederum erinnere ich mich sehr gerne.

Alex Alves zum Beispiel, der mich mit seiner Exzentrik nicht nur einmal auf die Palme brachte, machte sich dann mit einer einzigen genialen Idee, die zum Tor des Jahres 2000 führte – ein Schuss aus 52,2 Metern Entfernung –, unsterblich. Wie sehr diese Formulierung zutrifft, zeigt sich jetzt, nachdem er 2012 viel zu früh verstarb.

Marcelinho war auch so einer. Verrückt, aber für jede Überraschung gut. Wohlgemerkt für jede. Er war nicht nur ein Meister seines Fachs auf dem Platz, er feierte auch sehr gerne. Als er später in Wolfsburg anheuerte, bekam er von den Nutznießern der Volkswagenverkäufe die Auflage, sich im Umkreis von Wolfburg anzusiedeln. Die Angst, dass er jeden Abend in die Berliner Clubszene investierte, schien zu groß. Marcello hatte aber auch in seiner Zeit bei Hertha unendlich viel Pech. Immer wenn er aus dem Brasilien-Urlaub zum Trainingsauftakt erscheinen sollte, kam etwas dazwischen. Ganze Heerscharen von Verwandten erkrankten am Abflugtag oder sein Haus konnte nicht verkauft werden, sodass er noch warten musste. Überhaupt erinnerten seine Ausreden doch sehr an die von Schulkindern, aber gerade diese kindliche Art machte ihn, so wie auch Alex Alves, liebenswert. Marcello war jedoch auch der Spielgestalter, der Freistoßschütze und natürlich schoss auch er geniale Tore. Zwei von diesen wurden Tor des Monats, eines davon erzielte er aus 48,3 Metern.

Auch Mineiro muss, wenn es um unvergessliche Tore geht, erwähnt werden. Er debütierte am 3. Februar 2007 gegen den HSV und erzielte wenige Sekunden vor Schluss das Siegtor aus 25 Metern für Hertha. Ein Traumtor, gerne schaue ich mir noch heute den Treffer auf DVD an, im Hintergrund konnte man die entsetzten Gesichter der HSV-Fans sehen. Mineiro traf und der Schiedsrichter pfiff ab. Ein 2:1-Sieg. Fertig. Was für ein Szenario! Tore aus über 40 beziehungsweise 50 Metern scheinen keine Ausnahme bei Brasilianern zu sein. Zum einen haben sie das technische Know-how hierfür, zum anderen sind sie oft auch ein wenig lauffaul. Damit bin ich auch schon bei den Brüdern Raffael und Ronny.

Raffael folgte dem damaligen Hertha-Trainer Favre von Zürich zu Hertha. Schnell avancierte er zum Spielgestalter. Das tragische hier war allerdings, dass sich oft alle Spieler darauf verließen, dass Raffael schon irgendetwas Geniales einfallen würde, leider ging das auf Kosten der Eigenverantwortlichkeit, zumal Raffael eben nicht immer eine geniale Antwort parat hielt. Hertha stieg ab. Um Raffael zu halten und um die finanziellen Einbußen in der 2. Liga vergessen zu machen, wurde ihm sein Bruder Ronny zur Seite gestellt. Eigentlich war uns allen klar, dieser Ronny taugt nichts. Er war eben nur zur Bespaßung von Raffael da. Als Raffael 2012 für acht bis zehn Millionen Euro zu Dynamo Kiew wechselte, wurden wir eines Besseren belehrt. Ronny taute förmlich auf und wurde dank unseres Trainers Jos Luhukay zu einer der wichtigsten Figuren im Hertha-Spiel.

Auch Ronny erzielte eines jener Tore, die in die Hertha-Geschichte eingehen: das 2:2 beim letzten Derby gegen die Köpenicker. Damit fand die Aufholjagd nach einem 0:2-Rückstand einen würdigen Abschluss. Ganz nebenbei konnte ich am 13. Februar 2011 live im Karlsruher Wildparkstadion beobachten, wie Raffael und Ronny Fußballgeschichte der besonderen Art schrieben. Sie waren schließlich das erste brasilianische Brüderpaar im deutschen Fußball, das sich im selben Spiel jeweils einmal in die Torschützenliste eintragen konnte. Beim Hertha-Sieg traf Ronny in der 90. Minute zum 6:2-Endstand, doch vorher knipste Raffael drei Mal und schaffte damit sogar einen lupenreinen Hattrick (1:1, 47. Minute, 1:2, 62. Minute, 1:3, 66. Minute). In jener Saison 2010/11 trafen die Brüder zwölf Mal das gegnerische Tor und gaben elf Torvorlagen.

Tragisch war die Hertha-Geschichte von Lúcio. Sein Knie wurde 2007 im Spiel gegen Gelsenkirchen vollkommen zertrümmert. Alle Bänder waren durch. Zunächst hieß es: Sportinvalide. Doch Lúcio wollte sich damit nicht abfinden. Er kämpfte und Hertha hielt zu ihm. Er benötigte über ein Jahr, um endlich wieder Fußball spielen zu können. Nicht auszudenken, was aus ihm geworden wäre, wenn diese Verletzung nicht dazwischengekommen wäre.

Last, but not least darf er in der Reihe der Brasilianer nicht fehlen – Herthinho. Im August 1999 kehrte der damalige Manager, Dieter Hoeneß, von einer Brasilienreise zurück. Mit dabei ein Braunbär aus der brasilianischen Tiefebene. So die offizielle Vereins-Legende. Böse Zungen behaupten, er wäre nicht echt. Wahrscheinlich ist es seine liebliche Ausstrahlung, die Neider so etwas behaupten lassen. Jedenfalls gibt es Tausende begeisterter Kinder, die es besser wissen. Herthinho war und ist nicht nur echt, sondern auch süß. Herthinho war von nun an DIE verlässlichste Komponente im Team. Er wurde sogar auch schon einmal als Spieler eingewechselt, doch so richtig erfolgreich ist er bei Maskottchen-Meisterschaften. Hier konnte er 2003 und 2004 sogar die Deutsche Maskottchen-Meisterschaft erringen. Gibt es wirklich!

Hier sind alle Spieler vom Zuckerhut, die bei Hertha ihre Visitenkarte abgaben:

- Herthinho, seit 1999
- Alex Alves, 1999–2003, 81 Spiele, 25 Tore
- Marcelinho, 2001–2006, 155 Spiele, 65 Tore
- Nené, 2002–2003, 10 Spiele, 0 Tore
- Luizão, 2002–2004, 26 Spiele, 4 Tore
- Gilberto, 2004–2008, 101 Spiele, 14 Tore
- Mineiro, 2007–2008, 36 Spiele, 2 Tore
- André Lima, 2007–2008, 15 Spiele, 2 Tore
- Lúcio, 2007–2009, 10 Spiele, 1 Tor
- Cícero, 2008–2010, 63 Spiele, 10 Tore
- Kaká, 2008–2011, 14 Spiele, 0 Tore
- Raffael, 2008–2012, 110 Spiele, 23 Tore
- Rodnei, 2008, 9 Spiele, 0 Tore
- César, 2009–2010, 3 Spiele, 0 Tore
- Ronny, seit 2010, 65 Spiele, 20 Tore (Stand Mai 2013)

8. KAPITEL

HERTHA BSC UND DIE JUGEND

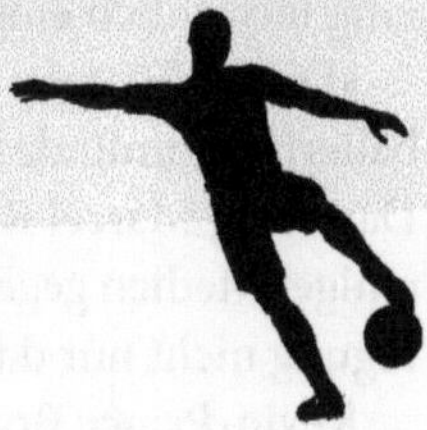

72. GRUND

Weil bei Hertha Kinder in Gummistiefeln eine Chance erhalten

Natürlich war das Foul von Kevin-Prince Boateng an Michael Ballack im FA-Cup-Finale 2010 (FC Portsmouth gegen FC Chelsea 0:1) brutal und es bedeutete für Michael Ballack das Aus in der Nationalmannschaft. Ballack hat das nicht verdient, da gibt es nichts zu beschönigen, aber das verbale Foulspiel eines Marcel Reif, der das Spiel live kommentierte, war nicht minder brutal. Marcel Reif, der wie seine gesamte Zunft der TV-Moderatoren eher dazu neigt, sein Temperament derart zu zügeln, dass für den TV-Zuschauer die Gefahr besteht, sich frühzeitig in Morpheus' Arme zu begeben, ging tatsächlich einmal aus sich heraus:

»Dieser Boateng ist nicht bekehrbar, nicht resozialisierbar, fußballerisch zumindest. Dieses Foul ist Körperverletzung, sonst nix.« Damit lag Marcel Reif, der die stereotypen Hexenjagd-Argumente einiger Medien gegen Boateng unkritisch wiederholte, in seiner Erregung nicht nur daneben, er irrte auch.

Kevin-Prince Boateng war eines dieser Talente, das schon frühzeitig durchblicken ließ, dass es das Zeug zu einem hervorragenden Kicker hat. Kevin-Prince ist ein Kind des Weddings, jenes Bezirks, in dem immer noch gebürtige Berliner die Mehrheit bilden und wo viele Kinder eine besonders gefestigte Persönlichkeit entwickeln müssen, um nicht unter die Räder zu kommen. Als Kevin-Prince mal wieder mit anderen Kindern in einem der vielen »Fußballkäfige« kickte, wurde er von einem Hertha-Jugendtrainer entdeckt. Insbesondere gefiel dem Trainer, wie Kevin-Prince den »Okocha« machte. Sicherlich, viele Kinder konnten diesen Trick, der nach dem technischen Ausnahmetalent Jay Jay Okocha benannt wurde. Es galt, den Ball mit der Hacke von hinten über den Kopf so zu bewegen, dass er vorne butterweich wieder aufgenommen werden konnte. Richtig angebracht ließ dieser Trick den Gegenspieler ziemlich blöd aussehen. Wie gesagt, diesen Trick beherrschten viele. Nur mit dem Unterschied, dass Kevin-Prince gerade sieben Jahre alt war und dabei Gummistiefel trug. Gemeinsam mit seinem älteren Bruder George und seinen Halbbruder Gérôme waren sie schon früh als Straßenfußballer unbesiegbar. Jede freie Minute wurde mit Fußball verbracht. Es war nur gerecht, dass Kevin-Prince entdeckt wurde und er Karriere machen konnte.

Er wurde 2003 mit Herthas U17-Auswahl deutscher B-Juniorenmeister. 2004 gewann Boateng mit Hertha den DFB-Junioren-Vereinspokal. Werden heute Unsummen in Integrationsprogramme für Jugendliche mit Migrationshintergrund investiert, war hier ein junger Mensch, der es aus eigenem Antrieb schaffen konnte. Doch sein Lebensstil und die Tattoos, die später dazukamen, waren der bürgerlichen Presse fremd und somit ein gefundenes Fressen für die deutsche Spießigkeit. So verhalf er, ganz nebenbei, der Boulevardpresse zu höheren Auflagen. Kevin-Prince wurde zum »Getto-Kid« beziehungsweise zum »Gangsta-Boy«. Millionen Elternteile lasen mit einem Schaudern über diesen jungen Mann und hofften insgeheim, dass ihre Kinder ihm nie begegnen würden.

Zum einen gefiel er sich sicherlich auch ein bisschen in der Rolle des »Bad Boys« und irgendwie war das ja auch cool. Er war natürlich kein Kind von Traurigkeit und brachte oft Unruhe dort hinein, wo es galt, klare Hierarchien zu etablieren. Kevin-Prince wollte nicht am unteren Ende der Hackordnung stehen. Ab einem bestimmten Zeitpunkt konnte er machen, was er wollte. Die öffentliche Meinung war gebildet und scheinbar in Beton gemeißelt: Boateng war unberechenbar, er verkörperte das Böse. Er hatte offensichtlich keine Chance mehr, sein Image zu verändern. Hätte ein Oliver Bierhoff seinerzeit ein ähnliches Foul begangen wie Boateng an Ballack, wäre sehr bald wieder Ruhe eingekehrt. Nicht aber bei Boateng. Marcel Reifs Vorverurteilung, »er sei nicht bekehrbar«, drückte dieses deutlich aus.

Doch die harte Schule des Berliner Weddings sollte sich bewähren. Boateng ließ sich nicht beirren. Das Monster, zu dem er von der Presse zwischenzeitlich gemacht wurde, war er nie. Nachdem er im Sommer 2007 Hertha in Richtung Tottenham verließ und so 7,9 Millionen Euro in die notorisch klammen Kassen spülte, ging er über Dortmund und Portsmouth zum AC Mailand. Dort scheint dieses Ausnahmetalent endlich angekommen zu sein. Er wird verstanden und er hat ganz nebenbei sein Image verändern können. Unvergessen, wie er 2013, nachdem er und alle anderen dunkelhäutigen Spieler bei einem Testspiel für den AC Mailand gegen einen Verein mit dem Namen Aurora Pro Patria rassistisch beleidigt wurde, den Platz verließ. Seine Mannschaftskollegen folgten ihm. Kevin-Prince hatte den Mut gezeigt, den ich mir oft von einigen der aalglatten hochdotierten Vorzeigespieler des deutschen Fußballs wünschen würde.

»Ein großer Mann«, befand Italiens Nationaltrainer Cesare Prandelli. Kevin-Prince soll nun sogar bei einer Anti-Rassismus-Veranstaltung im Rahmen des internationalen Tages gegen Rassismus der Vereinten Nationen sprechen. Dem Boulevard und Marcel Reif wurde von Kevin-Prince deutlich gemacht, dass populistische Vorverurteilungen zwar für den Moment Quote bringen, aber dem Menschen nicht gerecht werden. Es bleibt die Hoffnung, dass es bald wieder junge Menschen aus dem Wedding schaffen, über die Straße den Weg zur ersten Mannschaft meiner Hertha zu finden. Vielleicht haben ja die Medien etwas gelernt und eventuell verfügt Hertha dann auch über Trainer und Betreuer, die auch mit solch schwierigen, aber kreativen Fußball-Verrückten richtig umgehen können. Übrigens ist sein Lieblings-Tattoo (und er hat viele) der Schriftzug »Berlin«, der seinen rechten Unterarm ziert. Mittlerweile spielt er wieder in Deutschland, leider in Gelsenkirchen. Trotzdem, wer weiß, vielleicht kommt er ja zurück. Ich würde mich freuen.[87]

73. GRUND

Weil man mit Hertha BSC selbst in der Schule Weltmeister wird

Als 1973 die 7. Oberschule Charlottenburg, kurz 7. O. genannt, ihre Pforten öffnete, wusste noch niemand, dass sich diese Schule von den meisten Schulen in Deutschland abheben würde. Die 7. O. war eine jener Schulen, von denen in den 70er-Jahren in Berlin ein gutes Dutzend errichtet wurde. Die Schulen waren hervorragend ausgestattet und die Lehrerschaft im Vergleich zu den anderen Schulen extrem jung. Die 7. O. war zunächst eine sogenannte Ganztagsschule, das heißt, die Kinder blieben bis 16 Uhr dort. Da wurden die Mängel der Schule schnell spürbar. Mehr als die Hälfte der Räume hatte keine Fenster. Für ein wenig frische Luft sorgte eine leidlich funktionierende Umluftanlage. Vor allem machte die hohe Dichte an Schülern denselben zu schaffen. Die Folge war ein hohes Aggressionspotenzial auf fast allen Schulen dieses Typs.

Das war vielleicht eine Triebfeder für das bald einsetzende Umdenken. Denn um den Fortbestand des Schulstandortes zu sichern, musste nicht nur baulich etwas geschehen, auch in der Ausrichtung der Schule war Handlungsbedarf geboten. Die Schule, die im Berliner Ortsteil Charlottenburg liegt, hat mittlerweile nicht nur ihren Namen geändert. Sie heißt jetzt Poelchau Oberschule, benannt nach dem Gefängnispfarrer Harald Poelchau. Poelchau betreute während der Nazidiktatur die zum Tode Verurteilten auf ihrem letzten Gang nach Plötzensee.

Mit Beginn des Schuljahres 1997/98 gab sich die Schule auch ein neues, ein sportliches Profil. Der Erfolg wurde belohnt, seit 2006 darf sich die Poelchau sogar Eliteschule des Sports nennen. An ihr können Mädchen und Jungen die Sportarten Schwimmen, Moderner Fünfkampf, Rudern, Hockey, Wasserball, Eishockey, Tischtennis, Leichtathletik und Fußball mit der schulischen Ausbildung verbinden. Beim Fußball kooperiert die Schule seit Jahren in erster Linie mit Hertha BSC.

Die Zusammenarbeit ist ein Beweis dafür, dass gute Schulabschlüsse und intensive fußballerische Ausbildung sich nicht ausschließen müssen. Der vorläufige sportliche Höhepunkt dieser fruchtbaren Zusammenarbeit war das Jahr 2007.

Am Sonntag, dem 22. April 2007, gewannen die Spieler der Poelchau-Oberschule die Fußball-Schul-Weltmeisterschaft in Chile, für die sie sich als deutscher Schulmeister 2006 qualifiziert hatten, mit einem 2:1-Finalsieg gegen Südafrika. Die Mannschaft bestand aus 13 Hertha-Spielern und vier Kickern von Tennis Borussia. Die Tore im Finale erzielten der Herthaner Marvin Knoll, der später den Weg in den Profikader schaffte, und, nach dem zwischenzeitlichen Ausgleich, der Tennis-Borusse Kevin Stephan, der 2008 zu Hertha wechselte. Marvin Knoll war auch mit zehn Treffern der WM-Torschützenkönig.

Hier die Namen der Weltmeister: Marvin Knoll, Florian Riedel, Patrick Sobtzik, Nicolas Warz, Alfredo Morales, Daniel Wahl, Fabian Holland, Timo Weber, Lucas Groth, Fanol Perdedaj, Steven Arnemann, Patrick Podrygala, Thomas Posnanzki, Kevin Stephan, René Pütt, Julian Austermann, André Thielmann. Trainer war Dirk Kunert (Hertha) und Physiotherapeut Oliver Baer.

Marvin Knoll, Alfredo Morales, Fabian Holland, Fanol Perdedaj schafften den Sprung zu den Profis.[88]

74. GRUND

Weil Hertha BSC kinderfreundlich ist

Sicherlich haben im Laufe der Zeit etliche Hertha-Spieler ihre Kinder nach Berlin mitgebracht, die hier glücklich waren und eine schöne Schulzeit hatten. Auch sollen Trainer während ihrer

Arbeitszeit für Hertha Väter geworden sein. Das ist mit Kinderfreundlichkeit allerdings nicht gemeint. Hertha ist kinderfreundlich, da dieser Verein sehr viel Positives für die weniger betuchten Anhänger parat hat.

Sind Sie schon mal mit einem Ihrer Kinder oder gar mit zweien ihrer »zarten Wesen« zum Fußball gegangen? Wenn ja, werden Sie es bemerkt haben. Das große schwarze Loch, die gähnende Leere, die hinterher in ihrem Geldbeutel zu verbuchen war. Fußball ist teuer. Mit zwei Kindern ist man, die An- und Abreise mitgerechnet, dazu für jeden ein Getränk und eine Wurst plus drei Karten, einen dreistelligen Betrag los. Na, das machen Sie mal zwei Mal im Monat. Am Ende des Geldes ist dann noch reichlich Monat übrig. Wenn dann noch beide Elternteile mitkommen, wird deutlich, was deutsche Fußball-Haushalte erwirtschaften müssen, damit der Ball rollt.

Es ist nicht so, dass man bei Hertha umsonst reinkommt, aber es ist wirklich erschwinglich. Bei Hertha ist die Eintrittskarte in der 1. Liga im Schnitt von allen Bundesligisten am erschwinglichsten und selbst in der 2. Liga war Hertha unter den günstigsten Clubs zu finden. Die preiswerteste Karte bei Hertha liegt je nach Ligazugehörigkeit bei circa zehn bis zwölf Euro. Das heißt, während man bei anderen Spitzenklubs bei zwei Kindern und einem durchschnittlichen Haushaltseinkommen zwischen einem seiner Kinder entscheiden muss, können bei Hertha nicht nur Kind und Kegel, sondern auch noch der Opa nebst Haushälterin für denselben Preis ins Stadion. Nun ist das nicht die wünschenswerteste Konstellation, doch es bleibt noch genug für einen netten Abend mit der toleranten Partnerin (oder dem Partner) im Geldbeutel.

Bei einem Verein, der derart familienfreundliche Tarife bereithält, lohnt sich auch der Kauf mehrerer Dauerkarten. In der Bundesligasaison 2011/2012 lag Hertha in der Skala der preiswertesten Vereine auf Platz eins. Die teuersten Karten bekam man in Gelsenkirchen. Selbst in der 2. Liga der Saison 2012/13 lag Hertha auf Platz drei der günstigsten Dauerkarten. Nur Cottbus und Aalen waren günstiger. Das Ganze funktioniert auch nur, wenn das Kind Interesse am Fußball hat. Wer aber Fußball und Kleinkind unter einen Hut bringen möchte, ist in der Regel gänzlich aufgeschmissen. Dem Kleinkind sind oft Bibi Blocksberg, Hello Kitty oder Wicki näher als Ribéry, Götze oder Ronny.

In klassischen Fußball-Haushalten wird die Liebe des einen Elternteils zum Fußball durchaus toleriert. Was aber, wenn der andere Teil zum Selbstfindungskurs »Bewusster atmen« will? Klar, die Toleranz lebt. Du darfst natürlich zum Fußball, Schatz, aber nimm bitte das Kind mit. Haben Sie das schon mal mitgemacht? Spätestens, nachdem die Mannschaftsaufstellung durch ist und das eigentliche Spiel beginnt, fängt das Kind an, sich zu langweilen. »Papa? Warum hat der Mann da vorne so eine komische Mütze auf? Papa? Schau mal, da oben fliegt ein Vogel. Papa? Die Frau da sieht aber komisch aus.« Nach »ich habe Hunger« (natürlich ist man aufgestanden und hat eine Wurst geholt) und »ja, mein Schatz, du hast recht, ich habe den Ketchup vergessen« (natürlich habe ich Ketchup geholt) und »ich habe Durst« (natürlich habe ich ein Getränk geholt), spätestens dann, also in der 15. Spielminute, wird einem klar, Kind und Fußball, das geht nur bei Hertha.

Nicht nur weil das Stadion groß und vor allem großzügig ist. Das Kind stolpert nicht, wie in anderen Stadien, automatisch über alkoholisierte und pöbelnde Hooligans. Keine klaustrophobischen Angstzustände führen zu frühen Traumata. Das reine Fußballstadion, als höchstes Ideal gepredigt, hat schon so manches Kind um schlaflose Nächte gebracht. Hertha mit Kind funktioniert auch wegen der Kinderbetreuung, die während der Heimspiele angeboten wird. Lediglich bei Montagsspielen, die uns hoffentlich auf ewig erspart bleiben, bleibt die Betreuung geschlossen. So mancher Papa oder auch manche Mama können so in Ruhe Hertha sehen, während ihre Kinder von geschultem Personal bespaßt werden.

Nach dem Spiel geht es dann mit der S- oder U-Bahn sicher nach Hause. Die Eintrittskarte gilt als Fahrschein. Ganz schlaue

Eltern warten circa 45 Minuten, bis sie die Heimreise antreten, dann ist der Andrang an S-und U-Bahn abgeebbt. Natürlich vorausgesetzt, dass keine der Beförderungsunternehmen streiken. Dann empfiehlt es sich, vor dem Stadion an einem der zahlreichen Stände erst einmal eine Rostbratwurst zu essen. Das Stück für 2,50 Euro oder ein Stück Pizza für einen Euro. Ein Besuch bei Hertha bringt in jedem Fall ein aufregendes Erlebnis für die Jüngsten, ohne dabei pleitezugehen.

75. GRUND

Weil bei Hertha BSC endlich die eigene Jugend regiert

Hertha BSC war stets der Zeit voraus. Dreht sich heute, infolge des demografischen Wandels, alles um Senioren, hatte Hertha schon vor Jahrzehnten ein Herz für alternde Spieler entdeckt. So mancher Spieler wurde reanimiert und zum Probetraining geschleppt, dort wartete bereits das Inkontinenz-Team auf die erfahrenen Spieler. Schnell war der in altersgerechten großen Lettern verfasste Vertrag unterschrieben. Am Spieltag selbst wurden die Alt-Stars mit dem Treppenlift zum Platz gefahren. Endlich dort angekommen, traten die grauen Panther noch ein paar Bälle, um dann in der Halbzeitpause vollkommen erledigt ausgewechselt zu werden. Für diese Kurzeinsätze zahlte Hertha noch ordentlich in die jeweilige Rentenkasse ein. Okay, okay, ganz so krass war es nicht, aber Hertha scharte immer wieder ehemalige Stars um sich. Warum? Ganz einfach! Die Kassen waren wie immer leer. Für junge und gute Spieler fehlte einfach das Geld.

Zum Beispiel Rainer Bonhof. Der Alt-Weltmeister von 1974 war zwar 1983, dem Jahr, als er bei Hertha anheuerte, mit 31 Jahren noch nicht so alt. Den Leistungszenit hatte er jedoch längst hinter sich. Was er in den sechs Spielen für Hertha an Leistung ablieferte, war schon sehr behäbig. Folglich zog er sich, nach einem geruhsamen Jahr bei Hertha, offiziell auf sein Altenteil zurück. Mein persönlicher Spitzenreiter war aber Peter Nogly, der Nationalspieler, Pokalsieger, Deutsche Meister und Europapokalsieger. Allerdings erzielte der 36-jährige Abwehrspieler diese Erfolge lange Zeit vor seinem Berliner Engagement.

Es war wie ein Fluch. Wenn gute und junge Spieler vor der eigenen Tür heranwuchsen, nahm Hertha die Talente gar nicht – oder nur am Rande – wahr. Und wenn mal ein junger Spieler von einem anderen Club Berlins zu Hertha gelotst werden sollte, wollte der Kicker nicht zu Hertha. Mein Verein hatte sich durch jahrzehntelange Ignoranz gegenüber Berliner Talenten den zweifelhaften Ruf erarbeitet, für die Förderung junger Talente nicht offen zu sein. Norbert Janzon, der mit Bayern Deutscher Meister wurde, Thomas »Icke« Häßler, Pierre Littbarski und Rüdiger Vollborn stehen für solche Spieler, die es vorzogen, in der Fremde ihr Glück zu machen.

In der Stadion-Zeitung vom 16. Dezember 1978 wurde dies deutlich beschrieben. Unter der Überschrift »Kennen Sie den?« fand ich folgende Notiz: »Wohl kaum. Aber seinen Namen haben Sie sicherlich schon gehört: Peter (oder Pierre) Littbarski, 18 Jahre jung und vor einigen Monaten Jugendspieler bei Hertha Zehlendorf. Heimlich, still und leise schnappte sich der 1. FC Köln dieses Talent, bevor andere Vereine an ihn herankamen. Schade. In Köln hat er nur geringe Chancen, sich einen Stammplatz in der Bundesliga-Elf zu erspielen. Bei Hertha BSC wären diese Chancen größer gewesen … Aber: Jeder ist seines Glückes Schmied!« Littbarski schaffte es bei Köln trotzdem bis in die Nationalmannschaft und wurde Weltmeister. Andere Berliner Spieler wiederum gingen zwar auch, haben aber ihre Heimatstadt nie vergessen und kamen zurück, heuerten bei Hertha an und schenkten den Menschen ihrer Geburtsstadt reichlich Freude. Uwe Kliemann, Zecke Neuendorf, aber auch jüngere Kicker wie Änis Ben-Hatira fallen mir an dieser Stelle spontan ein.

Die ständig klammen Kassen haben aber auch einen Vorteil. Endlich scheint Hertha eine Lehre aus den vergangenen Jahrzehnten gezogen zu haben. Talentsichtung und Förderung wird mittlerweile großgeschrieben. Die Hertha-Jugendakademie ist weit über die Grenzen Deutschlands bekannt und vielfach ausgezeichnet worden. Der Fluch der knappen finanziellen Ressourcen scheint sich zum Glücksfall für die eigene Jugendarbeit zu entwickeln. Natürlich gab es auch immer wieder Rückschläge. Spieler wie Kevin-Prince Boateng, Jérôme Boateng, Sejad Salihović, Ashkan Dejagah, Assani Lukimya-Mulongoti sowie Christopher Samba verließen den Verein. Es tut weh, wenn solche Talente der Stadt den Rücken kehren. Die Gründe hierfür sind vielfältig und nicht so einfach, wie es in der Boulevardpresse reißerisch dargestellt wurde. Die richtig guten Jungs bewegten und bewegen sich in einem Spannungsfeld. Ständig wird ihnen gesagt, wie toll sie sind. Sie werden gesetzt und hatten schon früh mehr Geld als ihre Altersgenossen, die noch klassisch die Schulbank drückten und sich eher der Schulbildung verschreiben.

Acht-Zylinder-Allrad-Geländewagen, flächendeckende Tattoos und die obligatorische Gangsta-Goldkette gingen bei einigen Hand in Hand mit Respektlosigkeit. Ein gefundenes Fressen für diejenigen Journalisten, die es in ihrer Spießigkeit nicht verstanden, dass es auch sehr kreative und lebendige Spieler gibt, die nicht auf eine Messdiener-Karriere oder eine gesellschaftliche Verankerung im bürgerlichen Sinne zurückschauen. Genie und Wahnsinn liegen oft gerade bei absoluten Toptalenten dicht beieinander. Die Trennung von den Boatengs und anderen Spielern des »goldenen Jahrgangs« war dann irgendwann für alle Seiten dringend notwendig, da die Gegensätzlichkeiten nicht mehr zu beheben waren.

Eigentlich auch ein Verlust für die Berliner Gazetten, es waren keine Spieler mehr in der Nähe, über die sie sich das Maul zerreißen konnten. Die Jungs, die in die große Welt zogen, haben viel dazugelernt und gehen ihren Weg. Hertha hat aber auch neue Einsichten gewonnen, heute würde man sicherlich ganz anders an solchen Wildwuchs herangehen. Mittlerweile sind wieder neue Spieler herangewachsen, die reif für die erste Mannschaft sind. Hertha hat elf Spieler aus Berlin und Umgebung im Kader – neun davon kamen bereits zum Einsatz. Sascha Burchert (23), Philip Sprint (20), John Anthony Brooks (20), Alfredo Morales (23), bereits von Jürgen Klinsmann in den US-Kader nominiert, Shervin Radjabali-Fardi (22), Änis Ben-Hatira (24), Nico Schulz (20), Marvin Knoll (22), Fabian Holland (22), Hany Mukhtar (18), Robert Andrich (18) – sie sind alle in Berlin und Umgebung geboren, gehören zum 27-köpfigen Profiteam und die meisten stammen auch noch aus Herthas eigenem Nachwuchs.

Elf Spieler aus Berlin in der ersten Mannschaft (Stand Mai 2013), das ist von den 36 Profiklubs die höchste Zahl von allen. Auf Platz zwei kommt Bayern München mit gerade mal sieben Spielern aus der eigenen Stadtregion. Ich bin gespannt, wie Jos Luhukay diese jungen Männer in Spannung hält und weiter formen wird. Ein Trainer, der mit solchen »Rohdiamanten« umgehen kann, ist Gold wert. So gesehen verfügt meine Hertha über einen riesigen Schatz.

76. GRUND

Weil Hertha BSC wertvoll für die Persönlichkeitsfindung ist

Vor etlichen Jahren hatte ein Herthaner ein Problem, das in den besten Familien vorkommt. Nachdem er Vater geworden war, aber die Liebe auf der Strecke blieb, durfte er seinen Sohn drei Jahre lang nicht sehen. Er war unverheiratet und hatte kein Sorgerecht und der Kindesentzug war die einfachste und auch effektivste Art, ihn zu bestrafen.

Zum Glück hatte er gute Freundinnen und Freunde und in Hertha eine Institution, die ihn mal gut, mal schlecht unterhielt, aber stets von seinem emotionalen Dilemma ablenkte. Er ließ nicht locker, er unternahm alles, um doch noch praktizierender Vater sein zu dürfen. Seine Geduld sollte sich auszahlen. Nach drei ewig langen Jahren konnte er seinen Sohn wieder in die Arme schließen. Doch was war das? Der Bengel, der da vor ihm stand, trug Bayern-München-Hosen und Dortmund-Stutzen. Die Kombination aus Rot, Weiß, Gelb und Schwarz alleine hätte jeden modebewussten Menschen zum Wahnsinn getrieben, aber nicht besagten Vater. Er war einfach nur glücklich. Das, was da vor ihm stand, war mit das Beste, was es gab, und schließlich kommt es auf die inneren Werte an. Er hatte einen Plan.

Er sagte sich: Ich muss den Jungen dort abholen, wo er zurzeit steht! Zunächst also galt es, das Interesse des Kurzen auf das kleinere Übel zu lenken. Das war zweifelsohne Dortmund. Er wusste, wenn dieses Kind nur ein kleines bisschen seiner eigenen Aufsässigkeit geerbt hatte, würde er, wenn er ihm das Tragen der bajuwarisch-westfälischen Geschmacksverirrungen verbieten würde, den größten aller Bayern- oder Dortmund-Fans kreieren. Genauso wie einst Dr. Frankenstein sein Monster schuf.

Das wollte er, der gesellschaftlich verantwortungsbewusste Mensch, nicht. Er schenkte ihm folglich ein Dortmund-Trikot. Der Junge war stolz. Ja, jetzt war er nicht mehr Opel-Fan, wie er in Anlehnung an den damaligen Bayern-Sponsor sagte, nein, jetzt war er richtiger Dortmunder. Der behutsame Papa nahm seinen »Dortmund-Fan« von nun an mit zum Bundesligafußball. Das erste Spiel, das er gemeinsam mit seinem Steppke besuchte, war ein Heimspiel gegen Opel. Der Papa erklärte dem Jungen, dass Hertha gegen Bayern spielt, und er müsse ja nun einsehen, dass er da schlecht mit einem Dortmund-Trikot hingehen könne.

Er kleidete also seinen Steppke in den Farben des besten Vereins der Welt ein, besorgte ihm noch schnell eine Hertha-Fahne und ab ging es zum Olympiastadion. Der Papa hatte zwar keine Karten, aber er war sich sicher, zwei Tickets zum Originalpreis zu erhalten. So war es auch. Es waren allerdings Gästekarten und die zwei folglich die einzige blau-weiße Insel im rot-weißen Meer der Erfolgsfans. Also jener, die Niederlagen in der Bundesliga und im Alltag nur schwer verdauen können.

Hertha spielte grandios auf und gewann am Ende mit 2:1. Torschützen waren übrigens alles Herthaner, da Michael Preetz sowohl das gegnerische als auch das eigene Tor traf. Der Junge war glücklich und in seinem Übermut fing er an, »seine« Hertha auf die Art anzufeuern, die er vom Schulhof kannte. »Bayern buh, leck mein Schuh«, war sein Lieblingsruf – zum Entzücken der um ihn herum sitzenden Tausenden Bayern-Fans. Kennen Sie das, wenn zahlreiche schlecht gelaunte und bierselige Fußballfans ihren Blick in Ihren Rücken bohren? Wie muss sich der Papa gefühlt haben. Doch der Steppke wusste ja, ihm kann nichts passieren, sein Papa würde ihn schon beschützen gegen die paar Tausend um ihn herum.

Als Hertha zur Ehrenrunde antrat, thronte er zufrieden auf den Schultern seines Papas. Klar war er, der Siebenjährige, schon immer Hertha-Fan! Ich bin mir sicher, das war auch so. Nur, dass er sich seines blau-weißen Herzens nicht bewusst war. Der Kleine ist jetzt 22 und Mitglied – natürlich bei Hertha. Man sagt ja nicht ohne Grund, dass gerade Söhne ihre Väter brauchen. Sie haben es bestimmt schon gemerkt, jener Herthaner bin ich gewesen und der Bengel ist mein Sohn aber auch Töchter brauchen ihre Väter und umgekehrt. Meine Tochter verzauberte mich bereits, als sie zwei Jahre alt war, mit einem »Ha Ho He« und malte mir Bilder mit blau-weißen Männekens. Kinder sind toll und das Beste, was es gibt auf der Welt. Hertha, das weiß ich, wird dieses Bekenntnis verstehen und akzeptieren.

9. KAPITEL

HERTHAS STARKE FRAUEN

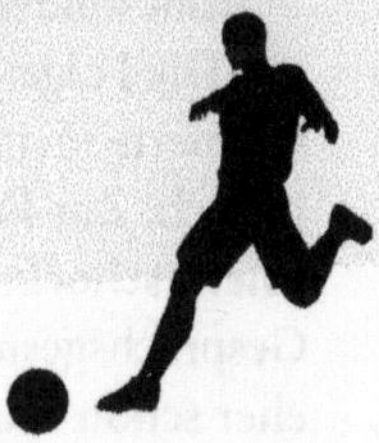

77. GRUND

Weil hinter Hertha-Fans oft starke Frauen stehen

Ich war 17 Jahre alt und machte mich gerade auf, mein Abitur zu bestehen. Leider meinte es die Unterrichtsplanung nicht gut mit mir. Jeden zweiten Sonnabend fielen etliche Unterrichtsstunden auch auf einen Auswärtsspieltag meiner Hertha. Die Reifeprüfung vor Augen, musste ich mich entscheiden: Hertha auswärts unterstützen – oder in der Schule sitzen. Ich entschied mich, nach reiflicher Überlegung, sofern keine Arbeit in der Schule geschrieben wurde, meiner Verpflichtung als Fan in den auswärtigen Stadien nachzukommen. Ein Entschluss, der, man ahnt es, nicht nur auf Gegenliebe stieß.

Insbesondere meine Klassenlehrerin hatte dafür kein Verständnis. Die Folge: Sie bat um ein Gespräch bei meinen Eltern. Ich informierte meine Eltern kurz über den bevorstehenden schulischen Besuch. Zur Erklärung: Ich war das jüngste von vier Kindern, insofern schockte meine Eltern eigentlich gar nichts mehr. So waren Gesprächsgesuche von Lehrkräften für meine Eltern nichts Neues, eher schon routinemäßiger Alltag.

Als die üblichen Höflichkeiten bei Kaffee und Kuchen ausgetauscht waren, kam meine Lehrerin zur Sache. Sie konfrontierte meine Eltern mit den Vorwurf: »Wissen Sie eigentlich, dass Ihr Sohn jeden zweiten Sonnabend in der Schule fehlt?«[89] Meine Mutter, eine großartige Frau, die die letzten Jahrzehnte im familiären Kreis von Fußball-Verrückten verbrachte, schenkte meiner Lehrerin noch eine Tasse Kaffee nach und äußerte sich zum Vortrag der Lehrkraft mit beiläufigem Unterton und dem Satz: »Ja natürlich, wieso? Da spielt doch Hertha!«[90]

Mann, war ich da stolz auf meine Mutter. Mein Vater, der das Ganze beobachtete, lächelte nur. Meine Lehrerin, eine hochsensible Frau mit einem feinen Gespür für aussichtslose Situationen, wusste, hier ist kein Blumentopf mehr zu gewinnen. Jetzt galt es nur noch für alle Beteiligten, die Situation in der Art zu retten, dass noch schnell ein paar Belanglosigkeiten ausgetauscht wurden, um den Absprung für meine Lehrerin aus dem Gespräch mit möglichst wenig Gesichtsverlust zu ermöglichen. Was auch gelang. Später, ich räumte gerade die Kaffeetassen ab, sagte meine Mutter noch: »Das ist aber eine nette Frau, aber weißt du, was sie von uns wollte?«[91]

78. GRUND

Weil Hertha BSC natürlich auch weibliche Seiten hat

Wenn sich der DFB heutzutage von seiner gewohnt unbeweglichen, konservativen Seite zeigt, dann hat das Tradition. Auf dem DFB-Bundestag 1953 ließen die alten Herren durch ihren Präsidenten, den Rheinländer Peco Bauwens, verlauten: »Fußball ist kein Frauensport. Wir werden uns mit dieser Angelegenheit nie ernsthaft beschäftigen!« Diese verknöcherten Gedanken alter Säcke wurden dann in einer DFB-Publikation von 1955 manifestiert: »Den Vereinen wird untersagt, Frauen aufzunehmen oder ihnen Sportplätze zur Verfügung zu stellen. Diese Kampfsportart ist der Natur des Weibes im Wesentlichen fremd. Im Kampf um den Ball verschwindet die weibliche Anmut. Körper und Seele erleiden unweigerlich Schaden und das Zurschaustellen des Körpers verletzt Schicklichkeit und Anstand.«

Lange Zeit war der Frauenfußball verpönt und wurde bestenfalls belächelt. Es schien so, als müsse der Fußball von den Herren der Schöpfung als letzte Männerbastion vor den in alle Bereiche vordringenden Feministinnen verteidigt werden. Wir wissen es mittlerweile besser. Die ängstlichen Männer rückten beiseite und der Fußball wurde von den Frauen erobert. Mit dem Einführen professioneller Strukturen wuchs auch die Attraktivität des Frauenfußballs. Europameisterschaften und WM-Titel sorgten für das nötige Selbstvertrauen. Selbst der DFB-Pokal, anfangs zum Vorspiel des Männerfinales degradiert, hat nun einen eigenen Termin. Zugegeben, auch Hertha hat lange Zeit das Potenzial, das im Frauenfußball steckt, verkannt. Damit war aber 2009 Schluss. Hertha suchte erfolgreich die Kooperation mit dem 1. FC Lübars. Gemeinsam wurde eine Frauenfußballabteilung aus der Taufe gehoben. Die Frauen und Mädchen treten im Hertha-Trikot an, das mit dem Schriftzug des 1. FC Lübars versehen ist. Die erste Mannschaft (richtiger wäre wohl Frauschaft) tritt zurzeit in der 2. Frauen-Bundesliga Nord an. Diese Liga hätte der 1. FC Lübars ohne die Unterstützung der neuen Mutter Hertha nie halten können.

So gesehen gewinnen beide Vereine. Lübars hat finanziell mehr Spielraum, kann in der 2. Liga antreten und Hertha erhält eine zusätzliche weibliche Seite. Die erste Mannschaft spielt interessanterweise in blauen Stutzen. Das hat aber nichts mit den Blaustrümpfen des 19. Jahrhunderts zu tun, jenen gebildeten Frauen, die für ihre Rechte eintraten. Folgende Herren hatten und haben eine ganz eigene Sicht der Thematik. Einige Beispiele:

- **Sepp Herberger, ehemaliger DFB-Bundestrainer:** »Fußball ist keine Sportart, die für Frauen geeignet ist, eben schon deshalb, weil er ein Kampfsport ist.« [92]
- **Gerd Müller, Weltmeister und Bomber der Nation, im Jahre 1980:** »Ich glaube nicht, dass dieser Sport genauso populär wird wie unser traditioneller Fußball. Warum sollen auch Frauen hinter dem Ball herlaufen? Sie gehören doch hinter den Kochtopf. Meiner Frau würde ich nicht erlauben, Fußball zu spielen.«[93]
- **Wim Thoelke als Moderator des *Sportstudios* (1970):** »Die Zuschauer brauchen sich gar nicht aufzuregen. Die Frauen waschen doch ihre Trikots selber, wenn sie in den Schlamm fallen. Decken, decken – nicht Tisch decken. Mann decken, so ist richtig.«[94]
- **Ex-Bundespräsident Johannes Rau** hatte auf die Frage, ob Fußballstadien nicht auch nach Frauen benannt werden sollten,

eine Meinung und die ging wie folgt: »Und wie soll dann bitte so ein Stadion heißen? Vielleicht Ernst-Kuzorra-seine-Frau-ihr-Stadion?«[95]

- **Mario Basler, bislang erfolgloser Trainer und mäßiger *Bild*-Kolumnist,** zeigte sich zum Thema von seiner unverblümten Seite. »Ich bin ehrlich: Fußball ist nichts für Frauen. Wenn Mädels auf dem Rasen rumtoben wollen, sollen sie ein Netz aufstellen und Tennis spielen«, schrieb Basler in der *Bild*. So wie in Wimbledon, das sei »sexy« und er gab den Frauen mit auf den Weg: »Lasst verdammt noch mal den Rasen in unseren Stadien heil!«[96]

Willkommen im 21. Jahrhundert, meine Herren.

79. GRUND

Weil Hertha die würdevolle »alte Dame« ist, der junge Männer nachsteigen

Wenn man sich so in der deutschen Fußballwelt umschaut, trifft man auf die verrücktesten Bezeichnungen für die jeweiligen Clubs. Die Leverkusener werden als »Werkself« bezeichnet, in Anlehnung an den Pharma-Konzern, der sie mit seinen scheinbar unendlich zur Verfügung stehenden Euro-Millionen unabhängig von Erfolg und Beliebtheit am Leben erhält. Die Gelsenkirchener sind die »Knappen«. Der Begriff des Knappen steht in Verbindung mit dem Bergbaurevier. Ein Knappe ist nämlich ein ausgebildeter Bergmann. Da die Gelsenkirchener oft unterirdisch spielen und wirtschaften, aber immer einen finden, der nicht zu knapp wegschaut, ist die Bezeichnung »Knappe« folgerichtig und treffend. Die Nürnberger sind die »Glubberer«, hochdeutsch »die Clubber«, also diejenigen, die zum Club gehören. Nicht weniger einfallslos bezeichnen sich die Wolfsburger als »Wölfe«. Nicht auszudenken, das dortige VW-Werk würde in Schweinfurt stehen. Ganz neu und nicht weniger originell ist »Hoffe« für Hoffenheim. Ich hoffe, dass dieser Kunstverein schnell wieder richtigen Traditionsvereinen Platz macht.

Doch neben diesen eher belanglosen Bezeichnungen gibt es da eine, die wahrhaft Würde und Respekt ausdrückt. Eine Bezeichnung, die mehr einem Ehrentitel gleicht als einem Spitznamen. Gemeint ist der ehrenvolle Beiname »Alte Dame«.

Es gibt einige Vereine, die »Alte Dame« genannt werden. Einer der bekanntesten ist Juventus Turin. Aston Villa ist die wohl älteste Dame mit sage und schreibe 139 Jahren. Doch auf keinen Club passt diese Bezeichnung besser als auf meine Hertha. Alte Damen sind liebenswert und haben diese Aura der Welterfahrenheit. Alte Damen sind aber oft auch ein wenig merkwürdig. Mal Diva, mal mütterlich. Hertha aber scheint nicht nur am Gesundbrunnen gereift zu sein, sondern auch ständig in einem wahren Jungbrunnen zu baden. Es gibt nicht viele Damen, die über 120 Jahre alt und so rüstig sind wie meine Hertha. Sie ist so attraktiv, dass ihr ständig Zigtausende junger Männer nachsteigen. Selbst Frauen können sich ihrem Charme nicht entziehen. Auch die gefühlt gleichaltrigen Herren beim DFB bringt sie noch immer mit Leichtigkeit in Wallung.

Manchmal aber wünschte ich mir, die Funktionsträger bei der DFL und dem DFB hätten in ihrer Kindheit mehr Werte vermittelt bekommen. Denn so, wie in den letzten Jahren geschehen, geht man einfach nicht mit einer alten Dame um. Am Ende sehen diejenigen, die sich den respektlosen Umgang mit meiner Hertha zur Lebensaufgabe gemacht haben, ganz schön alt aus. Wir Herthaner, gut erzogen wie wir sind, respektieren die Lebenserfahrung und das Lebenswerk unserer manchmal auch etwas schrulligen alten Dame und blicken wohlwollend über so manchen altersbedingten Aussetzer hinweg. Ihr einziges Problem ist die eher geringe Rente, zudem hat sie als junges Mädchen leider keine Rücklagen bilden können. Trotzdem wird sie viele ihrer heutigen Verehrer um viele Jahrzehnte überleben. Mindestens.

80. GRUND

Weil Hertha BSC sogar am Strand Europameister war

Uns Berlinern wird ja von bösen Zungen nachgesagt, dass unsere realistische Selbsteinschätzung oft dick aufgetragen wirkt. Alles Neider! Selbst wenn es so sein sollte, wäre nichts Verwerfliches dran, denn Hertha hat das »Angaberecht«. Wir sind nicht nur die Schärfsten, bei uns wird auch schon mal zwischen »Husband and Wife« gebaggert und ein »Chicken Wing« genossen. Nein, keine Sorge, die Liebe zu meinem Verein ist mir nicht zu Kopfe gestiegen. Die Rede ist vom Beachvolleyball. Am 1. November 2005 traten Laura Ludwig und Sara Goller, die, wie sich später herausstellen sollte, besten Beachvolleyballerinnen Deutschlands, meiner Hertha bei.

Sara Goller, in Starnberg geboren, sagte damals: »Für uns ist es eine große Ehre, unter der Flagge dieses traditionsreichen Klubs antreten zu dürfen.« Liebe Sara, auch für Hertha war es eine große Ehre, euch im Verein begrüßen zu dürfen. Von nun an trugen die beiden die Hertha-Fahne bei jeder Partie (auf ihren Hosen) um die Welt.

Für Laura Ludwig, die ehemalige U18-Weltmeisterin, lag es nahe, zu Hertha zu gehen, schließlich ist sie eine gebürtige Berlinerin. »Hertha besitzt ein großes Renommee und hat in den vergangenen Jahren eine hervorragende Entwicklung genommen. Gerade im für uns wichtigen administrativen und organisatorischen Bereich arbeitet der Hauptstadtverein auf höchstem Niveau. Dies wird uns beflügeln, das in uns gesetzte Vertrauen zu rechtfertigen«, so Teamchefin Sara Goller.[97] Sie rechtfertigten das Vertrauen! Und wie! Neben etlichen nationalen und internationalen Erfolgen errangen Sara Goller und Laura Ludwig im Juli 2008 in Hamburg die Beachvolleyball-Europameisterschaft.

Das Duo gewann dank ihres bedingungslosen Siegeswillens. »Wir wussten, dass wir alle schlagen können«,[98] sagte Sara Goller nach dem Sieg. Was würde ich darum geben, wenn am Ende der Bundesligasaison eine solche Aussage von unseren Fußball-Männern kommen würde!

Im September 2012 gaben Sara und Laura bekannt, dass sie ihre erfolgreiche Zusammenarbeit beenden würden. Der Grund hierfür war Sara Gollers Entscheidung, nach 16 Jahren Leistungssport ihre sportliche Karriere zu beenden und sich voll und ganz auf ihre berufliche Ausbildung zu konzentrieren. Was bleibt, ist eine unglaubliche Erfolgsstory mit vier Deutschen Meisterschaften (2006, 2007, 2008, 2011). Dazu gab es zwei Gold- und zwei Silbermedaillen sowie einmal Bronze bei Europameisterschaften (2008/2010, 2007/2009, 2011). Sieben Mal standen sie in einem World-Tour-Finale. Bei den Olympischen Spielen 2012 in London konnte ein fünfter Platz erkämpft werden. Die zwei sind in meinen Augen nicht nur irre professionell und erfolgreich. Ich finde sie auch unglaublich cool.

Hier die Erläuterung zum im ersten Absatz verwendeten Beachvolleyball-Sprech. Das »Angaberecht« ist das Recht, als Erster den Ball zu spielen. »Husband and Wife« bezeichnet die Zone zwischen den Annahmespielern. Die obere Verteidigung mit Ellbogen oder Oberarm nennt sich »Chicken Wing«. Im Beachvolleyball wird übrigens, abgesehen vom Angriffsspiel, ausschließlich gebaggert. Der Ball wird also von beiden miteinander verschränkten Armen zwischen Handgelenk und Ellenbogen von unten angespielt.

10. KAPITEL

ANEKDOTEN UND KURIOSITÄTEN RUND UM HERTHA BSC

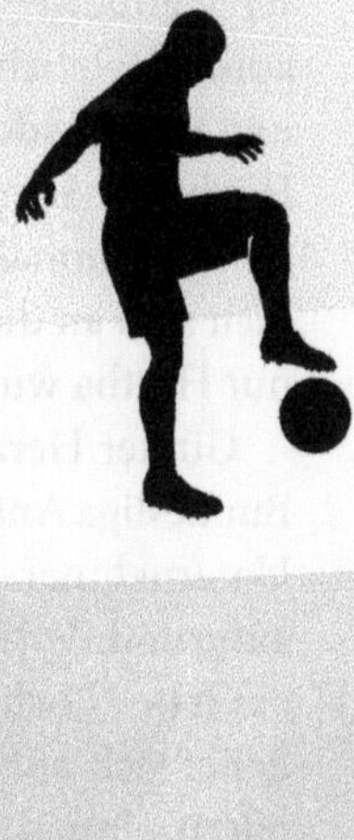

81. GRUND

Weil Hertha BSC eine wahrhaftig schwarze Kasse besaß

Die durch den Mauerbau von 1961 geschaffene Insellage West-Berlins erschwerte erheblich das Anwerben von Spielern aus Westdeutschland. Hertha hatte auch keinen Zugriff mehr auf den Nachwuchs des Umlandes. Der Verein musste besonders tief in die Tasche greifen, um trotz dieses Standortnachteils, der eine Folge des gesamtdeutsch angezettelten Krieges war, aber insbesondere von den West-Berlinern gespürt wurde, Spieler zu gewinnen. Dieser Wettbewerbsnachteil wurde vom DFB nicht ausgeglichen und konnte folglich nur durch wettbewerbswidrige Gehaltszahlungen und Handgelder kompensiert werden. Erlaubt waren allerdings nur Höchstgehälter, inklusive Siegprämien von 2200 DM. Handgelder durften einmalig 10.000 DM nicht übersteigen. Kein Bundesligist hielt sich an diese Regeln, aber nur bei Hertha wurde gesucht und nur Hertha wurde erwischt.

Günter Herzog hieß der erste Schatzmeister von Hertha in der Bundesliga Anfang der 1960er-Jahre, von Beruf war er Bestattungs-Unternehmer aus Berlin-Schöneberg. Er musste feststellen, dass aufgrund der oben benannten Handgeld- und Gehaltszahlungen ein fettes Loch in der Kasse war. Der Stand der Verbindlichkeiten belief sich auf 190.000 DM. Als Gegenmaßnahme ließ er in den 60ern einmal 55.000 Schwarztickets drucken, versteckte sie vor den Finanzprüfern des Deutschen Fußball Bundes (DFB) in einem schwarzen Sarg in einer seiner Filialen in der Schöneberger Goltzstraße und verkaufte sie unversteuert an den Kassen des Olympiastadions. Obwohl die Tiefenprüfer des DFB auch seinem Unternehmen einen Besuch abstatteten, traute sich keiner der Herren, in den Erdmöbeln nachzuschauen. Die Karten blieben unentdeckt. Der Erlös aus den Tickets – immerhin 165.000 DM – senkte damals den Schuldenstand des Vereins. Diese pietätsbefangene Episode war später der erste bekannt gewordene Finanzskandal der Bundesliga.

Der kreative Bestatter Herzog war seit 1936 Mitglied bei Hertha und neben der Schatzmeistertätigkeit später Vorsitzender des Ältestenrates und der Boxabteilung. Er starb 2001 im Alter von 79 Jahren.

82. GRUND

Weil es bei Hertha BSC gegen Borussia Dortmund 9:1 schlug und sich das Tor zum Paradies öffnete

Es war der 32. Spieltag der Saison 1969/70. Hertha BSC empfing als Tabellendritter den Tabellenfünften Borussia Dortmund. Wie immer durfte ich meinen Vater begleiten und sogar noch einen Schulfreund mitnehmen. Wir hatten das Privileg, zusammen mit meinem Vater und einigen Kollegen in der Pressekabine sitzen zu dürfen. Für meinen Vater die ideale Möglichkeit, seinen beruflichen Verpflichtungen mit seinem von meiner Mutter erteilten Erziehungsauftrag gerecht zu werden und »ja den Jungen heil wieder nach Hause zu bringen«. Pressekabine bedeutete, dass wir selbst bei Regen und Schnee im Warmen saßen und gut versorgt wurden. Pressekabine bedeutete aber auch: »Klappe halten.« Als Produkt meiner Eltern und Kind dieser Stadt ein scheinbar aussichtsloses Unterfangen. Doch wir wussten, wollten wir weiterhin bequem und kostengünstig Hertha besuchen, mussten wir schweigen. Und wir blieben still. Bis zu diesem denkwürdigen Tag, an dem Borussia Dortmund zu Gast war.

Wie immer wurden vor Spielbeginn die Mannschaftsaufstellungen durch den Stadionsprecher verlesen und jedem der Dortmunder Spieler wurde aus Tausenden Kehlen ein schallend lautes »Na und!« hinterhergerufen. Wir blieben still und waren schwer beeindruckt, als dann beim Verlesen der Hertha-Aufstellung kein Wort mehr zu verstehen war. Unzählige Tröten wurden geblasen und Fahnen geschwenkt. Kaum war das Auftaktgetöse vorbei, fiel bereits in der ersten Minute das erste Tor für meine Hertha. Lorenz Horr war es, der unsere Fähigkeit zum Schweigen das zweite Mal auf den Prüfstand brachte. Okay, ein »Jaaa« beim Torschuss war erlaubt, aber innerlich jubelten wir, so laut wir konnten. Noch siegte unsere Disziplin. Bereits zwei Minuten später war es Wolfgang Gayer, der es uns erneut schwer machte. Sein Kopfball zum 2:0 ließ uns abermals unsere Lippen zerbeißen. Noch mal Horr, Franz Brungs und zwei Mal Gayer schraubten das Halbzeitergebnis auf 6:0. Doch das 5:0 erlebten wir bereits aus ungewohnter Perspektive. Was war geschehen?

Nachdem Gayer zum 4:0 einschoss, konnten wir nicht mehr. Wir jubelten, so laut es ging. Wir klatschten, wir schrien und fielen uns um den Hals. Nicht dass dieses Verhalten meinem Vater fremd war, doch handelte es sich hier schließlich um seinen Arbeitsplatz, aus dem wir gerade dabei waren, dauerhaft eine zweite Fankurve zu machen. Da sprach mein Vater die legendären Worte: »So jeht et nich, ihr Flitzpiepen, dann jeht bitte auch dorthin.« Und er deutete auf den Hertha-Fanblock. Wir »Flitzpiepen«, gut erzogen wie wir waren, befolgten den Verweis meines Vaters umgehend. Für einen Augenblick war es, als wenn wir vom verbotenen Baum genascht hätten und nun das Paradies verlassen sollten. Endlich, wie ich später feststellen musste. Denn was ich von da an bei jedem Heimspiel erfuhr, war etwas ganz Eigenes, das mich zukünftig entscheidend prägen sollte. Je näher ich dem Fanblock an diesem Tag kam, umso lauter hörte ich die himmlischen Posaunen. Sollte es bei meiner Hertha zwei Paradiese geben? Vor mir stand ein alter Herthaner, der einen eigenhändig blau-weiß angemalten Bauhelm trug. Und als wollte er das ganze Stadion übertönen, blies er in seine Trompete. Ich merkte schnell, dass ich einer von nicht wenigen Berlinern war, die diese Hertha-Macke hatten. Nein, ich stellte schnell fest, es gab scheinbar unendlich viele dieser »Hertha-Bekloppten«. Jetzt war ich endgültig zu Hause angekommen. Wunderbar!

Nach der Halbzeitpause waren es zum vierten Mal Wolfgang Gayer, Tasso Wild und Hermann Bredenfeld, der zum Endstand von 9:1 einschoss. Dieses Ergebnis ist der bis dato höchste Heimsieg meiner Hertha und ich war jetzt auch ein richtiger Fan. Mit Kurve und allem Pipapo. Nach dem Spiel traf ich mich wieder mit meinem Vater und ich wusste unendlich viel zu berichten. Von Schals, die bis zum Boden hingen und voller Aufnäher waren. Von Männern, die so heiser waren, dass sie ihr Bier nur mit Händen und Füßen bestellen konnten. Von der Wichtigkeit einiger Hertha-Fans, die scheinbar immer neue Lieder anstimmten, und einem Block, der stets mit einstimmte, ganz ohne Megafon, und ich berichtete von Planungen der »Großen« für Auswärtsspiele. Schnell lernte ich, die wirklich wichtigen Fans stehen immer ganz oben im Block – und da wollte ich auch eines Tages mal hin. Damals ahnte ich noch nicht, dass ich das auch schaffen würde.

Der viermalige Torschütze, der Mittelfeldspieler Wolfgang Gayer, war an diesem Tag natürlich mein besonderer Held. Ich erfuhr von meinem Vater, dass er nach dem Spiel zur damals absoluten Kultsendung, ins *Aktuelle Sportstudio*, eingeladen wurde. Er verzichtete auf den TV-Auftritt, da er, wie es hieß, zu schüchtern war. Eine Schüchternheit, die mir als Berliner bis dato fremd war. Was es nicht so alles gibt. Ich habe an diesem Tag wirklich viel gelernt.

83. GRUND

Weil ein Hertha-Spieler 1974 in aller Munde war

Es war der 20. Juni 1970 in Mexiko City. Deutschland spielte um Platz drei bei der Fußball-WM gegen Uruguay. Im Tor stand der Berliner Horst Wolter, der damals für Eintracht Braunschweig kickte und daher den Spitznamen »Luffe« trug. Luffe ist so eine Art Braunschweiger Schrippe. Luffe Wolter durfte also das erste Mal ran. Sepp Maier räumte für diesen einen Tag das Feld und Horst Wolter gewann mit seiner Mannschaft 1:0. Das einzige Zu-Null-Spiel der deutschen Mannschaft des gesamten Turniers überhaupt. Weitere zwei Jahre später zog es ihn zurück in seine Geburtsstadt Berlin. Er unterschrieb bei Hertha.

Als nun die WM 1974 ihre Schatten vorauswarf, dachte auch die Deutsche Bundespost darüber nach, das WM-Turnier zu vermarkten. Schnell war klar: Eine Sondermarkenserie muss her. Es wurden Marken entworfen, auf denen Spieler in Aktion zu sehen, deren Gesichter jedoch nicht zu erkennen waren. Das hatte auch seinen guten Grund. In Deutschland werden nämlich in der Regel, mit Ausnahme des Staatsoberhauptes, keine lebenden Persönlichkeiten auf Briefmarken abgebildet. Dies ist aber nur traditionell begründet und nicht etwa durch ein Gesetz geregelt.

Ausnahmen gab es für Jean Monnet, den Ehrenbürger Europas, Papst Benedikt XVI und, warum auch immer, für Helmut Kohl. Neben anderen unbekannten Menschen wurde später auch der FC Bayern München 1997 abgebildet. Allerdings nur von hinten. Ansonsten wurden nur Bundespräsidenten gezeigt. Unvergessen die Marke von Gustav Heinemann, der mit seinem Porträt die 3-D-Ansicht einführte, er schien um die Ecke zu schielen. Die Personen auf den Marken für die WM 1974 waren daher scheinbar unkenntlich. Doch aufgrund der Körperhaltung war schnell klar, wer da abgebildet wurde. Auf der 30-Pfennig-Briefmarke war das eindeutig Luffe Wolter. Dieser verdiente später, zusammen mit Uli Hoeneß, dem Helden der 40-Pfennig-Briefmarke, bei der Handsignierung der Ersttagsbriefe ein paar Mark. Wie dem auch sei, neben Uli Hoeneß wurde 1974 ein Herthaner geehrt, der, wenn Sepp Maier nicht neben Gerd Müller und Franz Beckenbauer einige hochkarätige Lobbyisten in der Nationalmannschaft gehabt hätte, sicherlich die Nummer eins im deutschen Tor gewesen wäre.

Erwin Proell, der Designer der Skandalmarken, erinnerte sich: »Es kostete mich Tage, beim Sportfotografen Baumann geeignete, typische Spielszenen zu finden und sie leicht verfremdet umzusetzen. Da ging das Theater aber erst los … Und die *Bild*-Zeitung hatte herausgefunden, dass auf den Fotos die Spieler Horst Wolter und Uli Hoeneß zu sehen sind. Worauf diese riesige Honorarforderungen an die Post stellten. Die Klage wurde aber abgewiesen – man befand damals, dass Bundesligaspieler ›Personen öffentlichen Interesses‹ sind, die ohne Anfrage abgebildet werden dürfen. Mir glaubte man allerdings nicht, dass das unbeabsichtigt geschehen war. Als ich von einem Reporter das erste Mal darauf angesprochen wurde, fragte ich noch zurück – wirklich unbeleckt von Fußballwissen: ›Wer ist Hoeneß?‹«[99]

Für die betroffenen Spieler war dieser »Skandal« durchaus lukrativ, wie der Autor Horst Hamann in einem seiner Bücher darlegte: »Es begann schon mit dem Ersttag der WM-Marken der Bundespost, die nach tatsächlichen Spielfotos, der guten Ordnung halber mit unkenntlichen Gesichtern, gestaltet waren. Uli Hoeneß war aber in seiner unverkennbaren Spielweise genauso erkennbar wie auf der anderen Marke der hechtende Hertha-Keeper Horst Wolter. Damals noch nicht mit den heute üblichen Fußballersalären ausgestattet, willigten beide mit Vergnügen ein, Tausende von Ersttagsbriefen zu signieren, und zwar per Hand, weil sich damals die Auto-Pen-Maschinen noch nicht lohnten.«[100]

Da es damals noch keine selbstklebenden Briefmarken gab, kann man mit Fug und Recht behaupten, dass im Weltmeisterjahr 1974 ein Hertha-Spieler in aller Munde war. Später bekleidete Horst Wolter von 1986 bis 1990 das Manageramt bei Hertha BSC.

84. GRUND

Weil »Napoleon« Dettmar Cramer Hertha BSC im Stich ließ und sein Waterloo erlebte

Anfang 1974 wechselte Herthas Trainer Helmut »Fiffi« Kronsbein zu Hannover 96. Hertha BSC wurde auf der Suche nach einem neuen Übungsleiter schnell fündig. Am 1. Juli 1974 kam Dettmar Cramer, der bis dato als Weltenbummler im Auftrag des DFB unterwegs war. Cramer war in über 70 Ländern als Fußballlehrer tätig. Nun sollte der Globetrotter, der dank seiner eher geringen Körpergröße Napoleon genannt wurde, Hertha zu neuer Blüte führen.

Dieser jedoch quittierte bereits nach dem zehnten Tag seines Amtsantritts »aus persönlichen Gründen«, wie er sagte, den Dienst. Von diesen zehn Tagen bekam die Berliner Öffentlichkeit nicht allzu viel mit. Somit ging er als »Trainer für einen Tag« in die Annalen des Berliner Bundesligisten ein. Es wurde viel gemutmaßt, warum er dies tat. Ein Grund war vermutlich der, dass Hertha zu Saisonbeginn nicht die Verstärkungen aufbieten konnte, die sich Dettmar Cramer erhofft hatte. Der damalige Präsident, Heinz Warneke, hatte ihn angeblich mit dem Versprechen an die Spree gelockt, die Spieler Uli Hoeneß und Paul Breitner aus München, sowie Berti Vogts aus Mönchengladbach an die Spree zu holen.

Ein anderer Grund soll gewesen sein, dass sich Dettmar Cramer eine Zusammenarbeit mit Herthas grauer Eminenz, Wolfgang Holst, nur sehr schwer vorstellen konnte. Doch Wolfgang Holst durfte bis 1977 gar kein Amt bei Hertha ausfüllen. Ob nun Blauäugigkeit oder persönliche Ressentiments – ein fader Beigeschmack blieb. Wie dem auch sei, Cramer ging für ein paar Monate in die USA, um von dort aus mit dem FC Bayern zu verhandeln. Am 6. Januar 1975 war es so weit. Cramer durfte endlich Uli Hoeneß trainieren. Doch wie so oft im Leben sieht man sich zwei Mal. Einer seiner ersten Auftritte war das Auswärtsspiel des amtierenden Deutschen

Meisters am 1. Februar 1975 bei der von ihm verschmähten Hertha. Herthas Spieler rannten, als ob es um die Weltmeisterschaft ging. Sie wollten es ihrem Zehn-Tage-Trainer zeigen. Am Ende gewann Hertha BSC hochverdient mit 4:1.

In dieser turbulenten Saison wurde Hertha BSC Vizemeister und die großen Bayern erlebten mit Napoleon Cramer ihr Waterloo. Am Ende hieß es lediglich Platz zehn für die Spieler von der Isar.

Horst Wolter, Thomas »Tommy« Zander, Holger Brück, Frank Hanisch, Uwe Kliemann, Ludwig »Luggi« Müller, Michael Sziedat, Hans »Hanne« Weiner, Erich »Ete« Beer, Erwin Hermandung, Benno Magnusson, Wolfgang Sidka, Gerhard Grau, Lorenz Horr, Kurt »Kudi« Müller und Detlev Szymanek sind als die charakterstärkste Hertha-Mannschaft der 70er-Jahre in die Annalen eingegangen.

85. GRUND

Weil Hertha in einer Saison 123 Tore erzielte und dennoch nicht aufstieg

Eingefleischte Fußballfans kennen das. Der Ball liegt frei, die Torlinie ist nah und der Torwart bereits geschlagen. Der Stürmer braucht eigentlich nur noch die Kirsche über die Linie zu schieben. Doch aus nicht erkennbarem Grund schießt er daneben, köpft drüber oder rutscht einfach aus. So passiert das natürlich auch bei Hertha. Nur in der Saison 1980/81 schienen die Stürmer meiner Hertha das richtige Ballgefühl entwickelt zu haben. Hertha, frisch aus dem Oberhaus abgestiegen, wandelte den Frust in Vorwärtsenergie um. Meine Mannschaft traf nach Belieben.

Insgesamt standen 1981 satte 123 Tore in einer Spielzeit auf der Habenseite. Selbst wenn man bedenkt, dass in besagter Saison ganze 22 Clubs in der damaligen Staffel Nord der zweigleisigen 2. Bundesliga spielten, wären das, auf eine Staffel mit 18 Mannschaften heruntergerechnet, immerhin noch 100 Tore. Aber Hertha wäre nicht Hertha, wenn es da nicht einen kleinen Wermutstropfen für die leidgeprüften Fans gegeben hätte. Trotz dieser inflationären Torausbeute trieb der Fußballgott noch seinen Schabernack mit uns. Denn dieser Torrekord half nichts. Hertha wurde, hinter Bremen und Braunschweig, Dritter und verpasste die Möglichkeit des Aufstiegs um einen lumpigen Punkt.

Hertha hatte also allen Grund, dieser zweigleisigen 2. Bundesliga keine Träne hinterherzuweinen. Das fiel auch leicht, denn mit Ausnahme der Saison 1991/1992, in der aufgrund der Wiedervereinigung ebenfalls in zwei Staffeln gespielt wurde, wurde die 2. Fußball-Bundesliga 1980/81 das letzte Mal in zwei Staffeln ausgetragen.

Hertha BSC lernte daraus, übertrieb es mit dem Toreschießen von nun an nicht mehr und konzentrierte sich mehr auf die Punkte-Jagd. So konnte mein Verein ein Jahr später das Versäumte nachholen. Zusammen mit einem gewissen Club aus Gelsenkirchen ging es rauf in die 1. Bundesliga. Dafür reichten diesmal bereits 84 Tore. Mehr Tore erzielten mit 87 Treffern nur die Münchener Löwen und die, wie sollte es anders sein, wurden Vierter und stiegen nicht auf.

86. GRUND

Weil Hertha BSC beim ersten Auftritt in der Champions League auf wackligem Boden stand, zwei Spieler vergaß und Milliarden verschenkte

Am 15. September 1999 trat Hertha BSC zum 37. Europapokalspiel in der Vereinsgeschichte an. Das Besondere: Die Partie in Istanbul gegen Galatasaray war der erste Auftritt Herthas in der Champions League. Dieses Spiel blieb jedoch nicht nur wegen dieser Besonderheit in Erinnerung. Alles begann eigentlich vollkommen normal. Fußball-Berlin stand kopf. Hertha hatte rechtzeitig vor diesem wichtigen Spiel bei der Bundesliga-Auswärtspartie in Hamburg eins auf den Deckel bekommen. Was gut war. Nicht auszudenken, Hertha hätte dieses Spiel gewonnen. Der Flieger hätte stante pede abbestellt werden können. Die Mannschaft wäre von alleine in die türkische Metropole geschwebt. So aber fand man sich brav und ernüchtert am Flughafen ein. Bereit für das Abenteuer Champions League. Das Schweben überließ man den Türken. Die redeten schon seit Tagen nur über die mögliche Höhe des Sieges ihrer Mannschaft. Es sollte aber anders kommen.

Das Spiel stand unter keinem besonders guten Stern. Einen Monat vorher traf die Türkei ein schweres Erdbeben der Stärke 7,6. Über 18.000 Menschen kamen ums Leben. In Istanbul selbst waren es 981 Tote, es gab 18.000 Verletzte. Nach dem Hauptbeben kam es in den folgenden Wochen immer wieder zu starken Nachbeben.

Bereits auf dem Hinflug kam es zu ersten Turbulenzen. Die Mannschaft flog planmäßig ab, nur wurden zwei Kleinigkeiten vergessen. Die Objekte der Vergesslichkeit sollten auf den Plätzen 12A und 12C Platz nehmen und waren Sebastian Deisler und der US-Nationalspieler Anthony Sanneh. So wichtig insbesondere Deisler für Herthas Spiel war, so bemerkenswerter war die Tatsache, dass Manager Dieter Hoeneß das Fehlen der Kicker erst kurz vor der Landung in Istanbul auffiel. Wir fragen uns bis heute, wer eigentlich auf 12B, also zwischen den beiden Vergessenen, saß …

Die beiden hatten sich im Flughafen in ein Café gesetzt und den Abflug wohl verpennt. Sie kamen jedoch noch rechtzeitig mit einem Touristenbomber zum Spiel nachgereist. Dieter Hoeneß verhielt sich danach ein wenig zugeknöpft. Vielleicht saß er ja auf Platz 12B. Wer weiß. Zumindest blieb den beiden ein Schock der besonderen Art erspart. Kurz nachdem die Mannschaft in Istanbul ankam, bebte abermals die Erde. Diesmal waren es die Ausläufer eines Bebens der Stärke sechs. Einzelne Häuser in Istanbul stürzten ein. Herthas Hotel wurde zum Glück Anfang der 1990er-Jahre erdbebensicher saniert.

Hertha stand es aufgrund der Ereignisse laut UEFA frei abzureisen. Die Mannschaft blieb. Vor dem Anpfiff im ausverkauften Ali-Sami-Yen-Stadion überreichten die Berliner den Istanbulern einen Scheck über 15 Milliarden Lira (das waren rund 60.000 Mark bzw. 30.600 Euro) für die Erdbeben-Hilfe.

Neben der akuten Erdbebengefahr, die in jenen Tagen allgegenwärtig war, sollte sich Hertha, sofern es nach Galatasaray-Trainer Fatih Terim ging, auch noch vor den Istanbuler Spielern selbst fürchten. Wie sagte er doch so schön: »Ich schaue nicht auf die Berliner Spieler. Die sind die Gäste bei uns im Stadion und müssen sich fürchten.«[101]

Hertha fürchtete sich allerdings wenig und führte bereits nach 13 Minuten durch Tore von Preetz und Wosz mit 2:0. Es lag nicht alleine an der fehlenden Cleverness meiner Hertha, dass das Spiel dann doch noch 2:2 endete. Istanbul benötigte schon noch eine Gelb-Rote Karte für Herthas Konstantinos Konstantinidis, und als Michael Hartmann verletzt vom Platz musste, spielte Hertha nur noch mit acht Feldspielern zu Ende, da das Auswechselkontingent erschöpft war. Sie kämpften tapfer, doch Schiedsrichter Urs Meier entschied in der 86. Minute auf Elfmeter für die Hausherren. Der *Kicker* schrieb damals: »Die Elfmeterentscheidung allerdings (war) undurchsichtig.« Trotz alledem hatte Hertha sich großartig geschlagen. Davon konnten sich auch die 18.000 Zuschauer in der Berliner Waldbühne überzeugen, die das Spiel live auf der Leinwand verfolgten. Den Erlös dieses Public Viewing von rund 150.000 DM hat Hertha übrigens ebenfalls an die Erdbebenhilfe gespendet.

Galatasaray bedankte sich später auf sportlichem Weg für die finanzielle Unterstützung. Im letzten Gruppenspiel musste Istanbul, das selbst keine Chance mehr auf Platz zwei hatte, der zum Erreichen der Zwischenrunde berechtigt hätte, unbedingt gegen den AC Mailand gewinnen, damit Hertha neben Bayern in die besagte Runde einziehen konnte. Istanbul verabschiedete sich mit einem 3:2 gegen Mailand und Hertha war weiter. Istanbul verließ als Gruppendritter, übrigens gemeinsam mit Dortmund und Leverkusen, den laufenden Champions-League-Wettbewerb und spielte im UEFA Cup weiter, den sie schließlich auch gewannen.

87. GRUND

Weil bei der Champions-League-Partie Hertha gegen Barça die Katalanen nicht zu sehen waren

Dienstagabend, 23. November 1999, 20:45 Uhr. Champions League, zweite Gruppenphase. Hertha hatte begonnen, sich in Europa einen Namen zu machen. Mailand, Chelsea, alle wurden sie geschlagen und jetzt kam er, der Überflieger, das Nonplusultra aus Spanien: der FC Barcelona mit Figo, Kluivert, Luis Enrique und seinem Trainer Louis van Gaal. Ich hatte zwei Karten im Vorverkauf erstanden. Eine für mich und eine für meinen Kumpel Boris.

Ha, dachte ich, das wird ein Fußballfest. Doch es kam anders.

Als wir endlich im Olympiastadion saßen, traute ich meinen Augen nicht. Es war Champions League, der FC Barcelona war zu Gast und ich zählte ganze sechs Zuschauer und das circa 20 Minuten vor Spielbeginn. Diese an sich schon lächerliche Zahl sollte sich bis zum Spielbeginn auf vier reduzieren. Darüber hinaus waren unsere Sitzplätze von einer riesigen weißen Fahne bedeckt. Doch halt, bei genauer Betrachtung des hellen Tülls stellte sich heraus, das war kein Textil, nein, es herrschte Nebel. Doch leider war Schiedsrichter Nikolaj Levnikov, und nur er, der Meinung, vom Anstoßpunkt aus beide Tore sehen zu können. Er entschied, die Partie anzupfeifen. Na prima, teure Karten, Spitzenspiel und das Einzige, was ich sehen konnte, war mein Kumpel Boris, der sich zu allem Überfluss im Zehn-Minuten-Rhythmus auf die Toilette begab. Magen-Darm-Grippe! Die Hertha-Fans trugen es mit Humor, immer wenn der Ball zumindest zu erahnen war, skandierten sie: »Wir haben den

Ball gesehen, wir haben den Ball gesehen, wir haben, wir haben den Ball gesehen!«

Man munkelte, dass Hertha BSC in der dritten Minute eine erste Gelegenheit gehabt haben soll, doch Andreas Thom schoss knapp am Pfosten vorbei. Auch soll Dariusz Wosz eine wunderbare Flanke auf Dick van Burik geschlagen haben. Dick köpfte dem Vernehmen nach aufs Tor, aber Barças Schlussmann Ruud Hesp war wohl auf der Hut. Gegen derart couragiert spielende Berliner benötigten die katalanischen Wundertechniker schon eine Standardsituation, um in Führung zu gehen. Ein kurz ausgeführter Eckball soll verlängert worden sein und landete wohl bei Luis Enrique, der den FC Barcelona per Kopf in der zwölften Minute in Führung gebracht haben soll. Wie gesagt, gesehen hat das niemand. Schade eigentlich, denn wann hatte man schon einmal die Gelegenheit, einen Weltklassespieler wie Luis Figo sehen zu können. Der soll nämlich unglaublich viel Druck gemacht haben. Doch dann passierte in der 33. Minute etwas, was ich zunächst als Halluzination deutete. Der Nebelschleier wurde für einen ganz kleinen Augenblick durchlässig. Und was sah ich da? Durch einen Einwurf von Andreas Thom wurde die Zaubermaus Dariusz Wosz angespielt und der bediente Kai Michalke. Michalke schoss zum 1:1 ein. Danach senkte sich wieder das silbrige Band des Dunstes auf den heiligen Rasen des Olympiastadions. Der Nebel wurde immer undurchdringlicher.

Am Spielstand von 1:1 hatte sich offensichtlich nichts mehr geändert. Die Nebelleuchte Levnikov pfiff ab. Die meisten Zuschauer hatten den Schlusspfiff aber gar nicht mitbekommen. Erst als der Stadionsprecher darauf aufmerksam machte, begannen die Berliner, sich langsam aus dem Stadion zu tasten. Nun galt es, möglichst schnell noch eine Kneipe aufzusuchen, um zumindest ein paar zusätzliche Szenen aus dem Spiel erzählt zu bekommen. Doch wie sollte ich aus dem Stadion herausfinden? Der Weg war durch die weiße Wand wie verstellt. Orientierungslosigkeit machte sich breit. Doch da hörte ich die Stimme meines Freundes Boris, der in der

Zwischenzeit die Route raus aus dem Block in Richtung Klo so an die 20 Mal gegangen war und sich mittlerweile blind auskannte. Die Stimme sagte: »Lege deine Hand auf meine Schulter und folge mir.« So kam ich heil raus und ich dachte nur, wie gut ist es, selbst im Nebel einen Hertha-Freund zu haben. Wie ich später den Zeitungen entnehmen konnte, waren tatsächlich nicht vier bis sechs Zuschauer im Stadion gewesen, sondern 60.530. Herthas Trainer Jürgen Röber sagte nach dem Spiel: »Es ist einfach bedauerlich, wir haben Barcelona in Berlin und die Leute kriegen nichts mit. Schade, dass man so eine Mannschaft nicht sehen konnte.« Dem war nichts hinzuzufügen. Im Stadion sollen sich an diesem Tag auch diese Herren befunden haben, die auf die Familiennamen Király, Rehmer, Veit, van Burik, Sverrisson, Konstantinidis, Thom, Schmidt, Wosz, Michalke, Herzog, Preetz, Daei und Röber hören. Wer Genaueres weiß, den bitte ich, sich bei mir zu melden.

88. GRUND

Weil bei Hertha BSC zum Glück nicht immer Bombenstimmung herrscht

Hätten die Menschen zwischen 1939 und 1945 Fußball gegeneinander gespielt, anstatt sich gegenseitig zu massakrieren, wäre der Welt unendlich viel Elend erspart geblieben. Eine perfide Facette dieses Infernos stellt der Bombenkrieg dar. Allein auf Berlin fielen im Zweiten Weltkrieg circa 440.000 Bomben. Nach Schätzungen von Fachleuten schlummern im Berliner Boden noch heute rund 3000 Blindgänger. Die meisten Bomben sind innerhalb des S-Bahn-Rings gefallen. Wenn man bedenkt, dass beim Wiederaufbau des Regierungsviertels insgesamt circa 30 Tonnen Kampfmittel aus dem Zweiten Weltkrieg geräumt wurden, kann man von Glück reden, dass laut Luftfotoauswertung das Olympiagelände und somit natürlich auch das Olympiastadion von Bombenabwürfen weitestgehend verschont blieben. Die Luftbilder aus dem Zweiten Weltkrieg zeigten im Umkreis des Olympiastadions lediglich zwei Bombenkrater. Allerdings konnte man auf den Fotos nur dort Lichtpunkte sehen, wo Bomben auch tatsächlich explodiert sind. Blindgänger waren darauf nicht zu erkennen.

Was Bomben und Feuer anrichten können, konnte man nicht zuletzt auch an der Plumpe sehen. Das Stadion war zerstört, der Platz glich einer Kraterlandschaft. Hertha konnte von Glück reden, die Spiele im Olympiastadion ausführen zu dürfen. Alleine seit der Einführung der Bundesliga kamen rund 850 Pflichtspiele zusammen.

Umso erstaunter, wenn nicht sogar ungläubig, müssen die Blicke derer gewesen sein, die am 8. Januar 2002 bei den Bauarbeiten im Olympiastadion zu tun hatten. Arbeiter hatten eine 250 Kilo schwere britische Fliegerbombe bei Abriss- und Schachtungsarbeiten am Unterring des Blockes F entdeckt. Die Bombe hatte seinerzeit die Betondecke durchschlagen und sich mehrere Meter in den Untergrund gebohrt. Später wurde der Bombentrichter offensichtlich einfach zugeschüttet, zubetoniert und vergessen.

Hochrechnungen haben ergeben, dass bei Hertha-Spielen und anderen Sportveranstaltungen, wie zum Beispiel den DFB-Pokal-Endspielen und den Leichtathletik-Sportfesten sowie etlichen Konzerten, mehr als 20 Millionen Zuschauer das Stadion besucht und somit auf der Bombe gefeiert hatten. Ich kann mich noch erinnern, dass in der Saison 1975/76 beim 1:0-Sieg gegen Ajax Amsterdam im Messepokalspiel, dem Vorläufer des UEFA Cups, der Hertha-Fanblock in genau diesem Bereich war. Mir wird noch ganz schummrig bei dem Gedanken. Die Sorge war aber völlig unbegründet.

Der Kampfmittelräumdienst der Senatsumweltverwaltung ließ nämlich anlässlich des Fundes verlauten, die Fliegerbombe hätte nie eine Gefahr für die Stadionbesucher bedeutet. Wie beruhigend. Trotzdem ist es ein Segen, dass im Zuge des Umbaus zur WM 2006 das Gelände ordentlich durchwühlt wurde. Das Olympiastadion ist jetzt mit Sicherheit einer der Orte in der Hauptstadt, die frei von Kampfmitteln aus dem Zweiten Weltkrieg sind. Wenn das kein Grund ist, ein Hertha-Spiel zu besuchen. Eine Selbstverständlichkeit ist das nicht. Bis heute werden im Raum Berlin jedes Jahr etliche Bomben gefunden und entschärft.[102] [103]

89. GRUND

Weil Hertha BSC patent ist

In Berlin kennen es alle. Das Tempelhofer Feld. Jahrzehntelang war es schlicht der Zentralflughafen Tempelhof. Doch bevor hier die erste Maschine abhob, war es eines der größten innerstädtischen Fußballplätze. Eigentlich war es seit dem Jahr 1722 ein Übungsgelände und Paradeplatz für das Militär. Wenn nicht gerade paradiert wurde, konnte auf diesem Gelände Fußball gespielt werden. Die Torstangen wurden selbst mitgebracht und die Spielfelder stets aufs Neue abgesteckt. Hier spielte unter anderem der älteste noch existierende Fußballverein Deutschlands, der BFC Germania 1888.

Mit dem Bau des Zentralflughafens endete diese sportliche Vergangenheit abrupt. Bis Hertha im Januar 2001 auf die Idee kam, hier sein winterliches Trainingslager aufzuschlagen.[104]

Nicht etwa auf dem Rollfeld, das war nicht möglich, da der Flughafen noch bis 2008 als solcher genutzt wurde. Vielmehr wurde der Hangar 1 bis März angemietet und mit 5000 Quadratmetern Kunstrasen ausgelegt.

Damals war es keinesfalls üblich, auf Kunstrasen zu trainieren. Den Hertha-Spielern war es recht. Die waren damals gerade aus dem Trainingslager in Spanien ins verschneite Berlin zurückgekehrt. Die Alternative lautete: frieren im Schneegestöber. Also zog man in den riesigen Hangar um, der heute als Veranstaltungsraum für diverse Events genutzt wird.

Ganz nebenbei leisteten die Spieler Pionierarbeit für die gesamte Branche. Der verlegte Kunstrasen sollte nicht nur getestet, sondern auch weiterentwickelt werden. Die Trainingserfahrungen waren wichtige Erkenntnisse für die Ingenieure. Am Ende stand ein Produkt, das besonders gute gelenkschonende Eigenschaften hatte.

Dieser Kunstrasen wurde später auf dem Trainingsgelände von Hertha BSC mit einem Rasenheizsystem kombiniert. Kunstrasen und Heizung schlossen sich bis dato aus. Zu brüchig wurden die Fasern seinerzeit bei stärkerer Hitzeeinwirkung auf dem vom Winter gehärteten Kunstrasen. Am Ende stand ein Kunstrasen-Heizsystem, das allen Wetterlagen trotzend auch die Gesundheit der Sportler berücksichtigte. Das Heizsystem wurde in Zusammenarbeit mit dem Landschaftsarchitekten Rainer Ernst, der Firma Rehau sowie der Firma Polytan entwickelt und organisiert und als »HERTHA Kunstrasen Heizsystem« von der Hertha BSC GmbH & Co. KG aA und Rainer Ernst im Jahr 2004 patentrechtlich angemeldet.

Der Finanzgeschäftsführer von Hertha, Ingo Schiller, stellte fest: »Hier sind wir Vorreiter. Wer unser System übernehmen will, muss eine Lizenz erwerben. Reich werden wir damit aber nicht.«[105]

Schade, denn wenn wir damit reich werden könnten, würde mir nicht nur ein Stein vom Herzen fallen. Mir würde auch aus finanzieller Sicht warm uns Selbige werden. Das wäre doch mal ein Heizsystem, das alle Herthaner freuen würde.

90. GRUND

Weil meiner Hertha Lothar Matthäus erspart blieb

Es ist bereits ein Running Gag des Fußballs. Immer dann, wenn Traditionsmannschaften einen neuen Trainer suchen, meldet irgendein Medienvertreter, Lothar (Loddar) Matthäus wäre im Gespräch. Matthäus ist zweifelsohne einer der besten Fußballspieler, die jemals für Deutschland gekickt haben. So wunderbar und erfolgreich seine Spielerlaufbahn war, so wenig stand seine Cheftrainerlaufbahn bisher unter einem guten Stern.

Ganz nebenbei waren seine Selbstvermarktungsstrategien, sagen wir mal beschönigend, unglücklich. Unvergessen sein Engagement für RTL 2 als Trainer von »Borussia Banana«. Loddars Aufgabe bestand darin, sportlich unerfahrene Männer zu einer Mannschaft zu formen. In den Klatschspalten hielt er sich eher durch seinen Hang zu wesentlich jüngeren Lebenspartnerinnen. Es ist also nicht weiter verwunderlich, wenn ein Fan von einer gewissen Unruhe befallen wird, sobald bei der Trainersuche seines Vereins Loddars Name auftaucht.

Im Februar 2001 wurde gemeldet, Eintracht Frankfurt stünde in Kontakt mit Matthäus. Im Juni 2003 waren es die Gelsenkirchener, die in Verbindung mit unserem Rekordnationalspieler gebracht wurden. Ich persönlich hätte ein solches Engagement begrüßt. 2004 war es dann die Nachfolge als Bundestrainer der deutschen Nationalmannschaft, die angeblich winkte. Natürlich war alles ein großes Missverständnis, das er wie folgt kommentierte: »Gewollt habe ich schon gemocht, aber gedurft ham se mich nicht gelassen.«[106] 2005 folgte der 1. FC Nürnberg, der bei seiner Suche nach einem neuen Übungsleiter auch auf den Loddar gekommen sein soll. Im Januar 2006 war der 1. FC Köln als zukünftiges Betätigungsfeld ausgemacht worden. Im Februar 2007 war es angeblich sogar der FC Bayern München höchstpersönlich, der seinen ehemaligen Leitwolf wieder einstellen wollte. »Ich bin ein Insider der Bundesliga und speziell des FC Bayern. Und wer meine bisherige Laufbahn sieht, dem muss klar sein: Mein Ziel muss die Bundesliga sein.«[107] Die Bayern sahen das wohl anders. Im Mai 2007 wurde gemeldet, der VfL Wolfsburg ist offenbar an einer Verpflichtung des deutschen Rekordnationalspielers Lothar Matthäus als Nachfolger von Trainer Klaus Augenthaler interessiert. Loddar: »Die Bundesliga ist mein

Ziel. Wenn ein Bundesligist, ob Wolfsburg oder ein anderer Verein, Interesse hat, ist das immer interessant für mich.« [108]

Im Juni 2007 war es dann Tschechien. Genauer der Posten als Coach der tschechischen Nationalmannschaft. Es folgten Fast-Einstellungen als Trainer der bosnischen Nationalmannschaft (2007) und von Galatasaray Istanbul (2007). 2009 waren die norwegische Nationalmannschaft, die Fortuna aus dem Düsseldorf, Arminia Bielefeld, aber auch 1860 München und Hannover 96 im Gespräch. Immer war es das Gleiche, mal dementierten die Clubs jegliches Gespräch, mal fand ein Gespräch statt, nur die Thematik hatte nichts mit der Trainersuche zu tun. Immer aber wurde geschmunzelt.

Lothar Matthäus war fast schon zu einem Aushängeschild geworden. Nur wenn sein Interesse gemeldet wurde, war der jeweilige Club wirklich für die Medien salonfähig. Am 29. September 2009 war es dann so weit: Auch Hertha BSC Berlin wurde als möglicher neuer Verein vom Lothar ausgemacht. Diesmal war es die *BZ*, die Lothar Matthäus als möglichen Nachfolger für Lucien Favre ausgemacht hat. Matthäus war offensichtlich bereit, meine Hertha zu neuem Glanz zu führen. Auf die Frage, ob Berlin eine Option für ihn darstelle, antwortete er: »Berlin ist schon schön. Ich lasse das jetzt auf mich zukommen.«[109] Zu diesem Zeitpunkt wusste man in Berlin zwar noch nicht, was es bedeutet, einen Trainer mit Bayern-Genen zu haben. Ein Kontakt zu Matthäus wurde jedoch von den Hertha-Verantwortlichen nicht bestätigt. Eine 117-jährige Dame passte ohnehin nicht so recht in das Beuteschema des Womanizers.

Was es bedeutet, einen ehemaligen Bayern-Spieler als Trainer zu haben, sollten wir erst viel später erfahren. Dieser Kelch ging diesmal noch an uns vorbei. Der Ex-Weltfußballer ließ sich nicht beirren und so folgten noch der Racing Club de Avellaneda (Argentinien), zwei Mal 1860 München und die Nationalmannschaft von Kamerun als mögliches Betätigungsfeld, dann noch einmal Bayern und vorläufig letzter Kandidat war die Spielvereinigung aus Fürth. (Fortsetzung folgt.)

So gesehen befindet sich Hertha BSC in einem erlauchten Kreis und wer weiß, vielleicht schafft er, der Loddar, ja doch noch mal den Durchbruch als großer Trainer, zu wünschen wäre es ihm. Fußball ist schließlich seine große Liebe. Wie antwortete er doch so richtig, auf die Frage, was er nach seiner Spielerlaufbahn machen möchte? »Schiedsrichter kommt für mich nicht infrage, schon eher etwas, das mit Fußball zu tun hat.«[110]

91. GRUND

Weil Hertha BSC viel Kohle statt Koks investierte

2009 beobachtete Herthas Scout Sven Kretschmer Kolumbiens Nationalspieler Gustavo Adrián Ramos Vasquez, der damals gerade 23 Jahre alt und Spieler der roten Teufel von América de Cali war. 2008 traf er 21 Mal in 35 Pflichtspielen und debütierte in der kolumbianischen Nationalmannschaft. Kein Wunder also, dass er schnell zum Wunschkandidaten für Hertha wurde. Was eigentlich schnell hätte abgewickelt werden können, entpuppte sich als weitreichende internationale Verwicklung.

Während Hertha sich mit der Verpflichtung von Adrián Ramos eine gute Position in der 18-stelligen Bundesligatabelle erhoffte, stand América de Cali trotz der Ramos-Tore auf Tabellenplatz 6536. Ja, Sie lesen richtig! Die Tabelle ist eigentlich eine Liste. Auf der »Specially Designated Nationals List«, in Lateinamerika »Lista Clinton« genannt, wurde América de Cali seit Oktober 2003 auf besagtem Platz 6536 gelistet. Der mittlerweile getötete Osama Bin Laden belegte damals Listenplatz 6365, knapp vor seiner Terrororganisation al-Qaida auf 6366. América de Cali galt als Deckunternehmen, das jahrelang Millionen Drogengelder von den Brüdern Gilberto und Miguel Rodriguez, die mittlerweile beide in US-Haft saßen, erhalten haben soll. Die Brüder waren Mitglieder des Cali-Kartells, das den Drogenhandel in die USA beherrschte. Die Aufnahme des Clubs auf diese Liste bedeutete, dass US-Bürgern und Unternehmen untersagt wurde, Geschäfte mit dem Verein zu machen.

Wie sollte man nun Ramos verpflichten und die Transfersumme in Höhe von 1,4 Millionen Euro zahlen und nicht mit den US-Behörden kollidieren? Diese hatte die Sorge, die Ablösesumme könnte über Umwege in die Taschen des Drogenkartells fließen. Hertha kontaktierte im Vorfeld die DFL, den DFB und die FIFA. Der Transfervertrag wurde entsprechend der gültigen Verbandsregularien abgeschlossen. Seitens der DFL gab es keine Einwände. Zum Zeitpunkt des Wechsels von Adrián Ramos zu Hertha, am 1. August 2009, zog einer der Rodriguez-Söhne weiterhin die Strippen bei América de Cali. Er versuchte, seinen Vater und seinen Onkel freizukaufen. Über 1,56 Milliarden US-Dollar hatte das Kartell bereits an die US-Justizbehörde überwiesen und war entsprechend finanziell klamm. Diese Situation wollte der Club aus Cali für sich nutzen und sich durch die 1,4 Millionen Euro Ablöse, die Hertha an die Kolumbianer zahlen sollte, von der Umklammerung des Drogenkartells freikaufen.[111]

Hertha durfte den Betrag jedoch nicht direkt an América de Cali überweisen, sondern musste das Geld auf ein Treuhandkonto beim kolumbianischen Fußballverband einzahlen. Der Verein konnte so den Transfer durchführen, ohne dass alle Hertha-Mitglieder ein Einreiseverbot in die USA erhielten. Später berichteten kolumbianische Medien, dass América de Cali noch lange auf die Ablösesumme für den Angreifer warten musste. Ob das Geld jemals beim Verein ankam, entzieht sich meiner Kenntnis. Sollte der Club jedoch bis heute auf das Geld warten, steigen seit diesem Monat die Chancen, sich zivilrechtlich gegen den eigenen Verband durchzusetzen. América de Cali ist inzwischen rehabilitiert. Die USA haben am 3. April 2013 den Fußballverein nach 13 Jahren von der Clinton-Liste gestrichen. Die Fans des 13-maligen Meisters waren erleichtert und in der drittgrößten Stadt Kolumbiens wurde ausgiebig gefeiert.

Adrián Ramos ist weiterhin bei Hertha und hat maßgeblich zum Wiederaufstieg beigetragen. Sein Vertrag läuft bis zum 30. Juni 2015, und ich glaube, er wird noch einigen gegnerischen Abwehrspielern davonlaufen.[112]

92. GRUND

Weil Hertha BSC die Sadomaso-Szene bereicherte

Nach der Überraschungssaison 2008/09 musste sich Hertha aus finanziellen Gründen von Marko Pantelić, Jo Šimunić und Andrij Voronin trennen. Derart geschwächt, sah Trainer Lucien Favre keine Chance mehr, eine erfolgreiche Arbeit zu verrichten, und quittierte nach dem siebten Spieltag den Dienst. Für ihn kam Friedhelm Funkel, der »Schlafes Bruder« der Trainergilde.

Dabei fing alles so vielversprechend an. Hertha schlug am ersten Spieltag zu Hause Hannover 96 mit 1:0. Danach aber begann eine Serie, die jeden Erfolgsfan das Weite hätte suchen lassen. Hertha-Fans allerdings, das wissen wir ja nun, sind leidensfähig.

Seit dem 8. Mai 2010 hält Hertha einen unglaublichen Rekord. Der Rekord steht für die längste Serie an nicht gewonnenen Heimspielen in der Bundesliga. Nach dem 1:0 konnte Hertha die restlichen 16 Heimspiele der Saison nicht gewinnen. Dennoch kamen im Schnitt 46.680 Zuschauer pro Spiel. Hertha war zu einem Geheimtipp in der Sadomaso-Szene Europas geworden. Zigtausende devoter Lustfans gesellten sich zu uns treuen Anhängern. Diese neuen Fans konnte man an ihren engen blau-weißen Latex-Anzügen erkennen und beobachten, wie sie sich und die Objekte ihrer Begierde nach vorne peitschten. Nach jeder weiteren Niederlage stöhnten sie laut und lustvoll auf. Hertha wurde zur Domina und im Rollenspiel der Ekstase wuchs sie über sich hinaus. Frei nach Trapattoni propagierte die Dame meiner Zuneigung: »Ich habe Fetisch.«

Selbst dem als spießig bekannten DFB gefiel das Szenario derart, dass seine ganz in Schwarz gehaltenen Mitarbeiter meiner Hertha hinterher pfiffen. Einige Nackenschläge später fanden wir uns in der 2. Bundesliga wieder. Trotz dieser Serie, die selbst Tasmania 1900 vergessen machte, besuchten 784.227 Zuschauer die Spiele meiner Hertha. Wer eine solche Seuchensaison miterlebt hat, kann es nicht genug schätzen, dass dennoch so viele Zuschauer kamen, und es war leider nicht ganz so Lust(ig), wie oben beschrieben. In dieser Saison half aber nur noch Sarkasmus. Ohne diesen Selbstschutz und die Gabe, über sich selbst lachen zu können, hätte so mancher Herthaner diese Saison nicht unbeschadet überstanden. Mittlerweile sind die zügellosen Zeiten bei Hertha vorbei. Der Club hat endlich wieder eine klare Linie gefunden. Wie ein Stehaufmännchen kommen wir immer wieder. Diesmal sind wir gekommen, um zu bleiben. Das sind nun wirklich einige Gründe, meine Hertha zu lieben. Leidensfähigkeit, Treue, Humor. Aber mal ehrlich, auch ich lache lieber über die Fehler der anderen. So gesehen hoffe ich, wieder eine lustige Saison zu erleben. Diesmal aber unter anderen Vorzeichen.

Nachtrag im Mai 2013: Die Sadomaso-Szene hat mittlerweile eine neue Heimat gefunden. Greuther Fürth hat in der Saison 2012/2013 sage und schreibe kein einziges Heimspiel gewonnen.

93. GRUND

Weil Hertha BSC im Pokal die Fans der Gegner glücklich macht

Wenn Hertha im Pokal antritt, dann ist es schon seit 22 Jahren guter Brauch, dass Hertha so gut wie kein Heimspiel hat. Während die Berliner Anhänger oft Hunderte Kilometer bewältigen müssen, kann sich der Fan des jeweiligen Gegners ganz in Ruhe auf das Spiel vorbereiten. Er kann ausschlafen und vorher noch im trauten Kreis seiner Familie etwas essen, bevor er sich 60 Minuten vor Spielbeginn so allmählich auf den Weg ins Stadion macht. Für Hertha-Fans, die ihren Verein live miterleben wollen, bedeutet ein Pokalspiel in der Regel, gewisse Reisestrapazen auf sich zu nehmen.

Hertha trat in den letzten 22 Jahren 52 Mal im DFB-Pokal an, davon waren 46 Spiele Auswärtsbegegnungen! Die Spielansetzungen werden stets fair ausgelost und irgendwie ist trotzdem der Wurm drin. Ganze sechs Spiele durfte Hertha zu Hause austragen. Die Spezialisten unter uns kennen den Modus: Mannschaften ab der 3. Liga abwärts haben immer Heimrecht. Nun kann man, wenn man böswillig ist, unterstellen, Hertha musste eben immer gegen unterklassige Vereine ran. Falsch. Unter den 44 Auswärtsspielen waren Spiele gegen Borussia Dortmund, den SC Freiburg, Bayer Leverkusen, zwei Mal gegen den VfB Stuttgart, 1860 München, VfL Wolfsburg, Eintracht Frankfurt und Werder Bremen – um nur einige zu nennen.

Das letzte Heimspiel im DFB-Pokal hatte Hertha übrigens gegen Borussia Mönchengladbach. Unvergessen geblieben ist die grobe Unsportlichkeit des Gladbachers de Camargo und der Aussetzer des Schiedsrichters Dr. Brych in der Verlängerung. In der 100. Minute stieg Gladbachs Stürmer de Camargo recht hart gegen Herthas Verteidiger Roman Hubník ein. Hubník postierte sich vor de Camargo und schimpfte wie ein Rohrspatz. De Camargo deutete einen Kopfstoß an und ließ sich wie ein nasser Sack unter lautem Wehgeschrei theatralisch fallen. Die Fernsehbilder bescheinigten de Camargo später eine oscarreife Leistung. Das Schiedsrichtergespann fiel darauf herein und zögerte nicht lange. Vorneweg Dr. Brych. Er zeigte auf den Elfmeterpunkt und um das Maß der Unsportlichkeit vollzumachen, erhielt Roman Hubník die Rote Karte. Für nichts. Der Gladbacher Daems ließ sich nicht lange bitten und verwandelte den entscheidenden Elfmeter. In der Nachspielzeit erzielten zwar die Gladbacher gegen zehn aufopferungsvoll kämpfende Berliner noch das 2:0, bis zur 100. Minute aber war mein Team die bessere

Mannschaft. Herthas ehemaliger Trainer, der Gladbacher Favre, sonst ein Herr, der auf gute Sitten besteht, hielt es noch nicht einmal für nötig, sich für seinen Spieler zu entschuldigen.

Drum merke: Das Heimrecht ist nicht alles. Wichtig ist auch die sportliche Einstellung des Gegners und wer wie das Spiel pfeift. Wenn aber Hertha mal das nötige Losglück hat und alles mit rechten Dingen zugeht, dann werde auch ich es noch erleben, dass die erste Mannschaft meiner Hertha im Olympiastadion im Finale steht. Bis dahin werde ich wohl noch viele Städte kennenlernen.

94. GRUND

Weil Hertha BSC selbst die Herzen der Gegenspieler erreicht

Hertha BSC hat eine Mannschaft, die Zukunft verspricht. Diesmal ist nicht die Rede von den Profis. Gemeint ist die Ü60. Fußball soll ja bekanntlich die schönste Nebensache der Welt sein, doch was passiert, wenn auf einmal der Mitspieler ohnmächtig zusammenbricht? Kein Foul, kein Kopfball ging voraus? Sind wir ehrlich, viele von uns würden in Panik geraten. Den letzten Erste-Hilfe-Kurs haben die meisten von uns vor Jahren gemacht. Was bleibt, ist, die Rettungsstelle zu informieren, und die Hoffnung, dass der alarmierte Notarzt zügig kommt. Umso glücklicher der Umstand, dass in Herthas Ü60 gleich drei Spieler dabei sind, die den Begriff »Herzensgüte« leben. Drei Mal konnten die Herthaner Michael Rätsch, Wolfgang Wiese und Uwe Gnädig innerhalb des Jahres 2013 Leben retten – und das obwohl sie eigentlich nur Fußball spielen wollten.

Zuletzt am 9. Mai 2013. Im Pokalfinale der Ü60-Mannschaften zwischen dem Berliner Sportclub und Hertha passierte es. Wolfgang Weber, der fußballspielende Priester in den Reihen des Berliner SC, erlitt in der Halbzeitpause einen Herzinfarkt. Es wollte das Schicksal, dass mit den drei Herthanern erfahrene Ersthelfer auf dem Platz standen, die die Anzeichen sofort erkannten und durch deren sofortige Herz-Lungen-Massage Schlimmeres verhindert werden konnte. Die schönste Nebensache der Welt geriet nunmehr gänzlich zur Randnotiz. Das Spiel wurde beim Stand von 3:0 für Hertha abgebrochen. Keiner der Spieler hatte natürlich Lust weiterzuspielen. Michael Rätsch, Wolfgang Wiese und Uwe Gnädig wurden vom Verein und Verband für ihre außergewöhnlichen Leistungen ausgezeichnet. Die Herzen der reanimierten Mit- und Gegenspieler schlagen übrigens weiterhin für den Fußballsport. Auch sportlich braucht sich die Ü60 nicht zu verstecken. Herthas Ü60 wurde 2007, 2008, 2009, 2011, und 2012 Berliner Hallenmeister, 2009, 2011 und 2012 Berliner Pokalsieger sowie 2009, 2011 und 2012 Verbandsmeister.

95. GRUND

Weil Hertha BSC rekordverdächtig ist

Für viele sind Rekorde das Salz in der Suppe jeder Fußballstatistik. Viele denken, das Wort »Rekord« bedeutet »Ungewöhnliches« oder gar »Höchstleistung«. Weit gefehlt. »Rekord« kommt vom lateinischen »recordari« und bedeutet so viel wie sich erinnern beziehungsweise merken. Neben meinen Lateinkenntnissen habe ich noch andere Rekorde gefunden, die in diesem Buch noch nicht genannt wurden. Herausragende, rekordverdächtige Begebenheiten rund um meine Hertha sind für mich die nachfolgenden.

Rekord Nr. 1: Der Trainer mit den goldenen Händen.

Wechselt ein Trainer einen Spieler ein und dieser trifft sogar das Tor, so hört man landauf und landab von Reportern die Floskeln vom »glücklichen Händchen« und des »Jokers, der stach«. Lucien Favre aber gelang dieses Kunststück gleich mit drei Spielern. Im Bundesligaspiel gegen den Karlsruher SC, in der Saison 2008/2009, wechselte er Valeri Domovchiyski, Raffael und Fabian Lustenberger ein. Alle drei Spieler trafen jeweils einmal. Das Spiel endete 4:0. Dieser Rekord ist nach wie vor unübertroffen. Lediglich Wolfgang Wolf beim VfL Wolfsburg mit seinen Jokern Marić, Munteanu und Schnoor im Spiel gegen Unterhaching (6:1) entwickelte ähnlich seherische Kräfte. Mirko Slomka liegt mit einem Spiel von Hannover 96 gegen Stuttgart (2:4) knapp dahinter. Er setzte immerhin zwei Spieler im Nachgang ein, die insgesamt drei Mal trafen. (Abdellaoue zwei Mal, einmal Schlaudraff.)

Rekord Nr. 2: Lewan Kobiaschwili, Teil 1

Rekordverdächtig ist aber auch Lewan Kobiaschwili, der beinahe der ausländische Rekordspieler in der 1. Bundesliga ist, was die Bundesligaeinsätze betrifft. Kobi hat derzeit 336 Einsätze, genauso viel wie Zé Roberto, der aber nicht mehr in der Bundesliga kickt. Die Krone trägt zurzeit Claudio Pizarro mit 353 Spielen, der übrigens 1999 mit Bremen beim 1:1 gegen Hertha debütierte. Kobi wäre die Nummer eins, wenn ihn momentan nicht zwei Gründe daran hindern würden. Siehe Rekord Nr. 3.

Rekord Nr. 3: Lewan Kobiaschwili, Teil 2

Erstens war Hertha noch bis zum Sommer 2013 zweitklassig, zweitens wurde er für siebeneinhalb Monate gesperrt, auch das ist ein Rekord. Er soll angeblich Schiedsrichter Stark nach dem Relegationsspiel gegen Düsseldorf geschlagen haben. Dieser Strafe durch ein Sportgericht folgte eine 60.000-Euro-Buße durch ein Zivilgericht.

Rekord Nr. 4: Lewan Kobiaschwili, Teil 3

Dass ein Mensch für ein und dieselbe Tat in unserem Land zwei Mal bestraft wird, ist irgendwo ja auch ein Rekord, wenn auch ein fragwürdiger. So bleibt zu hoffen, dass Kobi in der Saison 2013/14 noch genügend Einsätze erhält, um sich seinen persönlichen Platz eins unter den ausländischen Rekordspielern zu sichern.

Rekord Nr. 5: Die Serie ohne langweilige Unentschieden

Hertha polarisiert. Viele lieben Hertha auch, weil Hertha nicht dafür bekannt ist, auf Unentschieden zu spielen. Hertha hält seit 1980/81 die längste Serie im bezahlten Fußball, in der innerhalb einer Saison nicht Unentschieden gespielt wurde. Hertha spielte dabei 26 Mal ohne Unentschieden. 21 Mal gewann Hertha, fünf Mal ging das Spiel in die Hose.

Rekord Nr. 6: Ein Traumtor für die Ewigkeit

Dann war da noch das schönste Tor der Bundesliga. Das Tor des Jahres 2000. Hertha lag zu Hause 0:2 zurück, ehe mein Club innerhalb von zwei Minuten den Ausgleich erzielte. Mit Alex Alves fing die Aufholjagd an. Und wie! Köln hatte gerade das 0:2 erzielt! Hertha bekam Anstoß und Alex erhielt vom Himmel einen seiner genialen Momente geschenkt. Er schoss vom Anstoß direkt auf das Kölner Tor. Der Ball flog sage und schreibe 52,1 Meter weit direkt ins Tor. Dieser sensationelle Treffer wurde in seiner Genialität nur von wenigen Spielern getoppt. Für mich war es das schönste Tor, das ich je gesehen habe. Leider starb der Goalgetter 2012 viel zu früh im Alter von 37 Jahren an Krebs.

96. GRUND

Weil Hertha BSC Glaubenssache ist – und Gott ein Herthaner

Immer wenn Hertha mal wieder vollkommen zu Unrecht abgestiegen ist, kann man sie hören, die selbsternannten Kosmopoliten, erfahrenen Möchtegern-Weltenbummler und Besserwisser. »Es ist eine Schande«, tönen sie, »Deutschland ist das einzige Land in Europa, dessen Hauptstadt nicht in der 1. Liga spielt.« Sie protzen mit einem angeblichen Wissen, das sie vom Hörensagen kennen und ohne eigene Denkleistung nachbrabbeln. Keiner dieser Herrschaften kann Ihnen die Hauptstadt Tadschikistans nennen, geschweige denn mehr als 15 Hauptstädte aufzählen, ohne ins Stottern zu kommen. Versuchen Sie es mal.

Diese angebliche Schande ist mir eigentlich vollkommen wurscht. Denn erstens ist es mir völlig gleich, wenn die 1. Bundesliga ab und zu eben nicht erstklassig ist. Sie muss sich dann mal gedulden. Hertha kommt ja immer wieder. Keine Sorge. Zweitens ist die Behauptung auch noch falsch. Wahre Weltenbummler und so belesene Fußballfans wie Sie und ich wissen natürlich, dass es da ein Land gibt, das nicht nur keinen Erstligisten hat, sondern auch komplett auf eine eigene Liga verzichtet. Ja, noch nicht einmal Mitglied der FIFA ist. Sie, liebe Leser, die ja nicht ohne Grund dieses epochale Werk über Hertha lesen, wissen es natürlich längst. Die Rede ist von der Vatikanstadt, der Hauptstadt des souveränen Vatikanstaates.

Dieser eigenständige Staat im Herzen der italienischen Hauptstadt mit seinen 0,44 Quadratkilometern, auf denen 830 Einwohner ganz gut ohne 1. Liga leben, ist die eigentliche Kapitale der Verweigerung gegen Kommerz im Sport. Nicht, dass dort überhaupt kein Fußball gespielt wird, mitnichten. Die »Selezione di calcio della Città del Vaticano« vertritt sehr wohl die Farben des Vatikans und hat schon so manches Spiel gewonnen (leider fällt mir gerade keines ein) – und das, obwohl sie nur auswärts spielen. Wenn das nicht unseren Respekt verdient. Der Vatikan ist nämlich zu klein für einen Fußballplatz. So werden die »Heimspiele« außerhalb im »Stadio Pio XII« ausgetragen. Dieser sakrale Tempel des geweihten Fußballspiels bietet circa 1500 Gläubigen Platz. Es wird sogar gemutmaßt, dass hier auch eine Ultra-Kurve mit »Ultra-Orthodoxen« existiert. Fairerweise muss man aber sagen, dass der Vatikan eine Kleinfeldliga hat, deren Mannschaften mit vier Feldspielern und einem Torhüter antreten. Aber eine richtige, echte Liga, geschweige denn eine 1. Liga, wie wir sie kennen und lieben, gibt es nicht. Daher ist es völlig legitim, Berlin und den Vatikan in einem Atemzug zu nennen. Also, wer noch einmal so einen diffamierenden Quatsch von sich gibt, dass Berlin die einzige Hauptstadt Europas ohne Erstligamannschaft ist, der soll sich in Acht nehmen. Denn dank der nun erwiesenen göttlichen Nähe Herthas sollen diese üblen Hetzer in der Hölle schmoren. Dort wo Hoppenheim Rekordmeister wird, alle Spiele montags stattfinden und Felix Magath Fitnesstrainer ist. Also überlegt euch zukünftig genau, was ihr sagt. Amen.

PS: Dieses Thema ist sowieso hinfällig, denn seit der Saison 2013/2014 hat Deutschland mit meiner Hertha für immer einen Hauptstadtclub in Liga 1.

11. KAPITEL

HERTHAS GEGENWART UND ZUKUNFT

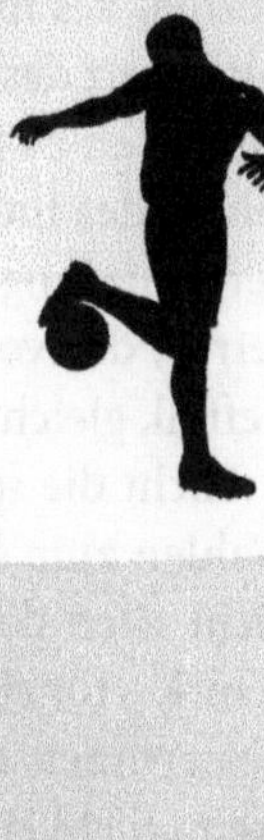

97. GRUND

Weil Hertha BSC seine Keglerinnen und Kegler hat

Bei Hertha wird seit 1924 auch gekegelt. Die Kegler mit ihren 83 Mitgliedern stellen zwar die kleinste Abteilung des Vereins, aber dafür nach der Fußballabteilung die älteste. Die Kegler konnten sogar, bis in die 70er-Jahre hinein, mehrere Meistertitel gewinnen. Die Bohle-Kegler spielen derzeit in der 1. Bundesliga, dort lassen sie selten einen Kegel stehen. Doch das ist es nicht, was die Kegler so umwerfend macht. Für mich, der zugegebenermaßen dem Fußball bei Hertha verfallen ist, ist ein anderer Aspekt sehr viel wichtiger.[113]

Immer wieder genieße ich es, bei den Versammlungen meiner Hertha, des mit 30.000 Mitgliedern größten Sportvereins Berlins, mich trotz des Massenandrangs dennoch zu Hause in meinem Verein fühlen zu können. Das liegt mit Sicherheit nicht an der Atmosphäre des Internationalen Congress Centrums (ICC), in dem die Versammlungen bis dato meistens stattfanden. Wenn man das ICC betritt, das von außen wie ein Raumschiff aussieht, hat man das Gefühl, gleich geht es los!

Nicht die sportpolitische Weichenstellung bei Hertha oder die Wahlen zum Präsidium, sondern der Flug zum Mond. Wenn da nicht nach dem Einchecken die Tische mit den Würstchen und dem Kartoffelsalat stehen würden. Und unmittelbar dahinter die Keglerinnen und Kegler meines Vereins. Mit einer sagenhaften Freundlichkeit empfangen sie ihre Clubkameraden und leisten bei den meistens gerade von der Arbeit kommenden Herthanerinnen und Herthanern wahrhaftige ehrenamtliche Aufbauarbeit. So manche Mitgliederversammlung habe ich nur überstanden, weil ich im Vorfeld nicht nur mit Nahrung, sondern auch mit einer freundlichen Geste der kegelnden Herthaner versorgt wurde. Dafür an dieser Stelle ein Dankeschön.

98. GRUND

Weil Hertha BSC seine Gäste verprügelt und keiner sich darüber aufregt

Skandal! Woche für Woche geschieht es. Hertha BSC verprügelt seine Gäste. Blaue Augen, triefende Nasen und Gesichtsprellungen sind da keine Ausnahme, sondern täglich wiederkehrende Realität. Wenn keine Gäste vorhanden sind, muss im Training schon mal der Vereinskamerad seinen Kopf hinhalten. Und was macht der Verband? Er schweigt! Der DFB tut nichts. Würde er etwas tun, sähe es schlimm um meinen Verein aus. Da es sich um Wiederholungsfälle handelt, würde in der Frankfurter Zentrale höchstwahrscheinlich genüsslich über einen lebenslangen Ausschluss verhandelt werden. Nein, zum Glück ist die DFB-Gerichtsbarkeit fern.

Sie ist noch nicht einmal zuständig. Jene Recken, die Hertha BSC schon so manche Meisterschaft beschert haben, sind Boxer. Genauer gesagt, es handelt sich um Herthas Boxabteilung. Die wurde 1948 gegründet und ist heute sportliche Heimat für Schüler, Jugendliche und Erwachsene aus zehn Nationen. Und verstecken braucht sie sich wahrlich nicht. Sie gehört nicht nur zu den traditionsreichsten Boxabteilungen Berlins, sondern ist auch überregional erfolgreich. Insgesamt fünf Mal konnte die deutsche Mannschaftsmeisterschaft errungen werden. In der Saison (2011/12) starteten die Faustkämpfer von Hertha BSC mit je einer Staffel in der 1. und auch in der 2. Bundesliga. Der Abstieg der Fußballprofis wirkte sich leider auch negativ auf die Boxer aus. Ein Ligabetrieb war ab 2012 vorübergehend nicht mehr finanzierbar. Jetzt, mit dem Aufstieg der Fußballer, atmen auch die Boxer auf und sie konnten für die nächste Saison wieder eine Zweitligamannschaft melden.[114]

99. GRUND

Weil Hertha BSC auch punkten kann, ohne den Rasen zu betreten

Helmut Faeder, der Halbstürmer und einmalige Nationalspieler, der von 1953 bis 1967 für Hertha in 351 Punkt- und Relegationsspielen 212 Tore geschossen hatte und dabei von der Amateurliga über die Vertragsliga und Regionalliga bis zur Bundesliga alle Spielklassen für Hertha durchlebte, frönte einem wunderbaren Ausgleichssport: Tischtennis. Ein Weddinger Bäcker namens Schiller überlegte, wenn der Helmut Faeder gerne Tischtennis spielt, warum nicht im eigenen Verein bei Hertha BSC? So ging alles seinen Gang. Schiller sprach seinen Geschäftsfreund Ferdinand Welker an, ob nicht dessen Tischtennis-begeisterter Sohn, Gerd Welker, Lust hätte, eine Tischtennisabteilung bei Hertha zu gründen. Gerd Welker hatte Lust und am 1. Mai 1963 wurde die Gründung vollzogen. Gerd Welker avancierte zum ersten Vorsitzenden der Tischtennisabteilung und blieb es bis heute. Nur Helmut Faeder, der seinerzeit in der Fußballmannschaft eine hervorragende Rolle spielte, hatte für seinen Ausgleichssport keine Zeit mehr. Sein voller Einsatz galt dem Fußball. Die Abteilung wuchs dennoch, bereits drei Monate nach ihrer Gründung hatte sie 53 Mitglieder.

Ein unglaublicher Erfolgslauf setzte nun ein. Von 1963 an bis zur Saison 1970/71 spielten sich die Tischtennisspieler von der untersten Leistungsklasse bis in die Bundesliga. Dort ging die Erfolgsstory zunächst weiter. 1972 wurde die Saison mit dem 4. Platz beendet. 1973 erreichte man Platz sieben, 1974 war es Platz neun. Von 1974 bis 1985 spielte die erste Herrenmannschaft in der 2. Bundesliga Nord. Von 1985 bis zur Saison 1987 konnte die Klasse in der 2. Liga gehalten werden. Danach rutschte das Team erst in die Regionalliga Nord, später sogar in die Oberliga ab. Die Tischtennisspieler kämpften sich jedoch wieder zurück und spielten bis 2013 in der

2. Bundesliga Nord. Hertha BSC hatte sehr unter dem Mauerbau gelitten, insofern war es nur gerecht, dass die Tischtennisabteilung direkt von der Wiedervereinigung profitierte. So geschehen 1991 durch die Fusion mit einem ehemaligen Erstligisten der DDR, Lokomotive Oberspree. Neben der Zweitligamannschaft machte vor allem die Jugendabteilung von sich reden. In den Jahren 2000 bis 2008 gewannen die Schüler- und Jugendmannschaften insgesamt fünf Deutsche Mannschaftsmeisterschaften und acht Norddeutsche Einzel- und Mannschaftsmeisterschaften. 60 Berliner Meistertitel und Pokalsiege runden die Bilanz der Hertha-Youngsters ab. Leider zieht sich die Tischtennisabteilung zur Saison 2013/14 aus der 2. Liga zurück.[115]

100. GRUND

Weil die Hertha-Hymne Ruhm und Ehre, jedoch keinen Cent bringt

Die wahre Hertha-Hymne, die bei jedem Heimspiel Gänsehaut pur liefert, heißt, wie alle Fans wissen, *Nur nach Hause*, wobei der Refrain natürlich lautet: »Nur nach Hause geh'n wir nicht.« Die Geschichte, die dieser Song hinter sich hat, ist einerseits sehr untypisch für eine Stadionhymne, andererseits auch wieder sehr typisch für Berlin und Hertha.

Ganz am Anfang stand ein Sonnenuntergang auf Ibiza zu Beginn der 90er-Jahre. Frank Zander, bekanntes Berliner Urgestein mit der typischen Reibeisenstimme, saß mit Freunden und seiner Gitarre im Sand und begann den Song *Sailing*, den Welthit von Rod Stewart aus den 70ern, in die glutrote Abendsonne zu singen. Und wie es in solchen magischen Momenten sein kann, waren alle so fasziniert, dass gar nicht daran zu denken war, jetzt schon den Abend zu beenden. Außerdem war noch genügend Rotwein da. Von der Muse geküsst, variierte Frank Zander den Refrain spontan in »Nur nach Hause, nur nach Hause geh'n wir nicht!« Das Strandvolk konnte gar nicht aufhören, diesen Part mitzusingen. So nahm die Geschichte der heutigen Hertha-Hymne ihren Lauf.

Zunächst gab es einen ganz anderen Text, der zum Mitsingen in Kneipen wie geschaffen war. Dieser Vorläufer der Hertha-Hymne wurde, schon kurz nach seiner Geburt am Mittelmeer, im Morgengrauen in so manch Kreuzberger Nacht angestimmt. Das passte schließlich super in die Landschaft, denn in Berlin gab und gibt es ja keine Sperrstunde. Mit diesem Lied ging die Party erst richtig los und das nicht nur in Kreuzberg.

Am 31. März 1993 nahm das Ganze eine völlig neue Wendung. Es war das Jahr, in dem Herthas Amateure Pokalgeschichte schrieben und bis ins Endspiel vorstießen. Im Halbfinale gegen den Chemnitzer FC (2:1) sang Frank Zander in der Halbzeitpause zum ersten Mal den Song in der Hertha-Version. Nur einen Tag vorher war zusammen mit seinem Texter Hanno Bruhn diese Fassung entstanden und es war ungewiss, wie die Fans darauf reagieren würden. Doch wie Frank Zander es uns beim Besuch im Studio erzählte, bekommt er noch heute Gänsehaut, wenn er an diesen Augenblick zurückdenkt. Es geschah ein Wunder: Plötzlich reckte die gesamte Ostkurve ihre Schals in die Höhe und begann, den Refrain mitzusingen. Spontan, ohne den Song jemals zuvor gehört zu haben. Die Hertha-Hymne war geboren.

Was diese Geschichte so einzigartig macht, ist das völlig untypische Verhalten der Fans. Diese haben nämlich grundsätzlich eine Abneigung gegen alles Liedgut, das ihnen »vorgesetzt« wird. Das ist auch gut so, denn sonst würde so manches werbetreibendes Unternehmen versuchen, die Fans zum Absingen von vorgetexteten Lobeshymnen auf Schokoriegel, Bier und Lebensversicherungen anzustiften. No chance!

Hier aber lag der Fall offensichtlich anders. Frank Zander, Ur-Berliner und dank seines Sohnes Marcus auch bekennender Hertha-Fan, war nicht nur zur richtigen Zeit am richtigen Ort, sondern das ganze Olympiastadion spürte, dass der Song aus den tiefsten Tiefen des Herzens kam. Der Mann am Mikro und die Fans verschmolzen in diesem Moment für immer. Und so feierte im Frühjahr 2013 diese ganz besondere Hymne ihr 20-jähriges Jubiläum.

Besonders ist sie auch deshalb, weil der Refrain »Nur nach Hause geh'n wir nicht« inzwischen in der Hauptstadtregion zum geflügelten Wort geworden ist, das in viele Lebensbereiche vorgedrungen ist. Der genervte Ehemann, der die Gattin beim exzessiven Shopping begleiten muss, erwähnt dies beiläufig und ironisch. Genauso wie der Manager, der in einem endlosen Meeting sitzt, in dem seit Stunden nur heiße Luft produziert wird. Oder die Gastgeber, die darauf warten, dass der Besuch endlich die Tür von außen schließt.

Auch ist kaum eine andere Hymne in die Berichterstattung der regionalen Presse derart einbezogen wie das Werk Zanders. Irgendwie finden die Journalisten immer einen Bogen, um irgendwo das »Nur nach Hause geh'n wir nicht« in einen Spielbericht oder eine andere Story einzuflechten.

Was das eingangs erwähnte Typische an diesem Song ist? Es ist die Tatsache, dass bei der Hymne ebenso wie für den Verein Hertha BSC, aber auch in Berlin generell, für Leistung oft wenig Lohn winkt. Oder sogar gar keiner. Wer nämlich glaubt, dass Frank Zander und sein Texter Hanno Bruhn sich mit der Hymne die goldene Nase verdient hätten, irrt gewaltig. Es gab bisher gar nichts. Nothing. Nada.

Der Grund, warum Frank Zander für seine Hymne keinen Cent gesehen hat: Die Rechte für die Musik und sogar für den deutschen Hertha-Text liegen bei Universal Music Publishing GmbH. Hätte Frank dem seinerzeit nicht zugestimmt, hätte es seitens der Universal Music Publishing GmbH keine Erlaubnis gegeben, den Song überhaupt in irgendeiner Form zu veröffentlichen. Sohn Marcus Zander ergänzt: »Frank hat den ursprünglichen Song *Sailing* (Musik & Text: Gavin Sutherland) harmonisch und innerhalb des

Ablaufs der Strophen komplett verändert und neu geschrieben, deswegen ist es auch keine reine Coverversion. Aus diesem Grunde bedurfte es sogar einer ganz besonderen Genehmigung!«

Trotzdem bedauert Frank Zander nichts, im Gegenteil. Wenn man mit ihm redet, ist er noch heute mächtig stolz darauf, was ihm hier gelungen ist. Es gab zwar kein Cash, aber dafür Ruhm und Ehre. Die ganze Ostkurve verehrt ihn, denn irgendwie ist er einer von ihnen. Und dass er an »ihrer« Hymne nichts verdient, macht ihn nur noch authentischer und beliebter. Um nicht zu sagen unsterblich. Ach so, so ganz umsonst war es doch nicht. Wenn Frank Zander mal in eine Kneipe geht, wird ihm mit Sicherheit ein Bier ausgegeben. Mit einem Schulterklopfen und dem Kommentar: »Nur nach Hause jehste nich!«

101. GRUND

Weil Hertha BSC einen direkten Draht zu Gott hat

Zugegeben, das Brimborium, das um die »schönste Nebensache der Welt« gemacht wird, nimmt oftmals religiöse Züge an. Spieler werden zu Fußballgöttern verklärt. Tausende atheistische Fußballfans finden sich medienwirksam bei Union Berlin in der Adventszeit zum christlichen Weihnachtssingen zusammen und Fußballfachleute werden in den Stand eines Fußballpapstes erhoben. Bei so viel pseudoreligiösem Getue bleibt oftmals vielen Gläubigen der direkte Weg zu Gott versperrt. Ob Profi oder Fan, nicht jeder ist religiös, nicht jeder glaubt an die Wiederauferstehung, aber einigen Fans, Vorstandsmitgliedern, Spielern oder Berlin-Besuchern ist es wichtig: Sie wollen beten und die Nähe zu ihrem Gott suchen.

Für all diese befindet sich im Erdgeschoss des Olympiastadions seit 2004 eine ökumenische Kapelle. Es soll sich hierbei um die schönste Stadionkapelle der Welt handeln. Die Wände des göttlichen »Oval Office« sind mit Blattgold und Bibelzitaten in verschiedenen Sprachen verziert und das Glockengeläut wird mittels einer Tonbandaufnahme eingespielt, die in der Gedächtniskirche aufgenommen wurde. Seit der Saison 2006/2007 ist die Kapelle vor jedem Hertha-Heimspiel geöffnet und viele Herthaner finden jedes Mal den Weg dorthin. Dabei war diese Örtlichkeit früher einmal ein Raum des Bösen. Genauer gesagt, es war ein Besprechungsraum für die Schiedsrichter. Aus Herthas Sicht sicherlich eine weise Entscheidung, diesen Raum vom Übel zu befreien und ihn höheren Weihen zur Verfügung zu stellen.

Die Idee hatte Oberkonsistoralrat Dr. Bernhard Felmberg bereits im Jahr 2003. Anfänglich waren nicht alle begeistert. Doch viel Unterstützung bekam er von Herthas Geschäftsführer Ingo Schiller. Wie immer fehlte aber das Geld. 2005, kurz vor Weihnachten, war es dann so weit, die benötigten 253.000 Euro waren eingesammelt. Die Kapelle wurde mit Spenden und Sponsorengeldern errichtet, unter den Einzelspendern waren viele Hertha-Fans, aber auch die Klassenlotterie Berlin hat wesentlich dazu beigetragen. Steuergelder wurden nicht verwandt. Der laufende Unterhalt der Kapelle finanziert sich ebenfalls ausschließlich durch Spenden. Der Umbau konnte beginnen, Ziel war es, rechtzeitig zur WM 2006 fertig zu werden.

Mittlerweile ist sie auch zu einer Art Wallfahrtsort für Herthaner geworden. 2007 wurde hier die erste blau-weiße Ehe geschlossen, 2006 das erste Kind getauft. So ist es nicht verwunderlich, dass auch Michael Preetz 2011 seinen Sohn hier taufen ließ. Es ist aber ein Gerücht, dass sich Tim Wiese in der Kapelle vor einem Spiel die letzte Ölung für seine Haarpracht holt. Stadionkapellen sind keineswegs eine Selbstverständlichkeit. Außer in Berlin findet man diese Oasen der Ruhe nur noch in Gelsenkirchen und Frankfurt. In Mainz und Stuttgart sind solche Kapellen in Planung.

Das Berliner Gotteshaus befindet sich im Bereich der Haupttribüne direkt zwischen der »Players Lounge« und dem Spieleraufstellraum, nur wenige Meter vom Spielfeld entfernt. Der evangelische Pfarrer Dr. Berhard Felmberg und die katholischen Seelsorger Matthias Ulrich und Gregor Bellin sind natürlich Hertha-Fans, haben aber auch für Gäste-Fans ein offenes Ohr.[116]

102. GRUND

Weil Hertha ein wichtiger Wirtschaftsfaktor ist

Zugegeben, Hertha hatte von allen Gründungsmitgliedern der Bundesliga den schlechtesten Start. Unternehmen, deren Firmensitze noch vor Ende des Zweiten Weltkriegs fester Bestandteil der Berliner Wirtschaftskulisse waren, hatten sich nach Kriegsende, wie man hier sagt, »verdünnisiert«. Vielleicht war ihnen die Insellage der Halbstadt zu unsicher, vielleicht hielten andere Regionen bessere Konditionen parat, um ihren Vorteil aus dem Nachteil des Standortes Berlins zu ziehen. Einen Nachteil, der zwar das Ergebnis unserer gesamtdeutschen Geschichte war und ist, jedoch aber in erster Linie von den Menschen in Berlin ausgebadet werden durfte. Was im Grunde bis heute nachwirkt und aktuell ist.

Nicht auszudenken, wenn zum Beispiel Siemens den Ort der Entscheidungen nicht ins bayrische Erlangen respektive München verlagert hätte, sondern Berlin treu geblieben wäre. Vielleicht hätte Hertha Anfang des 21. Jahrhunderts ja einen Hauptsponsor namens Siemens gehabt. So aber ist es sehr schwer, in Berlin einen potenten Sponsor zu finden. Vor diesem Hintergrund kann man das Engagement der Bahn nicht hoch genug schätzen.

Die wirtschaftliche Entwicklung Berlins, und das darf man nicht vergessen, war nicht nur bis 1990 blockiert, sondern auch noch in den Jahren danach waren die Folgen der Teilung spürbar. Es wäre illusorisch anzunehmen, dass die Nachteile, die die Zeit nach 1945 beziehungsweise nach 1961 nach sich zog, über Nacht verschwunden wären. Es steht den Bundesländern, die von den Entwicklungen nach dem Krieg profitiert haben, gut zu Gesicht, sich ihrer Verantwortung bewusst zu sein. Der Länderfinanzausgleich hat schon seinen Sinn. Wussten Sie eigentlich, dass auch Bayern mal Nehmerland war?

Umso besser, wenn sich Berlins Nummer eins, meine Hertha, selbst zum wichtigen Wirtschaftsfaktor mausert. Immer wieder wird diskutiert, zu welchem Preis sich Berlin einen Bundesligisten leisten kann. Insbesondere die sportliche Konkurrenz, die, obwohl sie selbst immer wieder in den Genuss finanzieller Unterstützung des Landes Berlins gekommen ist, Hertha nicht die Butter auf dem Brot gönnt. Die eine oder andere Neiddebatte wurde bereits vom Zaun gebrochen. Dabei tut Hertha eine Menge für Berlin, wie die Investitionsbank Berlin in einer erstaunlichen Studie festgestellt hat. Na ja, für echte Herthaner eigentlich nichts Neues.

Der Aufstieg von Hertha BSC in die 1. Bundesliga im Jahr 2011 war aus finanzieller Sicht für alle Berliner eine Wohltat. Die IBB hatte seinerzeit in einer Studie errechnet, wie viel Geld durch Herthas Aufstieg in Berlins private und öffentliche klamme Kassen floss und wie viele zusätzliche Arbeitsplätze entstanden.

Die höhere Zahl von Auswärtsfans, der mit dem Aufstieg verbundene erhöhte Konsumbedarf, zum Beispiel die Nachfrage nach Fanartikeln, und das höhere Hertha-Budget kurbelten die Berliner Konjunktur zusätzlich an. Die IBB errechnete für die Bundesligasaison 2011/2012 ein um 39,1 Millionen Euro gestiegenes Bruttoinlandsprodukt gegenüber der 2. Bundesliga. Durch den Konsum der Hertha-Fans in der 2. Liga wurden circa 520 Arbeitsplätze gesichert. Das war gut. In der 1. Liga erhöhte sich diese Zahl auf vorsichtig berechnete 740 Arbeitsplätze. Das war besser. Für den Berliner Haushalt zahlte sich der Aufstieg ebenfalls aus – die öffentlichen Einnahmen Berlins stiegen um 5,9 Millionen Euro.

Zum richtigen Konjunkturmotor würde Hertha bei einer Champions-League-Teilnahme werden. Dann könnte das Berliner Bruttoinlandsprodukt durch eine noch stärkere Stadionauslastung und entsprechend höhere Einnahmen auf 151,4 Millionen Euro beziehungsweise sogar auf 165,6 Millionen Euro steigen. Davon würden zwischen 20,7 und 22,7 Millionen Euro in Form von Steuern und Abgaben an die Stadt zurückfließen. In diesem Fall würden sogar 898 neue Arbeitsplätze geschaffen beziehungsweise gesichert.[117]

Am wichtigsten wäre aber die Werbewirksamkeit durch die Fußballübertragungen in mehr als 130 Länder. Berlin würde noch stärker als das wahrgenommen, was es sowieso schon ist, eine junge, moderne Stadt, die man gerne besucht. Kurzum: Spätestens jetzt müssten auch die Fußballverächter unter den Berlinern und neidvoll schauende Wettbewerber Hertha die Daumen drücken. Hertha ist eben ein gutes Stück Berlin.

103. GRUND

Weil Hertha BSC trotz einzigartiger Konkurrenz die Hütte voll hat

Hertha hält den Zuschauerrekord in der 1. Bundesliga und in der eingleisigen 2. Bundesliga. Am 15. Mai 2011 kamen sage und schreibe 77.116 Zuschauer zum Zweitligaspiel gegen den FC Augsburg. Den absoluten Bundesligarekord verzeichnete Hertha am 26. September 1969. Sagenhafte 88.075 Zuschauer pilgerten zum Bundesligaspiel gegen den 1. FC Köln ins Olympiastadion. In der letzten Zweitligasaison besuchten immerhin durchschnittlich 40.000 Zuschauer die Spiele. Nicht auszudenken, wie viele es gewesen wären, wenn der DFB Hertha nicht in den ersten beiden Heimspielen mit einer teilweisen Platzsperre bedacht hätte.

Hertha BSC Berlin ist mit diesen Zahlen der Spitzenreiter im deutschen Fußball. Was umso bedeutsamer ist, wenn man berücksichtigt, mit welcher einzigartiger Konkurrenz sich der Hauptstadtclub herumschlagen darf, die es weder in München, Dortmund oder Gelsenkirchen in dieser Menge und Qualität gibt. Sie alle buhlen um die Gunst der Zuschauer. Wer sich hier so großartig behauptet, muss einfach tief in den Herzen der Menschen in der Region verwurzelt sein. Das fängt damit an, dass Hertha BSC in der deutschen Sportmetropole Berlin zu Hause ist.

Quer durch alle Sportarten gibt es fast 150 Mannschaften in ersten und zweiten Bundesligen. Die bekanntesten Beispiele sind die Basketballer von Alba Berlin, das Eishockeyteam der EHC Eisbären, die Handballer der Füchse Berlin, der 1. FC Union und die Volleyballer der Berlin Recycling Volleys. Es gibt fast 2000 Sportvereine, darunter über 300 Fußballvereine, Letztere haben mehr als 100.000 Mitglieder. Die grüne und wasserreiche Spreemetropole ist aber auch ein Zentrum des Wassersports. Rund 230 Segel-, Ruder- und Kanuvereine tummeln sich auf den Seen und Wasserstraßen. Internationale Sportveranstaltungen ziehen die Aufmerksamkeit von Hundertausenden Zuschauern auf sich. Beispiele mit klingenden Namen: Berlin-Marathon, DFB-Pokalendspiel, Sechstagerennen und Internationales Stadionfest der Leichtathletik (ISTAF).

Aber nicht nur im Sport werden die Berliner tagtäglich vom Angebot verwöhnt. Legendäre Events locken Besucher aus der ganzen Welt an: Berlinale, Grüne Woche, Internationale Tourismus-Börse (ITB), Fashion Week und der Karneval der Kulturen sind prominente Beispiele. Und dazwischen? Jeden Tag Kultur, Amüsement, Entertainment vom Feinsten. Filmpremieren, Konzerte, Kabarett- und Comedy-Abende, Tanz, Revue, Varieté und Aufsehen erregende Bühnenproduktionen. Die Zahlen sprechen für sich: Es gibt rund 150 Bühnen und Theater, rund 180 Museen und Sammlungen, über 400 Galerien, mehr als 100 Filmtheater mit etwa 300 Leinwänden, gut 6500 Restaurants und natürlich kaum zu zählende Kneipen, die obendrein keine Sperrstunde kennen.

Wer in diesem atemberaubenden Umfeld Spieltag für Spieltag so viele Fans ins Berliner Olympiastadion lockt, der ist im bezahlten deutschen Fußball der wahre Meister der Herzen!

104. GRUND

Weil Hertha BSC Jos Luhukay als Trainer verpflichtete und damit einen Hauptgewinn gezogen hat

Was war das für eine Aufregung Ende der Bundesligasaison 2011/12 bei meiner Hertha, nachdem der damalige Übungsleiter und Hotelberliner Markus Babbel unter dubiosen Umständen die Stadt Berlin am 18. Dezember 2012 verlassen hatte. Eine Stadt, mit der der gebürtige Bayer nie richtig warm wurde. Ich hatte ohnehin das Gefühl, dass er 2010 hier nur Trainer wurde, weil die Hertha-Mannschaft der Top-Favorit für den Aufstieg war. Ein ideales Karrieresprungbrett also. So war es für mich nicht überraschend, als er ging. Sollte er hier zwischenzeitlich tatsächlich sein Herz verloren haben, dann bestimmt nicht an Hertha, geschweige denn an Berlin.

Dann kam mit Michael Skibbe das wohl größte »Missverständnis« für knapp zwei Monate nach Berlin. Der nächste Trainer war kein Geringerer als Otto Rehhagel. Doch selbst »König Otto« konnte das ins Schlingern geratene Hertha-Schiff nicht vor dem Untergang retten. Mein Verein stieg aufgrund der fehlenden Einstellung einiger Leistungsträger, des Trainerkarussells und des skandalösen Relegationsspiels in Düsseldorf, das von irrwitzigen Sportgerichtsurteilen »abgerundet« wurde, ab. Mit dem Gang in Liga 2 kam Jos Luhukay an die Spree und mit ihm die nötige Ruhe und in der Folge eine beständige erfolgreiche Arbeit.

Jos Luhukay war sich mit Hertha schon vor dem Relegationsspiel gegen »das Düsseldorf« einig. Dieser Trainer stand und steht für ehrliche, alle Ressourcen nutzende, pragmatische und erfolgreiche Arbeit. Das zeigte sich vor allem, als ihm verletzungsbedingt sechs bis sieben Leistungsträger fehlten. Er hadert nicht mit seinem Schicksal, sondern analysiert umgehend die Situation, um den optimalen Kader für das nächste Spiel aufzustellen. Ähnlich wie anfangs Lucien Favre, kitzelt er aus seinen Schützlingen Qualitäten heraus, von denen diese vorher noch nicht einmal geahnt haben, dass sie über solche verfügen. Die Folge: Jeder ist austauschbar, jeder hat aber auch die Chance, in die Startelf zu gelangen. Nur Selbstgefälligkeit oder Disziplinlosigkeiten sollten sie vermeiden. Jos Luhukay lässt so etwas nicht durchgehen. Endlich ein eindeutiger, fleißiger Trainer mit klaren Ansagen und Fußballsachverstand. Die Mannschaft spürt, dass dieser Trainer sie zum Erfolg führen kann, wenn sie nur mitzieht. Jos Luhukay tut Hertha gut. Seine Unaufgeregtheit ist eine Wohltat, aber wenn es nötig ist, kann er laut werden, sehr laut. Dann bin ich froh, dass ich Fan bin und kein Spieler.

Als Hertha als Aufstiegsfavorit 2011 das Derby verlor, sagte der damalige Übungsleiter Babbel nach der Partie: »In einer Woche redet kein Mensch mehr über dieses Spiel. Wir müssen uns bei den Fans entschuldigen und eine Woche lang die Schmach der Derby-Pleite ertragen.«[118] Falsch! Wer Derbys kennt, weiß, dass die Schmach der Derbyniederlage nur durch einen Sieg im nächsten Derby getilgt werden kann. So lange heißt es sich warm anziehen. Der Spott wartet an jeder Ecke. Es sollte nicht die einzige Fehleinschätzung Babbels bleiben.

Jos Luhukay hat da mehr Verständnis für die Belange der Fans, wie er im Februar 2013 bewies. »Das wird ein ganz besonderes Spiel. Das gibt es in Europa nicht noch mal, dass zu einem Derby in der 2. Liga 75.000 Fans ins Stadion kommen. Das ist einmalig. Ich hoffe, dass wir bei dieser fantastischen Atmosphäre unsere Fans mit einem Sieg belohnen und sie begeistern können. Für die Fans geht es um Anerkennung, Stolz, Ehre und Respekt. Und wir wollen unseren bisher erfolgreichen Weg fortsetzen.«[119] Dem kann ich nichts hinzufügen. Das Spiel endete 2:2, Hertha war, nach dem grandiosen 2:1-Hinspielsieg bei Union, Stadtmeister.

105. GRUND

Weil Hertha BSC in der Halle südamerikanisch spielt

Kennen Sie Futsal? Ja, Sie lesen richtig, Futsal! Der Begriff »Futsal« leitet sich vom portugiesischen Ausdruck »futebol de salão« oder dem spanischen »fútbol sala« (Hallenfußball) ab und ist eine Variation des Hallenfußballs. Was wie eine neue künstlich generierte Sportart klingt, ist schon ziemlich alt. Bereits 1930 wurde in Uruguay diese technisch sehr anspruchsvolle und vor allem extrem torreiche Sportart entwickelt. Von dort begann ein Siegeszug durch ganz Südamerika, Südeuropa und Osteuropa. Futsal unterscheidet sich vom uns bekannten Hallenfußball vor allem durch die fehlenden Bandenbegrenzungen. Die fünf Spieler jeder Mannschaft spielen auf Handballtore und, das ist der Clou, mit einem sprungreduzierten Ball, der auch noch kleiner und schwerer als der normale Fußball ist.

Es gibt einen fliegenden Wechsel und ist der Ball aus, wird er wieder ins Spiel gekickt. Gespielt wird zwei Mal 20 Minuten. Fouls werden restriktiv geahndet, sodass es eine perfekte Sportart für technisch versierte Spieler ist. Kurzum eine Augenweide.

In Europa ist, wie sollte es derzeit anders sein, Spanien die führende Futsal-Nation. Hier wird schon lange in einer eigenen Profiliga mit 16 Mannschaften gespielt. Im europäischen Vereins-Futsal trägt man seit der Saison 2001/02 den UEFA-Futsal-Pokal aus. Pokalsieger waren bisher sechs Mal Teams aus Spanien, zwei Mal russische Mannschaften sowie jeweils einmal Belgien, Portugal und Italien. Seit 1989 wird auch eine Weltmeisterschaft ausgespielt. Rekordweltmeister ist mit fünf Titeln Brasilien.

Der DFB möchte in Zukunft auch an großen Turnieren wie Welt- und Europameisterschaften teilnehmen. Doch noch hat der Futsal in Deutschland einen weiten Weg vor sich. Bei Hertha wurde dieser Weg im Jahr 2007 das erste Mal eingeschlagen. Bereits 2009 konnte Hertha BSC in der höchsten Berliner Klasse als Berliner Meister gefeiert werden. Hertha schlug am 24. Januar 2009 den FC Srbija in der Schöneberger Sporthalle mit 9:7.

Die Leistungsdichte in Berlin ist mittlerweile größer geworden, viele Teams haben sich verstärkt und verfügen über eine professionelle Struktur. Futsal wird schon bald dank seiner Ästhetik ein fester Bestandteil der populären Sportarten sein und wer weiß, vielleicht sind ja die Jahre der brasilianischen Vorherrschaft bereits gezählt.[120]

106. GRUND

Weil Hertha BSC selbst montags ein Magnet war

Ein Grund, Hertha zu lieben und die Spiele zu besuchen, ist natürlich die unvergleichbare Atmosphäre durch die vielen Fußballfans, die meiner Hertha den Rücken stärken. Schaut man sich einmal an, wie sich die Zuschauergunst verteilt, wird deutlich, dass Herthas Publikum bereit ist, meinen Verein notfalls auch durch die Niederungen der 2. Liga zu begleiten. Stand man in der letzten Erstligasaison noch auf Platz fünf des Zuschauerzuspruchs, direkt hinter Dortmund, Bayern, Gelsenkirchen und Stuttgart, läge man selbst mit den aktuellen Zweitligazahlen (2013) im Oberhaus noch auf einem gesicherten Mittelfeldplatz!

Sicher ist es schwierig, das gesamte Zuschauerpotenzial für Heimspiele in der 2. Liga gegen fast unbekannte Vereine zu mobilisieren. Es ist auch vielen Hertha-Fans unmöglich, an einem Montag ins Stadion zu gehen. Montagsspiele sind so ziemlich das zuschauerfeindlichste Konstrukt, das sich die Verwertungsstrategen in der DFL ausgedacht haben. Der live übertragende Sender macht seinen Reibach über die Einschaltquoten. Die finanziell ohnehin gebeutelten Clubs der 2. Liga, die montags die Fernsehzuschauer vor die Empfangsgeräte locken sollen, erhalten für die vielen Fans, die berufs- oder entfernungsbedingt keine Chance haben, das Heimspiel zu besuchen, keinen finanziellen Ausgleich. Gerade Hertha kann davon ein Lied singen.

Montags sollen, das gebietet die Logik der Vermarktung, möglichst oft die erfolgreichsten Mannschaften an den Start. Diese haben dann sehr oft das Nachsehen. Der zu Beginn der Saison für die Lizenzierung zugrunde gelegte »zu erwartende Zuschauerschnitt« ist oft genug in Gefahr. Dieselben, die diesen Montags-Wahnsinn zu verantworten haben, erheben dann aber den Zeigefinger, verurteilen die betroffenen Vereine und belegen diese womöglich mit Auflagen für die nächste Saison, wenn der prognostizierte Schnitt nicht erreicht wird. Ich nenne das scheinheilig. Umso erstaunlicher ist es, dass die treuen Hertha-Anhänger in der 2. Liga immerhin so zahlreich gekommen sind, dass Hertha knapp hinter Werder Bremen in der Zuschauergunst aller Profivereine liegt und somit sogar ganze sieben Erstligisten hinter sich lässt. Neben Mainz, Augsburg, Fürth, Freiburg und den künstlich hochgehaltenen Clubs aus Wolfsburg und Hoffenheim landet auch die Betriebssportgemeinschaft aus Leverkusen hinter meiner Hertha. Aber mal ehrlich: Wen wundert das?

Die Verantwortlichen wären gut beraten, hier für mehr Gerechtigkeit zu sorgen und den Montags-Wahnsinn in der 2. Liga zu stoppen. Oder zumindest Zweitligisten, sofern Montagsspiele bestehen bleiben, für ihre Montagspartien Fernsehgelder zuzusprechen. Denn wenn der Unterbau der 1. Bundesliga erst einmal wirtschaftlich kaputt ist, wird sich das auch negativ auf die Attraktivität des Oberhauses auswirken. Vielleicht muss aber erst einmal der Rekordmeister FC Bayern München in die 2. Liga absteigen, damit bestimmte Lobbyisten auch einmal für die unteren Ligen eine Lanze brechen.

107. GRUND

Weil Hertha BSC die beste Website und das beste Stadion-Magazin hat

Es gibt viele Herthaner auf der ganzen Welt, deren Sehnsucht unerträglich wäre, gäbe es seit 1998 nicht etwas, was das Leid ein wenig lindert. Seit Februar 1998 ist Hertha unter www.herthabsc.de im Netz zu erreichen. Auch für uns Hertha-Fans vor Ort ist die Homepage das Medium, um sich schnell und ausführlich über unseren Herzensclub zu informieren. Nun, Internetauftritte von Vereinen gibt es viele. Herthas Seite unterscheidet sich allerdings von den meisten. Der Onlineauftritt ist professionell und übersichtlich gegliedert, informativ und vielseitig.

2003 gab es eine Internetanalyse der Universität Göttingen. Das Ergebnis: Die Sportwissenschaftler der Uni kürten die Homepage von Hertha zur Nummer eins unter 150 getesteten deutschsprachigen Sport-Homepages. Das Institut für Sportwissenschaften der Georg-August-Universität Göttingen untersuchte die Websites hinsichtlich ihrer Professionalität. Hertha BSC verwies damit den SV Werder Bremen auf Platz zwei. Rang drei belegte der FC Bayern München. Nicht nur Unis schätzen den weltweiten Zugang des Hauptstadtclubs. Als Oscar der Internetseiten gilt die jährliche Ehrung von www.websitedesjahres.de.

Bereits im Jahr 2005 hieß es in der Kategorie »Beliebteste Sportseite«: »The winner is herthabsc.de.« 2006 folgte das Double: »Beliebteste Sportseite« und »Beste Sportseite«.

Bei der Wahl zur »Website des Jahres« verteidigte herthabsc.de 2007 das Double. Immerhin gegen Mitbewerber wie kicker.de, eurosport.de, sport1.de und sportschau.de.

Wer aber Hertha nicht nur virtuell kennen- und lieben lernen möchte, der muss unbedingt einmal ins Olympiastadion zu einem Heimspiel kommen. Am Eingang darf aber nicht das Stadionheft vergessen werden. Wem die oft nervige Halbzeitbespaßung zu anstrengend ist, kann im Stadion-Magazin *Wir Herthaner* stöbern und das Wichtigste in Kürze lesen. Natürlich übersichtlich gegliedert, interessant gestaltet und rundum lesenswert. *Wir Herthaner*, das von der Berliner Agentur powerplay im Auftrag von Hertha produzierte Magazin, wurde mehrfach durch die deutsche Programmsammler-Vereinigung (DPV) zum besten Programmheft aller Bundesligavereine gewählt. In der Saison 1998/99 wurde das Programm erstmals zum deutschen Meister aller Stadionzeitungen gekürt. Den Titel verteidigte das Hertha-Organ insgesamt fünf Mal hintereinander bis 2003, als *Wir Herthaner* vor dem *Schalker Kreisel* und dem *Bayern-Magazin* zum Deutschen Meister avancierte. 2009 wurde das Stadionmagazin letztmals das beste Stadionheft der Bundesliga, aber die nächste Auszeichnung kommt ganz bestimmt.

Die Wahl wird im Übrigen von einer fünfköpfigen Jury, die aus den fachkompetenten Sammlern besteht, sowie durch eine Online-Abstimmung der Fans entschieden. Den sechsten »Meistertitel« sicherte sich das von der powerplay medienholding AG produzierte Heft vor dem HSV und dem FC Bayern. Das nach Juryentscheid schlechteste Magazin der Liga hatte 2009 ausgerechnet der Zufallsmeister VfL Wolfsburg.

Ich selbst komme allerdings nur selten dazu, das Heft zu lesen. Viel zu aufregend sind die Spiele meiner Hertha und in der Halbzeitpause »läuft« mein eigenes Programm.

108. GRUND

Weil Hertha BSC den Stadion-Namen nicht verkauft hat

Fußballfans in Berlin haben es einfach. Will man sich guten Profifußball ansehen, geht man seit Jahrzehnten ins Olympiastadion. Jeder Taxifahrer kennt den Weg, jede Oma weiß die Richtung. Ganze

Generationen fußballverrückter Menschen gingen und gehen ins Olympiastadion – traditionell ein klarer Name, eindeutig in der Stadt verortet und jeder weiß, was gemeint ist.

Da haben es die Fußballfreunde aus Hamburg schon wesentlich schwerer. Traf man sich bis 2001 noch im Volksparkstadion, musste der HSVer seinen Club später in der AOL-Arena besuchen. Zwischenzeitlich ging man dann in die HSH-Arena, mittlerweile rollt der Ball in der Imtech Arena. (Stand Mai 2013)

Der meiner Meinung nach, sagen wir es mal vorsichtig, unschönste Name für ein Fußballstadion ist die neue Bezeichnung für das Stadion des MSV Duisburg. Die MSV-Fans sind zwar schon lange durch die Erfolglosigkeit ihres Vereins gebeutelt, es ist aber eine üble Nachrede, dass sie, wenn sie im Stadion sitzen, zumindest optisch dem Geschehen auf dem Platz entfliehen wollen und deshalb ihren Blick in die weitere Umgebung schweifen lassen. Der Name »Schauinsland-Reisen-Arena« klingt nicht nur blöd, er führt auch in die Irre.

Einer der ersten, wenn nicht sogar der erste Club, der seine Spielstätte umbenannte und so ein Stück Fußballgeschichte preisgab, war die Spielvereinigung Fürth, die ab 1997 den Ronhof versilberte. Sie bestrafte sich aber für den Traditionsverlust selbst, denn fortan spielte man im Playmobil-Stadion, später wurde dieser Name noch getoppt. Seit 2010 kickt man in der Trolli Arena. Kein Wunder, dass sie in ihrer Erstligasaison 2012/2013 kein einziges Heimspiel gewinnen konnten.

Seit 1997 nutzen fast alle Vereine diese neue Geldquelle. Von den führenden Fußballvereinen erfreuen sich lediglich Werder Bremen (Weser-Stadion), der 1. FC Kaiserslautern (Fritz-Walter-Stadion) und meine Hertha (Olympiastadion) am altehrwürdigen Namen ihres »Wohnzimmers«.

Warum allerdings viele Vereine auch dem traditionellen Wort »Stadion« eine Abfuhr erteilen und scheinbar zwanghaft ihre Spielstätten als Arena bezeichnen, ist nur schwer verständlich. Hier ein

Erklärungsversuch. »Arena« kommt vom lateinischen »Harena«, das bedeutet »Sand«. Spätestens wenn ein Namensgeber sein Unternehmen in denselben gesetzt hat, muss ein neuer Namenspatron her. Vielleicht ist der Beiname »Arena« daher ein Hinweis auf die Schnelllebigkeit kommerzieller Namen.

Apropos Schnelllebigkeit. Fortuna Düsseldorf verliert im nächsten Jahr weiter an Esprit. Ihr Stadionnamenssponsor springt ab. Zeit für einen neuen Namen. Mein Vorschlag: Wie wäre es mit Tote-Hosen-Arena? Das wäre zumindest ein Anzeichen für Humor. Wie viel Geld die einzelnen Vereine für den Teilverkauf ihrer Tradition erhalten haben, ist mir nicht bekannt. Doch wie viel darf Tradition kosten? Ich jedenfalls werde weiterhin ins Olympiastadion gehen.

109. GRUND

Weil Hertha BSC den Platz mit Düsseldorf getauscht hat

»Es gibt einen Fußballgott – und der sieht alles. Die Rechnung kommt immer, manchmal gleich, manchmal ein wenig später.«

Otto Rehhagel

Was habe ich gelitten, nach dem zweiten Relegationsspiel am 15. Mai 2012 gegen Düsseldorf, das für uns den Abstieg brachte. Zunächst gab es die grenzwertigen Auslegungen der Sportgerichte des DFB, die einen unbespielbaren Platz ohne Eckfahnen und ohne Elfmeterpunkt als bespielbar deklarierten. Man stufte Tausende auf den Platz stürmende, mit Bengalos bewaffnete Fortuna-Fans nicht als beängstigend ein, sondern als positiv motiviert. Die Spielzeitverkürzung durch den Platzsturm sah man nicht als Nachteil für meinen Verein. Ein komplett versagender Hauptschiedsrichter wurde heiliggesprochen. Das aber war für mich nicht das Schlimmste. Das

Widerlichste war die Häme, mit der sich die Fortunen als schlechte Gewinner zeigten. Sogar in ihrem Fanartikel-Katalog war zu lesen: »Was bedeutet Heimstärke? Es gibt Vereine, die zu Hause nie gewinnen, wie zum Beispiel Hertha BSC Berlin. Die sind jetzt abgestiegen.« Oder: »Was bedeutet Hertha BSC? Das war irgendwie quengelig, hatte dauernd Todesangst und spuckte. Aber genau können wir uns nicht erinnern. Ist hier, in der ersten Liga, auch gar nicht mehr zu finden. Weiß jemand Bescheid?«[121]

Anstatt sich darüber zu freuen, dass man offensichtlich viele einflussreiche Freunde hat, wurde getreten und gelästert. Für mich als Fan galt es nun, eine Mammutaufgabe zu bewältigen. Die Häme überstehen, die eigene Mannschaft nach vorne peitschen und parallel die gesamte negative Energie Richtung Düsseldorf senden. Am Ende ging alles auf!

Die Häme am Rhein legte sich mit jedem Hertha-Sieg und jeder Fortuna-Niederlage langsam, aber sicher. Hertha spielte die beste Saison, die jemals eine Mannschaft in der 2. Liga abgeliefert hat. 76 Punkte, so viele hatte noch nie ein Team erreicht. Der beste Sturm, die beste Abwehr, mit Jos Luhukay der beste Trainer und die besten aller Fans waren die Garanten für den Aufstieg. Alle standen wie eine Wand hinter dem Team. Es kehrte eine kreative Ruhe im Verein ein. Doch es sollte dank Düsseldorf noch viel viel besser kommen.

Hertha stand schon Wochen vor dem Ende der Saison als Aufsteiger fest. Wer dachte, dass das nun das höchste der Wohlgefühle war, sah sich angenehm getäuscht. Der letzte Spieltag der 1. Bundesliga kam. Es war angerichtet. Fortuna kämpfte gegen sich selbst. Zu selbstgefällig, ja zu größenwahnsinnig zeigten sich die Rheinländer und dann kamen sie, diese letzten Minuten des letzten Spieltages. Fortuna lag 0:3 gegen Hannover zurück. Augsburg führte gegen Fürth, jetzt hätte nur noch ein Unentschieden oder eine Niederlage Hoffenheims in Dortmund die Düsseldorfer in die Relegation retten können. Hoffenheim aber führte sensationell mit 2:1 und tatsächlich, da fiel das 2:2 in der Nachspielzeit! Glück gehabt Fortuna? Nein, Abseits, Fortuna stieg endgültig ab. Die Rheinländer waren gezwungen, die eigene bittere Medizin zu schlucken. Sie durften live und in Farbe spüren, was alles in wenigen Schlussminuten passieren kann. Minuten, die meiner Hertha ein Jahr zuvor durch den Schiedsrichter und die stürmenden Fans genommen wurden. Genugtuung? Ja, ich gebe es zu, ein ewig langes Jahr habe ich darauf warten müssen, bis sich die Gerechtigkeit einstellt und wir wieder oben sind, und Fortuna auf dem Weg zurück in die unteren Ligen ist. Jetzt werden Sie sicher sagen, na ja, das ist aber auch hämisch. Stimmt, Sie haben recht. Doch an Tagen wie diesen wünsche ich mir nun einmal Unendlichkeit.

Die oben zitierte Frage im Fanartikel-Katalog, was Hertha BSC bedeutet, wurde eindrucksvoll beantwortet. Hertha BSC bedeutet: nie aufgeben, durch das Tal der Tränen marschieren und immer wieder zurückkommen. Mal sehen, ob Fortuna das ohne Hilfe von außen auch schafft. Ich hoffe für meine Hertha, dass sie sich nie wieder in eine solche Situation bringt und sich nicht mehr anderen ausliefert, sondern selbst Herr über die eigene Zukunft ist. Ich bin mir sicher, Hertha hat gelernt!

Hier das gesamte Team, das meine Hertha zurück in die 1. Bundesliga führte: Thomas Kraft, Sascha Burchert, Philip Sprint, Peter Pekarík, Lewan Kobiaschwili, Roman Hubník, Maik Franz, Christoph Janker, Felix Bastians, John Anthony Brooks, Alfredo Morales, Shervin Radjabali-Fardi, Marcel Ndjeng, Änis Ben-Hatira, Ronny, Peter Niemeyer, Robert Andrich, Peer Kluge, Nico Schulz, Fabian Lustenberger, Marvin Knoll, Fabian Holland, Hany Mukhtar, Adrián Ramos, Sami Allagui, Ben Sahar, Pierre-Michel Lasogga, Sandro Wagner und der Trainerstab mit Jos Luhukay, Markus Gellhaus, Rob Reekers, Christian Fiedler, Henrik Kuchno, dem Teamleiter Nello di Martino, die medizinische Abteilung Dr. Ulrich Schleicher, Dr. Klaus Neye, Michael Schweika, Jörg Blüthmann, David de Mel und die Zeugwarte Hendrik Herzog und Robert Abramczyk.

110. GRUND

Weil Hertha BSC den Absprung aus dem Paternoster schafft

Hertha BSC ist endlich wieder zu Hause in der 1. Bundesliga und wird 2013/14 wieder für Furore sorgen. Insofern hatten die Trainerwechsel bei meiner Hertha in der letzten Bundesligasaison 2011/12 auch was Gutes, führten sie doch zur Verpflichtung von Jos Luhukay, den man in Ruhe seine Arbeit machen ließ. Der Vorstand und auch das Management wussten, sie sind gut damit beraten, den Holländer voll und ganz zu unterstützen und sich nicht in sein Kerngeschäft einzumischen. Luhukay nutzte das Vertrauen und sicherte uns den sechsten Aufstieg in der Bundesligageschichte. Sechs Mal ging es in die andere Richtung. Gerne werden Mannschaften mit einer solchen Historie auch »Fahrstuhlmannschaft« genannt.

Hertha ist eine besondere Fahrstuhlmannschaft. Natürlich. Treffender ist meiner Ansicht nach aber eher die Bezeichnung »Paternostermannschaft«. Sie kennen diese wunderbaren Liftanlagen? Die Fahrkabinen sind offen und man muss den richtigen Zeitpunkt abwarten, um dann mit einem großen Schritt den Fahrkorb zu betreten beziehungsweise zu verlassen. Hertha hatte ab und zu den Absprung verpasst und musste oft mehrere Kabinen abwarten, bis der Eintritt nach oben wieder gelang. 1965 wurde Hertha sogar einmal vom DFB brutal aus dem fahrenden Bundesliga-Fahrkorb gestoßen. Manche erinnern sich noch an den Zwangsabstieg.

In der Bundesliga sind die »aktivsten« Fahrstuhltruppen, die zwischen der 1. und 2. Bundesliga pendelten, der 1. FC Nürnberg und die Arminen aus Bielefeld mit je sieben Auf- und sieben Abstiegen. Gleich dahinter kommt Hertha zusammen mit dem MSV Duisburg und dem VfL Bochum, die jeweils sechs Mal hoch- und runterfuhren. Es gibt allerdings im bezahlten Fußball nur wenige Mannschaften, die vom Auf und Ab des Paternoster-Prinzips gänzlich verschont blieben. Es fehlt in der Breite die Substanz, um dauerhaft oben mitzuspielen. Zu groß ist die Dominanz der Spitzenclubs. Manche Vereine erreichen gelegentlich die oberen Etagen des DFB-Pokals, andere rauschen im Europapokal planmäßig abwärts. Meine Hertha ist aber wild entschlossen, aus dem Paternoster endgültig auszusteigen. Wir werden uns in den nächsten Jahren von unserer bescheidenen Seite zeigen und höflich anderen Vereinen ihren Platz im Aufzug überlassen. Die historischen Etagen des Hertha-Paternosters waren:

- Abstiege aus der 1. BL: 1965, 1980, 1983, 1991, 2010, 2012
- Aufstiege in die 1. BL: 1968, 1982, 1990, 1997, 2011, 2013

111. GRUND

Weil Uli Hoeneß für Hertha-Fan Knut Ablöse zahlen würde

Wenn man als Koautor an einem Buch über Fußballfangefühle mitarbeitet und dabei tief in die Welt eines »richtigen« Fans eintaucht, dann kommen einem schon komische Gedanken. Nicht, dass ich kein Fußballfan wäre, aber ich musste lernen, dass ich von meiner Leistungsbereitschaft als Fan bestenfalls auf Zweitliganiveau mitspiele. Top-Leistungen werde ich in dieser Disziplin wohl nie abrufen. Im harten Alltag des Ligabetriebs würde mich mein Verein schnell auf die Transferliste setzen. Apropos. Wenn doch allseits beschworen wird, wie wichtig die Fans für den Verein sind, dass sie die Emotionen liefern, die Kulisse, die Wogen der Begeisterung, auf der die Stars dahingleiten, den Strom für ihr Rampenlicht, warum gibt es eigentlich für Fans keinen Transfermarkt?

Nehmen wir Hertha-Fan Knut, um dessen blau-weiße Welt sich in diesem Buch alles dreht. Meiner Meinung nach spielt er in der Champions League des aktiv gelebten Fandaseins. Fan in der zweiten Generation, seit Jahrzehnten bei allen Heimspielen seiner Hertha im Stadion. Auch zu den Zeiten, als Hertha ganz unten war und im Olympiastadion gähnende Leere herrschte. Als er mit seinem blau-weißen Schal am Samstagabend nach verlorenen Spielen mit hochgezogenen Schultern und hängendem Kopf durch Wilmersdorf schlich und die Nachbarn hinter den Gardinen schadenfroh grinsten. Als die Berliner Medien nur Häme über den Club ausschütteten. Er unternahm auch in den unteren Ligen Fahrten zu Auswärtsspielen an entlegenste Orte, die nicht nur ordentlich Geld kosteten, sondern mit Hin- und Rückfahrt gerne mal zwei Tage dauerten. Er pflegt die Fankontakte mit anderen Verrückten vieler Nationalitäten und trägt damit das Image von Hertha – aber auch von Berlin – positiv in die Welt hinaus. Knut erlebte die Folgen der Berliner Teilung hautnah mit und weiß über die Fanfreundschaft mit dem damaligen Ost-Berliner Club Union Anrührendes zu berichten. Den Schlachtruf »Ha Ho He« hat er von Kindesbeinen an verinnerlicht, er braucht keine Vorturner mit Megafon. Er ist auch kein »Pyrotechniker«, nie ein zu Gewalt neigender, unangenehmer Zeitgenosse gewesen.

Vielmehr kann er Geschichten erzählen, die einen Zeitraum von über 120 Jahren umspannen und mit Fakten und Anekdoten gespickt sind, die nicht im Internet zu recherchieren sind. Und natürlich gibt es auch für ihn die Zeiten, in denen Hertha Oberwasser hat. So wie in der Saison 2012/2013, als am Ende Hertha nicht nur in die 1. Bundesliga zurückkehrte, sondern durch Düsseldorfs Abstieg das Relegationstrauma vom Vorjahr besiegt wurde. Das sind dann die Momente, in denen Knut feiert, bis die Stimme versagt und im Morgengrauen der Zapfhahn kräht. Warum das jetzt bemerkenswert ist? Weil ein Fan der Champions-League-Klasse in der Stunde des Triumphes nun nicht herablassend oder aggressiv gegenüber den jetzt wieder aus dem Nichts auftauchenden Mode- und Erfolgsfans auftritt, sondern dabei ganz entspannt bleibt und sich einfach freut, dass seiner »alten Dame« Hertha wieder mehr

Verehrer hinterhersteigen. Natürlich gibt es diese Fans der Knut-Klasse auch in anderen Vereinen. Aber hier geht es ja um Hertha BSC. Es erstaunt mich, dass der FC Bayern München und der findige Uli nicht schon damit begonnen haben, Knut mit einer saftigen Ablösesumme von Hertha BSC zu kaufen, ihn mit dem Doppelten und Dreifachen (wovon auch immer) von der Spree an die Isar zu locken. Was so schräg klingt, ist aber eigentlich nur fair. Schließlich wird ja immer betont, wie wichtig Fans sind. Das kann man sich doch etwas kosten lassen! Zumindest bei den Spitzenkräften ihrer Zunft. Damit wäre die Bundesliga weltweit Vorreiter und man dürfte gespannt sein, mit welchen Summen Real Madrid Fans vom FC Barcelona wegtransferieren würde. Und die Engländer erst.

Die ganze Sache hat nur einen Haken. Fans wie Knut würden niemals, für kein Geld der Welt, den Verein wechseln. Und wenn es dafür eine ganze Bratwurstfabrik gäbe. Schade für Uli, wunderbar für Hertha BSC.

Gründe nach Autoren

Knut Beyer: 1, 3, 4, 5, 6, 7, 8, 9, 10, 11, 12, 13, 14, 15, 16, 17, 18, 19, 20, 21, 22, 23, 24, 25, 26, 27, 28, 29, 30, 31, 32, 33, 34, 35, 36, 37, 38, 39, 40, 41, 42, 43, 44, 45, 46, 47, 48, 49, 50, 51, 52, 53, 54, 55, 56, 57, 58, 59, 60, 61, 62, 63, 64, 65, 66, 67, 68, 69, 70, 71, 72, 73, 74, 75, 76, 77, 78, 79, 80, 81, 82, 83, 84, 85, 86, 87, 88, 89, 90, 91, 92, 93, 94, 95, 96, 97, 98, 99, 101, 102, 104, 105, 106, 107, 108, 109, 110

Thomas Matzat: 2, 100, 103, 111

LITERATUR

Hertha BSC hat mit ihren 121 Jahren schon viel durchgemacht. Vieles durfte ich selbst erleben, etliches hat mir mein Vater berichtet. Doch natürlich musste auch ich vieles nachschlagen und sei es nur, um mich inspirieren zu lassen. All dieses wäre ohne die folgende Literatur so nicht möglich gewesen, die ich Ihnen, sofern Sie auf meinen Verein neugierig geworden sind, nur empfehlen kann:

- Tragmann/Voß, *Das Hertha Kompendium.* Verlag Harald Voß, Berlin, 2011.[136] Ein unglaubliches Fleißwerk. Alles, wirklich alles, was man über Hertha an Zahlen zusammentragen kann – ein Muss für jeden Hertha-Fan.
- Daniel Koerfer, *Hertha unter dem Hakenkreuz.* Die Werkstatt, Göttingen, 2009. Eine sachliche Aufarbeitung der Hertha-Geschichte von 1933 bis 1945.
- Eberhard Wittig, *Ha Ho He Hertha BSC.* Copress Verlag, München, 1971. Ein Dankeschön an Tante Lisa, die noch ein Exemplar dieses hervorragenden Buches ihres Mannes für mich hatte. Das erste Hertha-Buch überhaupt … soweit ich weiß.
- Michael Jahn, *Hertha BSC – Eine Liebe in Berlin.* Die Werkstatt, Göttingen, 1999 / Michael Jahn, *Blau-Weiße Wunder – Die Geschichte von Hertha BSC.* 2011. Michael Jahn beschreibt nicht nur eine Liebe und ein Wunder. Er schreibt auch wundervoll und mit viel Liebe.
- Lutz Rosenzweig, VBB (Hrsg.), *75 Jahre Verband Berliner Ballspielvereine.* Berlin, 1972. Ein Buch über den Berliner Fußball, mit vielen fast vergessenen Geschichten, zusammengestellt von »Lutte« Rosenzweig, der nicht nur ein großer Freund des Fußballs und insbesondere von Hertha BSC war, sondern auch ein guter Freund meines Vaters.
- *Berliner Morgenpost* (Hrsg.), Carsten Erdmann (Chefredakteur), *Immer Hertha – Gestern, Heute, Morgen.* 2011. Die Morgenpost bleibt ihrer »blau-weißen« Tradition treu. Ein Buch über Hertha, in dem man immer wieder neue Details entdecken kann.

- Oliver Ohmann, *Hertha BSC – Das Fotoalbum des Willy Haberstroh*. Sutton Verlag, Erfurt, 2006. Für alle, die einen visuellen Eindruck insbesondere der 20er-Jahre rund um Hertha gewinnen und die damalige Zeit nachempfinden wollen.
- Lutz Rosenzweig, Rudi Rosenzweig, Rudi Romanns, Wolf-Dietrich de Marné, *75 Jahre – Hertha BSC*. Berlin, 1967. Liebevolle und lesenswerte Jubiläumsschrift.
- Klaus Dieter Vollrath, Hertha BSC (Herausgeber), *Hundert Jahre Hertha BSC*. Berlin, 1982.
- Christian Wolter, *Rasen der Leidenschaften*. 2011.
- Hertha BSC Presseinfos 1972/73, 1974/75, 1975/76, 1978/79.
- Carl Koppehel, VBB (Hrsg.), *Geschichte des Berliner Fussballsports*. Berlin, 1957. Antik ist nur das Papier, die Geschichten sind ewig jung.
- *Tor für Berlin – Hertha-Aufstieg pusht die Wirtschaft in der Hauptstadt*. Investitionsbank Berlin, 12.5.2011.
- Deutscher Fußball Bund (Hrsg.), *100 Jahre DFB. Geschichte des Deutschen Fußball-Bundes*. SVB Sportverlag Berlin, Berlin, 1999.
- Erwin Poell, aus *DBZ* 10/2006, zuerst erschienen in: »Richtig Sammeln. Briefmarken!« 11/1985.
- Horst Hamann, *Zwischen Käuzen, Königinnen und Skandalen*. Selbstverlag, Ohlstadt, 1993.
- Tobias Käufer, »Skandalclub América de Cali: Im Schatten des Kokain-Kartells.« www.spiegel.de, 6.7.2008
- Kolumbien: USA streichen »América de Cali« von der Clinton-Liste.« www.latina-press.com, 5.4.2013
- Gerhart Göbel, »Das Fernsehen in Deutschland bis zum Jahre 1945«, In: *Archiv für Post- und Fernmeldewesen*. 5. Jg., 1953, S. 259–340.
- Konrad Dussel, *Deutsche Rundfunkgeschichte – Eine Einführung*. UVK Medien Verlagsgesellschaft mbH, Konstanz, 1999.
- Und last, but not least: Diverse Notizen, Berichte, Artikel, Manuskripte von Heinz Beyer.

ANMERKUNGEN

1. Vgl. *Berliner Morgenpost.* »Namensgebung Hertha, Die Serie zum Bundesliga-Start, Teil 2: Historie«, 03.08.09
2. Vgl. http://www.herthabsc.de/de/hertha/vereinsgeschichte/1892-1963/page/391-500-4--.html, gelesen am 12.05.2013
3. Vgl. Rosenzweig, Lutz, Rosenzweig, Rudi, Romanus, Rudi, de Marné, Wolf-Dietrich, Hertha BSC (Herausgeber): *75 Jahre Hertha BSC*, 1967, S. 21 und 24
4. Vgl. Jahn, Michael: *Blau-weiße Wunder, Die Geschichte von Hertha BSC*, 2011, S. 29f
5. Vgl. Rosenzweig, Lutz, Rosenzweig, Rudi, Romanus, Rudi, de Marné, Wolf-Dietrich, Hertha BSC (Herausgeber): *75 Jahre Hertha BSC*, 1967, S. 24 und 26
6. Vgl. Jahn, Michael: *Blau-weiße Wunder, Die Geschichte von Hertha BSC*, a.a.O. S.33f
7. Vgl. mikö/aum: »Fußball-WM: Bösewichte Die Schlacht von Santiago (1962)«, In: Sueddeutsche.de, 05.06.2010- http://www.sueddeutsche.de/sport/fussball-wm-boesewichte-spucke-schlaege-schummelei-1.950904-6, gelesen 16.05.2013
8. Kostedde, Erwin, Spieler von Hertha BSC, im Gespräch mit Fans, 1975
9. Vgl. Goy, Martina: »Zahl der Gaststätten um 48 Prozent gesunken«, In: *Die Welt*, 09.04.2012
10. Vgl. Goy, Martina: »Zahl der Gaststätten um 48 Prozent gesunken«, a.a.O.
11. Vgl. Günther Schwarberg: *Dein ist mein ganzes Herz.* In: Steidl-Taschenbuch, Göttingen 2002, S. 63.
12. Biografie von Schoenholtz, Michael an der Akademie der Künste
13. Vgl. Rosenzweig, Lutz, Rosenzweig, Rudi, Romanus, Rudi, de Marné, Wolf-Dietrich, Hertha BSC (Herausgeber): *75 Jahre Hertha BSC*, 1967, S. 24f.
14. Zitiert nach Wolfgang Menge: *Ein Herz und eine Seele*, Folge: *Frühjahrsputz*, WDR, 18. März 1974
15. Zitiert nach Hornby, Nick, *Fever Pitch, Ballfieber, die Geschichte eines Fans*, Köln 2004, 4. Auflage, S.19
16. Zitiert nach Herthabsc.de, »Ein Stück England in der Kurve, Der ›Hertha BSC UK Fan Club‹ hält auf der Insel die Hertha-Fahne in den Wind«, 2013
17. Zitiert nach Jahn, Michael: Interview zu Hertha BSC Berlin mit Klaus Wowereit: »Hertha war ein Magnet«, In: *Berliner Zeitung*, 03.05.2012
18. Zitiert nach Witte, Florian: »Echo-Sieger Peter Fox verliebt in seine Hertha«, In: *BZ*, 28. Februar 2009
19. Zitiert nach Feindt, Henning und Firyn, Mario: »Mit Ich + Ich auf Du + Du – Hertha-Star trifft Pop-Star«, In: Bild.de, 13.10.2008, http://www.bild.de/sport/fussball/sofian-chahed/trifft-pop-star-adel-tawil-ich-und-ich-6158064.bild.html, gelesen am 12.05.2012
20. Zitiert nach Guildo Horn & Die Orthopädischen Strümpfe, Album *Essential*, Songtext *Berlin*
21. Zitiert nach Schmidt, David: »Ein Unentschieden ist das höchste der Gefühle, Oli P. im Interview«, In: Bundesliga.de, 17.03.2012, http://www.bundesliga.de/de/liga/news/2011/0000207470.php, gelesen 15.04.2012
22. Zitiert nach Binder, Elisabeth: »US-Botschafter Murphy kehrt in die USA zurück: ›Berlin bleibt immer in unseren Herzen‹«, In: Tagesspiegel.de, 30.05.2013, http://www.tagesspiegel.de/berlin/us-botschafter-murphy-kehrt-in-die-usa-zurueck-berlin-bleibt-immer-in-unseren-herzen/8273762.html, gelesen 01.06.2013

23. Zitiert nach Arminia-bielefeld.de, »Die Meister-Diskussion ist albern«, In: Arminia-bielefeld.de, 04.09.2009, http://www.arminia-bielefeld.de/alle-schlagzeilen/detailansicht/viewid-8569.html?no_cache=1, 05.03.2009
24. Zitiert nach Blüchel, Carolin: »Hertha wird Deutscher Meister« Interview mit Artur Abraham, In: Spox.com, 13.03.2009, http://www.spox.com/de/sport/mehrsport/0903/Artikel/interview-arthur-abraham-hertha-bsc-felix-sturm-oli-pocher.html, gelesen am 14.04.2009
25. Zitiert nach LOR: Babbel-Fan Sven Ottke, »Als Teenager stand er im Hertha-Fanblock«, In: *Berliner Kurier*, 13.09.2011
26. Zitiert nach Knop, Matze, Knops Kult-Liga, Hertha-Fan Mario Barth: »Bayern kauft sich die Schale!«, In: Bild.de, 23.03.2009, http://www.bild.de/sport/fussball/mario-barth/hertha-fan-mario-barth-bayern-kauft-sich-den-titel-7758328.bild.html, gelesen am 25.03.2009
27. Zitiert nach Erdmann, Carsten, Berliner Morgenpost (Herausgeber): »Paillettenkleid und Fankurve – Das ist kein Widerspruch mehr«, In: *Immer Hertha Gestern, heute, Morgen*, 2011, S. 111
28. Zitiert nach News.de/dpa: »Peter Zwegat und die Last der Popularität«, In: News.de, 12.09.2011, http://www.news.de/medien/855222363/peter-zwegat-und-die-last-der-popularitaet/1/, gelesen am 14.09.2012
29. Zitiert nach Bild.de: »Bei diesen Klubs werden die TV-Stars schwach«, In: Bild.de, 05.10.2011, http://www.bild.de/sport/fussball/fussball/fg-kommentatoren-24082450.bild.html, gelesen am 06.10..2011
30. Zitiert nach Bild.de: »Bei diesen Klubs werden die TV-Stars schwach«, in: Bild.de 05.10.2012, http://www.bild.de/sport/fussball/fussball/fg-kommentatoren-24082450.bild.html, gelesen am 06.10..2011
31. Zitiert nach Hoeltzenbein, Klaus: »Da hupft die Katze aus dem Sack«, Günter Jauch im Interview, In: *Berliner Zeitung*, 09.12.1996
32. Zitiert nach *11freunde*: »Harris über seine große Liebe – Die schönste Frau ist immer noch Hertha«, In: 11freunde.de, 2012, http://www.11freunde.de/interview/rapper-harris-ueber-seine-grosse-liebe, gelesen 09.05.2012
33. Zitiert nach Kerner, B. Johannes: »Für Johannes B. Kerner ist Hertha trotzdem Sieger«, In: *Berliner Morgenpost*, 24.05.2009
34. Zitiert nach Buhre, Jakob: »Gott ist eine Möglichkeit«, Christian Ulmen im Interview, In: *Frankfurter Rundschau*, 11.08.2012
35. Zitiert nach *Die Welt*: »Was fasziniert einen Filmregisseur an Fußball?«, Volker Schlöndorff im Interview In: *Die Welt*, 24.08.2001
36. Zitiert nach Stolpe, Daniel: »›Dschungelkönig‹ sieht Hertha in Champions League«, Peer Kusmagk im Interview In: Welt online, 29.03.2011, http://www.welt.de/sport/fussball/bundesliga/hertha-bsc/article12995525/Dschungelkoenig-sieht-Hertha-in-Champions-League.html, gelesen am 30.03.2011
37. Zitiert nach Baingo, Andreas: »Zwei Seelen in Seelers Brust«, In: *Berliner Kurier*, 14.11.2008
38. Zitiert nach Bunkus, Mathias: »Wirklich wahr: Klinsmann vertritt Friedrich & Bobic, Seit dem 10. Februar ist er Mitglied bei Hertha: Kein Berlin in Wien?«, In: *Berliner Kurier*, 18.08.2004
39. Zitiert nach Fürst, Petra: »Star Portrait Marie Luise Schramm«, In: Viva.de,

2006, http://www.viva.de/film.php?op=tv&what=show&Artikel_ID=70963, gelesen am 20.12.2009

40. Zitiert nach Focus: »Claus Theo Gärtner im Fragebogen«, Focus online, 18.09.2006, http://www.focus.de/kultur/leben/13fragen/fragebogen-claus-theo-gaertner_aid_213641.html, gelesen am 20.10.2006
41. Zitiert nach Leopold, Jörg und Hesselmann, Markus: »Warmlaufen im Weblog fürs Derby, Prominententipps zum Derby-Rolf Eden, nur nach Hause fahr'n wir nicht«, In: Tagesspiegel.de, 17.09.2010, http://www.tagesspiegel.de/sport/warmlaufen-im-weblog-fuers-derby-nur-nach-hause-fahrn-wir-nicht/1935874.html, gelesen am 18.09.2010
42. Zitiert nach Stober, Alexandra: »Lucien Favre arbeitet wie ein Schweizer Uhrwerk im Gespräch mit Frank Zander«, In: Fussball.de, 23.02.2009, http://www.fussball.de/saenger-frank-zander-ueber-seine-liebe-zu-hertha-bsc/id_17793956/index, gelesen am 25.10.2009
43. Zitiert nach Görke, André; Heymann, Nana; Kalwa, Eva; und Leopold, Jörg: »Wen Prominente beim Derby anfeuern«, Tim Raue, In: *Tagesspiegel*, 17.09.2010
44. Zitiert nach homepagemodules.de: Forum 2007, http://139682.homepagemodules.de/t42f7-Marusha-ist-Hertha-Fan-und-Hertha-Mitglied.html, gelesen am 02.01.2008
45. Zitiert nach Daniel Koerfer, *Hertha unter dem Hakenkreuz*, erschienen im Verlag die Werkstatt, 2009, Seite 68.
46. Vgl. hfc-ev-72.de, http://www.hfc-ev-72.de/html/uber_uns.html, gelesen am 01.05.2013
47. Vgl. sehbaeren.info/index2.php, gelesen am 01.05.2013
48. Vgl. hfcbluedolphins.de, http://www.hfcbluedolphins.de/11.html, gelesen am 01.05.2013
49. Vgl. hertha-junxx.de, http://www.hertha-junxx.de/13812/home.html, gelesen am 01.05.2013
50. Vgl. herthacops-berlin.de, gelesen am 01.05.2013
51. Vgl. Rosenzweig, Lutz, Rosenzweig, Rudi, Romanus, Rudi, de Marné, Wolf-Dietrich, Hertha BSC (Herausgeber): *75 Jahre Hertha BSC*, 1967, S. 27
52. Vgl. Jahn, Michael: *Blau-weiße Wunder*, Die Geschichte von Hertha BSC, 2011, S. 69-74
53. Vgl. Daniel Koerfer, *Hertha unter dem Hakenkreuz*, a.a.O. S. 70
54. Zitiert nach Daniel Koerfer, *Hertha unter dem Hakenkreuz*, a.a.O. S. 72
55. Vgl. www.haraldvoss.de, »Wolfgang Holst erzählt ...«,1994, http://www.haraldvoss.de/hf/9/HF-74.html, gelesen am 05.03.2013
56. Zitiert nach »Ex-Herthaner sorgt sich um sein Berliner Team«, in: *Berliner Morgenpost* 25.08.2009
57. Zitiert nach »Ex-Herthaner sorgt sich um sein Berliner Team«, a.a.O.
58. Zitiert nach Thomas Grulke: »Es schmerzt heute immer noch. Borussias Verteidiger Luggi Müller spricht über den Büchsenwurf«, In: Rheinische Post Verlagsgesellschaft mbH (Hrsg.): Rheinische Post. 20. Oktober 2011, S. D3.
59. Vgl. Norberg, Claudia im Interview, »Eine Zecke und drei Affen – Profi-Fussballer Andreas Neuendorf entdeckt die Malerei«, In: *Kinder Kultur Magazin für Eltern und Kinder* (KI-KUMA)
60. Zitiert nach Aschenbrenner, Hans, »Geschichte und Geschichten, ›ich hab' dich spielen gesehen‹«, In: *Berlinische Monatsschrift* Heft 6/2000 S.167

61. Vgl. Rosenzweig, Lutz, Rosenzweig, Rudi, Romanus, Rudi, de Marné, Wolf-Dietrich, Hertha BSC (Herausgeber): *75 Jahre Hertha BSC*, 1967, S. 32-36
62. Vgl. Rosenzweig, Lutz, Rosenzweig, Rudi, Romanus, Rudi, de Marné, Wolf-Dietrich, Hertha BSC (Herausgeber): *75 Jahre Hertha BSC*, 1967, S. 36-39
63. Vgl. Rosenzweig, Lutz, Rosenzweig, Rudi, Romanus, Rudi, de Marné, Wolf-Dietrich, Hertha BSC (Herausgeber): *75 Jahre Hertha BSC*, 1967, S. 41-45
64. Vgl. Rosenzweig, Lutz, Rosenzweig, Rudi, Romanus, Rudi, de Marné, Wolf-Dietrich, Hertha BSC (Herausgeber): *75 Jahre Hertha BSC*, 1967, S. 45-49
65. »Boss, wir müssen Spiele kaufen/Aus den Akten des Horst-Gregorio Canellas«, In: *Der Spiegel*. Nr. 18–21, 1972 (erster von vier Teilen, online) http://www.spiegel.de/spiegel/print/d-42953667.html gelesen am 01.02.2013
66. Vgl. Wittig, Eberhard, »Der große Wirbel«, In: *Ha Ho He Hertha BSC*, 1971 S. 202-206
67. Vgl. Beyer, Heinz, »Ein Sieg, der leider eine Niederlage ist«, In: *Berliner Morgenpost*, 26.04.1979
68. Vgl. Tor des Monats-Chronik, In: sportschau.de, http://www1.sportschau.de/sportschau_specials/tordesmonats/tor_des_monats/html/popup.php5?show=chronik, gelesen am 07.04.2013
69. Vgl. Bläsig, Horst, »Als Hertha Geschichte schrieb«, In: *Berliner Morgenpost*, 31.05.2003
70. Vgl. http://www.bundesliga.de/de/historie/tabelle/ gelesen 26.05.2013
71. Zitiert nach Ulfert Schröder, Rainer Kalb: »Fußball in Deutschland«, In: Karl-Heinz Huba: *Fußball-Weltgeschichte. Bilder, Daten, Fakten von 1846 bis heute*. Copress Sport, München 2007, S. 54–62, hier: S. 56
72. Vgl. Konrad Dussel: *Deutsche Rundfunkgeschichte – Eine Einführung*. UVK Medien Verlagsgesellschaft mbH, Konstanz 1999
73. Vgl. www.wikiwaldhof.de, Fußball Bundesliga-Vorgeschichte, http://www.wikiwaldhof.de/index.php/Fußball-Bundesliga, gelesen am 01.02.2013
74. Zitiert nach Guske, Axel: »Ist Herthas Management ›suizidal veranlagt‹?«, In: *Der Tagesspiegel* 03.03.2012
75. Zitiert nach Guske, Axel: »Ist Herthas Management ›suizidal veranlagt‹?« a.a.O.
76. Vg. Harald Tragmann: »Wir erinnern uns …« In: *Der Hertha-Freund*. Dezember 1998
77. Vgl. Eberhardt, Henning: »Fan-Anleihen im Profifußball: So sicher wie Italien«, In: Spiegel Online, März 2012, http://www.spiegel.de/sport/fussball/chancen-und-risiken-bei-fan-anleihen-im-profifussball-a-818821.html, gelesen am 15.03.2012
78. Zitiert nach Daniel Koerfer, *Hertha unter dem Hakenkreuz*, a.a.O. S. 209
79. Zitiert nach, herthabsc.de: »Niemals vergessen – Ben Sahar ehrt Dr. Hermann Horwitz«, In: herthabsc.de, 23.04.2013, http://www.herthabsc.de/de/intern/stolperstein-verlegung/page/2489--17-17--17.html
80. Zitiert nach: »TEIL III: Alter Glanz zwischen Trümmern (1945–1950)«, In: dresdner-sc.de, http://dresdnersc.de/content/conpresso/geschichte/detail.php?nr=176&kategorie=geschichte, gelesen am 14.02.2013
81. Vgl. Jahn, Michael, »Der ehemalige Fußball-Bundestrainer Helmut Schön hatte sogar eine Liaison mit Hertha BSC, Der Mann mit der Mütze wird 80«, In: *Berliner Zeitung*, 15.09.1995
82. Vgl. »Brasilianischer Ballzauber im Olympiastadion. FC Santos heute gegen

TeBe/Hertha BSC«, In: *Berliner Morgenpost*, 15.06.1960

83. Vgl. »Santos enttäuschte nicht – TeBe/ Hertha verlor 2:4«, In: *Berliner Morgenpost*, 16.06.1969
84. Zitiert nach Nienhaus, David, »Sportgeschichte 13. März – Tippkick auf der Titanic mit Peter Neururer bei Hertha BSC«, In: david-nienhaus.de, 19.04.2013, http://david-nienhaus.de/?p=2806, gelesen am 02.05.2013
85. Zitiert nach Herthabsc.de, »Die Partnerstädte von Hertha BSC«, In: Herthabsc.de, http://www.herthabsc.de/de/hertha/partnerstaedte/projekt/page/522-772-4--.html, gelesen am 04.01.2013
86. Zitiert nach Bundesliga.de, »Hertha-Schule in Indonesien eingeweiht«, 14.12.2008, In: Bundesliga.de, http://www.bundesliga.de/de/liga/news/2008/meldung.php?f=0000114701.php, gelesen am 24.12.2012
87. Vgl. Kalwa, Eva, »Kicken im Käfig: Auf Boatengs Spuren in Wedding«, In: *Tagesspiegel*, 23.06.2010
88. Vgl. Hertha BSC-Presseservice: »HERTHAS-Partnerschule ist Schulweltmeister«, 23.04.2007
89. Zitiert nach Beyer, Knut, Gespräche mit meiner Mutter, unveröffentlicht
90. Zitiert nach Beyer, Knut, Gespräche mit meiner Mutter, unveröffentlicht
91. Zitiert nach Beyer, Knut, Gespräche mit meiner Mutter, unveröffentlicht
92. Zitiert nach t-online.de/, »Die schlimmsten Machosprüche zum Thema Frauenfussball«, In: t-online.de, 2011, http://www.t-online.de/sport/fussball/frauenfussball/id_47366786/sid_46526646/si_8/die-schlimmsten-machospruechezum-thema-frauenfussball.html, gelesen am 01.09.2011
93. Zitiert nach t-online.de/, »Die schlimmsten Machosprüche zum Thema Frauenfussball«, a.a.O.
94. Zitiert nach t-online.de/, »Die schlimmsten Machosprüche zum Thema Frauenfussball«, a.a.O.
95. Zitiert nach sueddeutsche.de/, »Sprüche zum Frauenfussball«, In: http://www.sueddeutsche.de/sport/sprueche-zum-frauenfussball-ernst-kuzorra-seine-frau-ihr-stadion-1.1107006, gelesen am 22.06.2011
96. Zitiert nach Basler, Mario: »Baslers Macho-Ecke – Mädels, lasst den Rasen heil ...«, In: Bild.de, 24.06.2011, http://www.bild.de/sport/fussball/fussball-wm-frauen/ueber-frauen-wm-18516490.bild.html, gelesen am 26.06.2013
97. Zitiert nach Pressemitteilung, Hertha BSC-Presseservice, »Beachvolleyball-Nationalspielerinnen für Hertha BSC am Start«, 02.11.2005
98. Zitiert nach Bachner, Frank, »Beachvolleyballerin Sara Goller beendet Karriere, Die Trennung der Unzertrennlichen«, In: *Tagesspiegel*,19.09.2012
99. Zitiert nach Poell, Erwin: Designer und Briefmarkengestalter aus DBZ 10/2006, zuerst in: Richtig Sammeln. Briefmarken! 11/1985
100. Vgl. Hamann, Horst: In: *Von Käuzen, Königinnen und Skandalen*, Selbstverlag, Ohlstadt,1993
101. Zitiert nach Jahn, Michael, »Vor dem ersten Champions-League-Spiel versuchen die Berliner Sport und Erdbeben zu trennen, Abseits der Angst, Zitat Fatih Terim«, In: *Berliner Zeitung*, 14.09.99
102. Vgl. Spiegel online, »Olympiastadion: Hertha-Fans saßen jahrzehntelang auf Sprengstoff, Eine bei Bauarbeiten in der Berliner Arena entdeckte Fliegerbom-

be britischer Herkunft ist unschädlich gemacht worden«, 2002, http://www.spiegel.de/sport/sonst/olympiastadion-hertha-fans-sassen-jahrzehntelang-auf-sprengstoff-a-176009.html, gelesen am 01.04.2003

103. Vgl. Kopietz, Andreas, »Bombe im Olympiastadion entschärft«, In: *Berliner Zeitung*, 09.01.2002

104. Vgl. Wolter, Christian, *Rasen der Leidenschaften*, 2011, S. 14-19

105. Zitiert nach Miller, Rene, »Herthas Wunder-Rasen«, In: *Berliner Kurier*, 04.07.2003

106. Zitiert nach N24, »Sand in den Kopf stecken, Lothars beste Sprüche«, In: N24.de, 31.03.2013, http://www.n24.de/n24/Mediathek/Bilderserien/d/230146/lothars-beste-sprueche.html

107. Zitiert nach *11 Freunde*, »Die Beinahe-Arbeitsplätze von Lothar Matthäus, Ich bin ein Star, wer stellt mich ein?«, In: 11freunde.de, 07.03.2013, http://www.11freunde.de/artikel/die-beinahe-arbeitsplaetze-von-lothar-matthaeus

108. Zitiert nach *11 Freunde*, »Die Beinahe-Arbeitsplätze von Lothar Matthäus, Ich bin ein Star, wer stellt mich ein?«, a.a.O.

109. Zitiert nach Priefer, Carsten, »Trainer-Suche, Holt Hertha jetzt Lothar Matthäus?«, In: *BZ*, 28. September 2009

110. Zitiert nach Focus, »Flotte Sprüche aus 50 Jahren«, In: Focus Online,18.03.2011, http://www.focus.de/fotos/_mid_852250.html

111. Vgl. spiegel.de, »Skandalclub América de Cali: Im Schatten des Kokain-Kartells«, In: spiegel.de, 06.07.2008, http://www.spiegel.de/sport/fussball/skandalclub-america-de-cali-im-schatten-des-kokain-kartells-a-563501.html

112. Vgl. latina-press, »Kolumbien: USA streichen ›América de Cali‹ von der Clinton-Liste«, In: latina-press.com, 05.04.2013, http://latina-press.com/news/149973-kolumbien-usa-streichen-america-de-cali-von-der-clinton-liste/

113. Vgl. Herthabsc.de/Abteilungen, http://www.herthabsc.de/de/hertha/abteilung-(ev)/kegeln/page/451-515---.html, gelesen am 02.03.2013

114. Vgl. Herthabsc.de/Abteilungen, http://www.herthabsc.de/de/hertha/abteilung-(ev)/boxen/page/455-515---.html, gelesen am 02.03.2013

115. Vgl. Herthabsc.de/Abteilungen, http://www.hertha-tt.de/news/index.php, gelesen am 02.03.2013

116. Vgl. Olympiastadion-berlin.de, http://www.olympiastadion-berlin.de/news-termine/news/news-detailseite/article/kapelle-im-olympiastadion-berlin-feiert-jubilaeum.html, gelesen am 06.02.2013

117. Vgl. *Tor für Berlin – Hertha-Aufstieg pusht die Wirtschaft in der Hauptstadt*, Investitionsbank Berlin, 12.05.2011

118. Zitiert nach BZ/sid, »Derby-Ausrede?, Babbel: Kulisse hemmte mein Team«, In: *BZ* 06. Februar 2011

119. Zitiert nach Herthabsc.de, 2013, http://www.herthabsc.de/de/teams/luhukay-vor-union/page/1974--45--.html, gelesen am 10.02.2013

120. Vgl. Herthabsc.de/Abteilungen, http://www.herthabsc.de/de/teams/futsal/spiele/page/675-1378-5--.html, gelesen am 03.05.2013

121. Zitiert nach Fortuna Düsseldorf, Fankatalog 2012/13, S.24

DIE AUTOREN

KNUT BEYER wurde am 2. Juli 1961, kurz vor dem Mauerbau, in Berlin geboren. Schon als Kind nahm ihn sein Vater mit zur Hertha. Seitdem ist er Fan der Blau-Weißen und wohnt dort, wo er seiner großen Liebe Hertha am nächsten sein kann: unweit vom Olympiastadion.

THOMAS MATZAT ist als Journalist und Marketingfachmann Betreiber des Online-Portals www.mein-rosinenbomber.de.

Knut Beyer und Thomas Matzat
111 GRÜNDE, HERTHA BSC ZU LIEBEN
Eine Liebeserklärung an den
großartigsten Fußballverein der Welt
ISBN 978-3-86265-264-8

ZWÖLFTER MANN – Das Programm für Fußballfans von Schwarzkopf & Schwarzkopf | 2. Auflage Dezember 2013 |

KATALOG
Wir senden Ihnen gern kostenlos unseren Katalog.
Schwarzkopf & Schwarzkopf Verlag GmbH
Kastanienallee 32, 10435 Berlin
Telefon: 030 – 44 33 63 00
Fax: 030 – 44 33 63 044

INTERNET | E-MAIL
www.zwoelftermann.de
info@schwarzkopf-schwarzkopf.de